박영
story

질적 연구 이해

논문 초보자를 위한 가이드

한유리

　논문을 쓰는 과정은 결코 쉽지 않습니다. 이 책은 논문을 쓰며 고민에 빠진 초보 질적 연구자들에게 작은 도움이라도 되기를 바라는 마음에서 시작되었습니다. 논문 작성은 대학원 과정에서 새로운 여정을 열어가는 중요한 시작점입니다. 그 과정에서 많은 것을 배우고 성장하지만, 동시에 수많은 난관과 마주하게 됩니다. 이 책에서는 그 여정을 타로 카드의 주인공이 걸어가는 모험에 비유하여 설명하고자 했습니다.

　타로 카드 속 주인공은 새로운 무언가를 찾아 길을 나서며, 다양한 경험과 시련을 통해 결국 자신만의 세계를 구축합니다. 하지만 그 세계는 완성이 아니라 또 다른 여정의 시작이 됩니다. 마찬가지로 논문을 쓰는 과정 역시 끝이 아닌 새로운 연구의 출발점이라 할 수 있습니다.

　이 책의 각 장에서는 질적 연구 논문을 작성하는 데 필요한 내용을 체계적으로 설명하며, 관련된 실제 연구 사례를 풍부하게 소개하려 노력했습니다. 초보 연구자들에게는 이론적 설명만으로는 부족할 수 있으므로, 실제 연구 글에서 그것이 어떻게 구현되는지 눈으로 확인할 수 있도록 돕는 데 중점을 두었습니다.

　이 책이 독자 여러분의 연구자로서의 성장에 작은 디딤돌이 되기를 진심으로 기원합니다.

2025. 1월

한유리

논문을 쓰겠다는 결심

한쪽 어깨에 가볍게 봇짐을 걸치고 간소한 차림으로 길을 나서는 주인공. 앞으로의 모험에 가슴이 설렌다. 그의 곁에서 강아지가 "왕왕" 짖어대며 발 아래를 조심하라는 듯 경고를 보내지만, 주인공은 발걸음을 멈추지 않는다. 시작 자체는 이미 중요한 의미를 가지지만, 무작정 떠나는 것은 위험할 수도 있다.

Key Points • 현실 도피가 아닌 진정한 시작
• 무모한 도전을 피하고 논문의 여정을 이해하기

뭐든 의미 있는 결과에는 시작이 있었다.

2009년 방영했던 드라마 〈그저 바라보다가〉에서 착하긴 하지만 평범하고 존재감 없는 우체국 직원 구동백(황정민)은 어쩌다 사건에 휘말리며 유명 여배우(김아중)를 돕기 위해 그녀와 위장 결혼을 하게 된다. 사실 그녀는 한 정치인의 아들을 사랑하고 있었지만, 그의 아버지는 더 큰 야망이 있었고 그래서 아들을 재벌 딸과 결혼시켜 버린다. 슬픔에 젖어 도망치듯 떠나온 한 바닷가. 그녀를 걱정해 뒤따라온 구동백. 모래사장에 나란히 앉아 바다를 바라보며 구동백은 여주인공에게 이렇게 위로의 말을 건넨다.

> "살면서 돌이킬 수 없는 후회를 하거나 감당할 수 없는 나쁜 일이 생기는 게 슬픈 인생이 아닙니다. 후회할 일이 생기면 교훈을 얻을 수 있구요. 나쁜 일이 생기면 좋은 일의 소중함이라도 느낄 수 있으니까요. 제 생각은요, 진짜 슬픈 인생은 살면서 아무 일도 일어나지 않는 겁니다. 예전의 저처럼요. 그게 슬픈 일 아닐까요?"

두려워서 피하고만 싶은 일, 대학원생의 삶에서 논문 쓰기가 그런 존재일 것이다.

> '아직 준비가 덜 된 건 아닐까?'
> '시작하면 정말 힘들겠지?'
> '쓰다가 후회하면 어쩌지?'

이런 고민들로 머뭇거리다 보면 대학원 시절은 어느새 훌쩍 지나가 버리고 만다. 주변에서는 논문은 더 준비된 다음에 쓰는 게 좋겠다며 말리기도 하고, 와중에 무모하게 도전하는 사람도 있다. 하지만 논문을 쓰며 어떤 일이 벌어질지, 어떻게 미리 다 알 수 있을까?

중요한 건 일단 마음을 내어 시작하는 것이다. 준비가 부족하다고 느껴질지라도 한 걸음 내디뎌 보면, 예상치 못한 변수들이 생길 때 어떻게든 대처하며 나아갈 수 있다. 준비만 하다가 시간을 놓치는 것보다, 부족함 속에서라도 시작해 보는 편이 더 낫지 않을까.

논문은 힘들어도 써 볼 가치가 있다.

논문은 넘어야 할 큰 산이다. 양적 연구든 질적 연구든, 기말 과제와는 차원이 다르다. 특히 박사 논문이라면 기본적으로 100~200페이지 분량으로, 단순한 글쓰기와는 다르다. 그 많은 분량을 실제로 수집한 자료에서 얻은 결과와 이에 대한 학술적 논의로 채워야 한다. 그리고 단순히 마음대로 쓰는 것이 아니라, 반드시 따라야 할 논문의 구조가 있다.

물론, 전공 분야나 학술지마다 요구하는 형식이 조금씩 다를 수 있고, 때로는 기존 형식을 넘어선 창의적인 논문도 가능하다. 하지만 여기서 말하는 '창의적'이라는 것은 기본을 철저히 익힌 후에야 가능한 것이다. 초보 연구자라면 우선 논문의 기본 구조를 이해하고, 각 파트에 어떤 내용을 담아야 하는지 제대로 아는 것이 중요하다. 논문의 기본적인 구성은 다음과 같다.

1. 서론: 연구 문제를 제기하고, 연구의 필요성과 목적을 명확히 설명한다.

2. 문헌고찰(이론적 배경): 기존 연구를 검토하며, 연구의 이론적 기반과 차별성을 제시한다.
3. 연구방법: 연구 설계, 자료 수집 및 분석 방법을 구체적으로 설명한다.
4. 결과: 연구에서 발견한 주요 결과를 체계적으로 정리한다.
5. 논의 및 결론: 결과를 기존 연구와 비교하거나 학문적·실천적 함의를 논의하며, 연구의 한계와 향후 연구 방향을 제시한다.

또한, 논문을 마무리하는 데는 생각보다 많은 시간이 소요된다. 주제 선정부터 자료 수집, 분석, 글쓰기, 퇴고까지 짧아도 6개월, 보통은 1년 이상 걸린다. 논문 작성은 단순한 글쓰기보다 훨씬 체계적이고 신중하게 진행해야 하기 때문에 부지런히 시간을 관리하며 꾸준히 작업하는 것이 중요하다.

그렇다면 이렇게 힘든 논문을 왜 써야 할까? 우선, 논문은 대학원 과정을 성공적으로 마무리했다는 성취감과 자부심을 느끼게 해 준다. 만약 논문이 누구나 쉽게 쓸 수 있는 것이었다면, 그 가치는 지금보다 훨씬 낮았을 것이다. 사실 필자 역시 누군가가 내 박사 논문을 보여 달라고 하면 조금 뜸을 들이게 된다. 솔직히 말하자면, 스스로의 분석 결과에 만족하지 못하기 때문이다. 그러나 논문을 쓰는 과정에서 자료를 수집하고 분석하며 겪은 경험들, 그리고 중간에 포기하지 않고 끝까지 완수했다는 사실만큼은 내 안에 자산으로 남아 있다. 그것만으로도 논문을 쓰는 일은 충분히 가치가 있다. 논문은 단지 연구 결과를 정리한 문서 그 이상으로, 도전과 성장을 통해 얻는 경험과 끈기의 상징이라고 할 수 있다.

논문은 논리적인 사고에서 나온다.

논문을 쓰는 과정은 단순히 글을 작성하는 데 그치지 않고, 생각하는 습관을 키우는 데 큰 도움을 준다. 사람은 누구나 이런저런 생각을 하지만, 교육학자이자 철학자였던 존 듀이(Dewey, 2011)의 설명에 따르면, 지적으로 훈련되지 않은 상태에서 하는 대부분의 생각은 단순한 공상이나 스치는 아이디어 수준에 머문다. 비판적 사고가 필요한 상황에서도 스스로 생각하기보다는 권위자의 의견이나 주변 정보를 의심 없이 받아들이고, 이를 통해 정신적 불편함을 피하려는 경향을 보인다. 하지만 성숙한 시민으로 살기 위해서는 이러한 타성을 극복할 필요가 있다.

논문 쓰기는 이런 점에서 특별한 의미를 가진다. 문제의식을 바탕으로 자료를 수집하고, 그 자료에 근거해 결과를 추론하며, 논리적으로 이를 설명하는 과정은 비판적 탐구 습관을 길러 준다. 이러한 과정은 단순히 학문 연구를 넘어, 일상 속에서도 자신의 생각을 논리적으로 정리하고, 주어진 정보를 비판적으로 분석하는 능력을 키우는 데 유용하다. 결국, 논문을 쓰는 것은 단지 학위를 얻기 위한 과정이 아니라, 더 나은 사고 습관과 탐구 능력을 기르는 훈련이라고 할 수 있다.

물론 이 과정이 쉽지는 않다. 바나나와 원숭이, 호랑이가 그려진 그림을 보여주고 이 중에서 서로 관련된 것을 묶어보라고 하면 동양인과 서양인의 경향이 다르게 나타난다고 한다. 동양인은 원숭이가 좋아하는 바나나를 떠올리며 '관계'를 중심으로 둘을 묶는 경향이 있다. 반면, 서양인은 원숭이와 호랑이가 모두 동물이라는 '속성'을 바탕으로 묶는다.

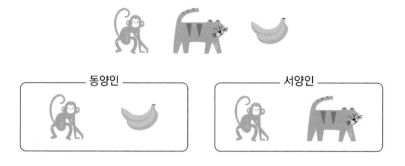

　　심리학자인 리처드 니스벳은 이러한 사고 방식의 차이가 논쟁과 의사소통 스타일에도 반영된다고 말한다. 서양인은 논쟁과 지적 토론을 중시하며, 자신의 의견을 명확히 표현하고 논리적으로 설득하는 직선적이고 분석적인 사고를 추구하는 반면, 동양인은 관계를 중시하며 조화를 깨뜨리는 논쟁을 피하려는 관계 지향적이고 맥락적인 사고를 선호한다는 것이다.

　　"논쟁을 회피하는 경향은 단순히 사회적 관계 때문만은 아니다. 또한 그 여파는 연구 논문의 수와 같은 양적인 결과뿐만 아니라 수사학이나 커뮤니케이션에도 영향을 끼친다. 서양의 수사학은 대체로 다음의 구성 요소로 이루어진다.

- 연구 배경
- 문제제기
- 가설 기술
- 검증방법 기술
- 증거 제시
- 증거에 대한 논리적 해석
- 가능한 반대 주장에 대한 재반박

• 결론과 제언

대부분의 서양인들은 이와 같은 요인들이 모든 문화에서 보편
적일 것이라고 믿는다. 그들에게는 그런 구조를 갖추지 않고
자신의 생각을 설득력 있게 전달하는 것이 불가능하게 여겨지
기 때문이다. 그러나 동양에서 그와 같은 직선적인 논리 구조
는 흔하지 않다. 내가 지도한 동양 학생들의 경우에도, 그들이
가장 마지막에 터득하는 것이 바로 앞에서 열거한 요인들을 갖
춘 직선적인 수사법이었다." (Nisbett, 2004, p.207-208)

니스벳의 말처럼 동양의 문화는 자기 표현을 강조하고 토론을
즐기는 문화와는 다소 거리가 있다. 동양 사회는 대체로 조화를 중
시하며 논쟁을 회피하는 경향이 강하기 때문이다. 그러나 논증식
사고는 현대 사회에서 합리적이고 성숙한 시민으로 살아가기 위해
누구나 반드시 배워야 할 중요한 능력이다(조병영 등, 2022).

또한, 양적 연구를 많이 접한 대학원생들은 대체로 논문의 전
통적인 서술 구조(서론, 문헌고찰, 연구방법, 결과, 논의 및 결론)에 익숙한 편
이다. 대규모 설문이나 실험을 통한 가설검증형 연구가 주로 여기
에 속한다. 연구자는 문헌고찰을 통해 연구 주제에 대한 예상되는
결과를 가설 형식으로 제시하고, 이러한 가설이 맞거나, 부분적으로
만 맞거나, 또는 틀리는지를 경험적 증거를 바탕으로 기술한다.

반면 질적 연구는 보통 연구자의 호기심이나 문제의식에서 시
작된다. 그리고 가설 대신 연구 질문을 던진다. 연구자는 특정 현
상을 이해하기 위해 "무엇?", "어떻게?"라는 질문을 중심으로 탐구
를 시작한다. '여기서 어떤 일이 벌어지고 있는 걸까?', '이것이 무
엇일까?', '어떻게 이러한 일이 발생할까?'와 같이 열린 질문을 던

진다. 또한, 질적 연구는 기존 이론을 검증하는 데 목적을 두기보다 현장에서 자료를 수집하는 데 초점을 맞춘다. 인터뷰, 참여 관찰, 문서 분석 등의 방법을 통해 자료를 모으고, 분석을 함께 진행한다. 자료가 축적될수록 새로운 통찰과 해석이 이루어지며, 그 과정에서 연구의 방향이 유연하게 발전할 수 있다(Lareau, 2021).

1

질적 연구의 특징

테이블 위에 물, 불, 공기, 흙을 상징하는 컵, 막대, 칼, 원판이 각각 놓여 있다. 이 중 무엇을 선택할 것인가? 선택은 단순히 하나의 사물이 아니라, 앞으로의 여정과 방향을 결정짓는 중요한 행위다. 테이블에 서 있는 연금 술사의 모습에는 새로운 것을 만들어 내겠다는 강한 의지가 담겨 있다.

Key Points ・연구의 방향 정하기

자연과학 vs 인간과학

질적 연구는 한마디로 정의내리기 어려운 분야다. 다양한 학문 영역에서 창의적인 질적 연구가 활발히 이루어지고 있고, 그 범위도 빠르게 확장되고 있기 때문이다. 개념을 정의하기보다는 질적 연구가 어떻게 주목받게 되었는지 그 과정을 살펴보는 것이 이를 이해하는 데 더 유용할 것이다.

질적 연구의 대상은 인간, 그리고 인간의 손길이 닿은 문화와 사람들이 모여 살아가는 사회다. 따라서 질적 연구는 인간과학의 영역에 속한다. 오랜 시간 동안 인간과 문화, 사회를 연구하기 위해 자연과학적 방법이 주로 활용되어 왔다. 물리학, 화학, 생물학과 같은 자연과학은 자연 상태의 대상이 가진 속성을 객관적으로 설명하는 데 탁월하다. 자연은 관찰하는 사람에 따라 설명이 달라져서는 안 되기 때문에, 연구자는 주관성을 배제하고 객관성을 추구한다. 이를 위해 변수를 철저히 통제하고, 외부 영향을 배제한 실험실 환경에서 연구를 진행한다.

그러나 인간과학에서는 이러한 접근 방식이 적합하지 않을 때가 많다. 인간과 사회를 깊이 이해하려면 단순히 통계적 방법만으로는 부족하며, 보다 정교하고 상황에 맞는 분석 방법이 필요하다. 또한 사람들을 인위적으로 통제된 실험실에서 연구하는 것은 윤리적 문제를 야기할 수 있고, 실제 삶을 제대로 반영하지 못할 가능성이 크다. 더구나 인간 사회는 다양한 변수들로 인해 끊임없이 변화한다. 사람들의 말과 행동을 이해하려면 표면적으로 드러난 것뿐만 아니라 그 이면에 담긴 의도와 동기, 그리고 이를 형성하는 사회적·문화적 요인을 탐구해야 한다.

결국, 사람들이 자연스럽게 살아가는 현장으로 직접 들어가 참여자와 관계를 형성하며 연구를 진행하는 것이 가장 적합한 방법이다. 이러한 필요와 문제의식에서 질적 연구는 발전해 왔다.

질적 연구에서는 새로운 발견에 가치를 둔다.

대학원 과정에서 연구방법론은 일반적으로 양적 연구와 질적 연구 두 가지로 나뉜다. 이 두 방법론은 서로 대립적인 것이 아니라, 오히려 보완적인 역할을 하며 연구자의 목적에 따라 적절히 활용될 수 있다. 또한, 방법론으로서 몇 가지 중요한 공통점을 공유한다.

양적 연구와 질적 연구의 공통된 목적은 복잡한 현실을 더 잘 이해하는 데 있다. 이를 위해 두 방법론 모두 나름의 체계적이고 논리적인 분석 방법을 사용한다. 특히, 자료의 출처와 연구 절차를 투명하게 공개함으로써 연구 결과에 대한 신뢰성을 높이는 데 중점을 둔다. 또한, 자료 분석과 결론 도출 과정은 논리적이어야 하고, 타당성을 확보해야 한다는 점도 두 방법론의 중요한 공통된 특징이다. 이처럼 양적 연구와 질적 연구는 각각의 특성을 가지고 있지만, 과학적 연구의 기본 원칙을 공유하며 복합적이고 다면적인 문제를 이해하는 데 기여한다(Valentine & Preissle, 2009).

물론 두 연구 방법의 차이점도 크다. 몇 가지 대표적인 예는 다음의 표와 같다.

표 1. 질적 연구와 양적 연구의 차이

	질적(정성적) 연구	양적(정량적) 연구
연구 설계와 과정	• 보다 유연한 설계 • 순환적인 연구과정	• 엄격한 방법론적 규칙 적용 • 순차적 과정
자료수집	• 연구를 하면서 유연하게 추가되거나 변경될 수 있음(연구자가 자료를 미리 규제하지 않음) • 자연스러운 말과 글, 관찰 내용, 기타 각종 자료를 변형하지 않은 채 분석에 활용	• 연구 초반에 자료수집 결정을 마침(연구자가 자료를 미리 규정) • 수집한 자료는 통계 처리를 위해 숫자로 변환됨
개념화 작업	연구 후반에 분석과 이론화 작업이 몰리는 편임	초반 연구 설계 과정이 오래 걸림
분석	지속적인 비교와 수정을 토대로 초기의 결과를 다듬어가는 식의 분석과정	단계별로 작업이 진행되는 선형적 분석과정
결과 보고	다양한 재현 방법을 활용(글, 표, 도식, 사진 등)	숫자와 통계 결과표 등
논문의 형식	서술식으로 비교적 자유로운 문체	논문 형식이 일정한 편
컴퓨터 프로그램 사용	보조적 역할(연구자가 소프트웨어에 자료를 입력하고 직접 분석을 함)	선택한 통계 프로그램이 분석과정을 대신 진행
연구자의 역할	연구자의 주관성이 연구과정에 미치는 영향을 성찰하는 것이 요구됨	객관성과 중립성이 강조됨
연구 결과	결과는 특정 시공간적 상황(맥락)안에서 설명력을 갖는 잠정적인 지식으로 간주	맥락과 관련 없이 안정적인 지식을 추구

그 밖에도, 양적 연구와 질적 연구는 연구 과정에서 느껴지는 난이도와 목표에서도 차이를 보인다. 양적 연구는 처음에는 접근 방식이나 통계 기법이 복잡하게 느껴질 수 있지만, 일단 그 과정을 이해하고 나면 체계적인 절차 덕분에 비교적 덜 어렵다고들 한다.

반면, 질적 연구는 외형적으로 단순해 보일 수 있으나, 연구자의 관찰력, 분석력, 그리고 창의적인 사고 등 상당한 지적인 노력을 요구한다.

또 다른 차이점은 연구 결과의 성격에서 나타난다. 양적 연구는 사전에 설정한 변수들 간의 관계를 검증하는 데 초점을 맞추기 때문에, 분석 과정에서 완전히 새로운 개념이나 아이디어가 도출되는 경우가 드물다. 이와 달리, 질적 연구는 독창적인 지식을 생성하고자 하며, 익숙한 현상을 새로운 관점으로 재조명하는 데 목적이 있다. 즉, 질적 연구는 탐구와 발견의 과정이라 할 수 있다. 이러한 차이점은 연구자가 자신의 연구 목표에 맞는 방법론을 선택할 때 중요한 고려 사항이 될 수 있다(Valentine & Preissle, 2009).

질적 논문 작성 시 고려할 측면들

질적 연구 방법론은 매우 다양하지만 기본적으로 질적 논문 작성 시 고려해야 할 공통적인 측면들이 있다. 이를 위해 레빗 등 (Levitt et al., 2018)의 아티클과 기타 질적 연구 방법론 문헌을 참고하여 체크리스트 형식으로 구성하였다. 이 체크리스트는 다음과 같은 두 가지 목적에 맞게 유연하게 활용할 수 있다.

- 질적 연구를 시작하는 단계: 앞으로의 준비를 체계적으로 계획하기 위해 활용
- 논문을 마무리하는 단계: 논문의 완성도를 높이기 위해 빠진 부분이 없는지 검토

다만, 자신의 전공 분야나 선택한 질적 방법론에 따라 체크리스트의 내용이 연구의 특정 측면을 충분히 반영하지 못할 수 있다. 따라서 필요에 따라 리스트에 새로운 항목을 추가하거나 특정 부분을 강조하는 등 아래의 내용을 자신의 연구에 유연하게 적용하는 게 바람직하다.

제목

- 가능하면 중심현상, 참여자, 연구 장소가 반영되는 것이 바람직함
- 길지 않고 간결하게 작성함
- 공허한 제목보다는 독자가 제목만 봐도 연구자가 하려는 말이 무엇인지 예상할 수 있도록 구체적인 내용을 반영하는 것이 바람직함

초록

- 연구 문제, 연구 목적, 연구 질문, 연구 설계, 참여자/자료수집, 분석 전략
- 주요 연구 결과, 주요 시사점
- 핵심 키워드(5개 정도, 적어도 하나는 방법, 하나는 참여자나 중심현상을 언급)

서론

- 연구 문제 또는 연구 질문이 나오게 된 배경 설명(필요시 특정 사례, 개인적 내러티브, 기사, 수치 등을 언급)
- 문제를 정당화하는 문헌 증거(연구의 실질적 필요성을 드러내는 데 도움이 되는 핵심적인 문헌으로 뒷받침하고, 포괄적인 선행연구 고찰은 2장으로)
- 연구의 필요성과 이유
- 연구의 목적
- 연구 질문
- 이론적 틀
- 시사점(나중에 논의에서 다시 확장하여 기술)

문헌고찰

- 연구 질문과 관련된 문헌들 위주로 읽고 정리
- 필요시 문헌 지도, 표나 도표 활용
- 기존 문헌에서 아직까지 밝히지 못한 내용이나 연구가 필요한 부분 강조

연구방법: 자료수집

- 질적 연구 설명
- 선택한 연구 접근에 대한 정당화
- 참여자 모집과정(예. 대면, 전화, 메일, 이메일, 전단지)

- 목적 표집 방법(예. 최대 다양성 표집, 편의 표집, 눈덩이 표집, 이론적 표집 등) 및 포함과 제외 기준 설명
- 참여자에게 제공된 혜택이나 보상이 있는 경우 언급
- 적절하고 윤리적인 모집과정과 동의서 확보 과정
- 참여자 수와 인구학적/문화적 정보
- 연구 과정에 영향을 줄 수 있는 연구자와 참여자의 관계 기술(예전부터 알던 사람일 경우 그 부분에 대한 윤리적인 고려)
- 최종 참여자의 수를 결정하게 된 과정 기술(참고로, 질적 연구에서는 최소 참여자 수에 대한 동의 된 기준이 없음. 연구자는 자신의 연구 설계에서 특정 참여자 수를 결정한 이유에 대한 적절한 설명을 제시)
- 연구 과정에서 참여자 수가 변한 경우 설명(예. 중간에 그만 둔 경우)
- 자료수집 형태(예. 인터뷰, 설문, 관찰, 신문이나 인터넷 검색 등)
- 자료수집 가이드 개발과정과 구체적인 질문의 예(참고로, 비구조화나 반구조화 인터뷰에서는 연구 과정에서 인터뷰 질문이 수정될 수 있으므로 모든 질문을 논문에 제시하는 것은 불필요)
- 연구 맥락(예. 연구 장소, 참여자 정보, 인터뷰 당시 상황 등)과 구체적인 자료수집 과정(수집 횟수, 기간, 녹음/녹화 방법, 현장 노트 작성, 전사과정 등)
- 연구자의 개입 정도(예. 심층 개입, 일정 기간 개입 등)
- 인터뷰 지속 시간(예. 최소~최대, 평균)
- 자료수집 시 연구자의 성찰(연구자의 배경과 사전 이해가 연구에 미치는 영향과 고려사항)
- 자료수집을 언제 멈추었는가에 대한 설명

연구방법: 분석

- 분석 방법과 그 방법을 선택한 이유
- 투명성을 높이기 위한 자세한 분석 과정 기술
- 분석에 활용한 코딩 틀이 분석결과로 도출되었는지(귀납), 또는 사전에 만들어졌는지(연역), 분석과정에서 어떻게 수정되었는지에 대한 기술
- 분석 단위(예. 전체 전사자료, 특정 텍스트 등)
- 질적자료분석 소프트웨어 사용 여부
- 연구 설계(근거이론방법, 현상학적 질적 연구 등)에 따라 나름의 용어를 사용할 수 있으나 일반 독자들이 이해할 수 있게 자세히 설명되어야 함
- 타당도 전략(예. 참여자 검토, 삼각검증, 동료와 논의, 외부 심사, 심층 묘사, 구조화된 연구자 성찰(예. 현장노트, 메모, 일기 등))

결과

- 자료 분석에서 나온 결과와 그 의미를 기술
- 결과가 증거에 기반함을 보여주기(인용문이나 자료의 일부를 제시해서 독자들에게 생생함을 전달할 수 있지만 이것만으로 분석 결과에 대한 기술을 대체할 수 없으므로 연구자의 말로 해석을 추가하는 것이 중요)
- 모순되거나 잘 맞지 않는 증거자료를 어떻게 이해할 수 있는지, 왜 그러한 차이가 발생했는지를 설명하면서 결과를 논리 정연하게 제시
- 필요시 연구 설계를 반영하는 결과 제시(예. 근거이론이라면 이론 도출, 내러티브 연구라면 새로운 내러티브 구성, 현상학이라면 변치 않는

구조에 대한 현상학적 기술 등)

- 필요시 결과를 종합해서 시각적으로 제시(예. 다이어그램, 표, 모델, 사진 등)
- 연구에 따라 개인적인 글쓰기 방식이나 문학적 방식을 사용할 수도 있음
- 연구 목적이나 특성에 따라 수치화 된 정보가 제시될 수도 (아닐 수도) 있음
- 질적 연구 결과는 양적 연구결과보다 길이가 길 수 있으며 연구 접근방식에 따라 결과와 논의를 합쳐서 제시하는 경우도 있음

논의

- 해당 학문분야의 이해를 향상시키는 데 이 연구가 핵심적으로 기여하는 부분을 기술
- 연구 결과의 기여도 유형을 밝히고(예. 기존이론이나 연구에 도전, 정교화, 지지) 어떻게 하면 결과를 현장에 잘 활용할 수 있는지 기술
- 선행 이론, 그리고 연구 결과와 어떻게 같고 다른지를 밝힘
- 결과에 대한 대안적 설명이 있는지 성찰
- 연구의 장점, 연구 적용범위 및 한계 명시(결과를 다른 맥락에 적용할 때 독자들이 고려해야 할 점)
- 추후 연구자들에게 제안하고 싶은 윤리적 딜레마나 도전과제
- 추후 연구, 정책, 실행과 관련된 시사점

결론

- 독자들이 반드시 기억했으면 하는 중요 내용을 간략히 언급
하며 마무리

2

연구주제와 문제의식

두 기둥 사이에 앉아 비밀스러운 경전을 품은 여사제는 차분하면서도 강
렬한 직관력을 드러낸다. 그녀의 존재는 겉으로 드러나지 않는 지혜와 내
면의 통찰력을 상징한다.

Key Points • 문제의식 드러내기
        • 연구 목적을 명확히 하기

무엇을 연구할 것인가?

논문을 쓰기 위해서는 무엇보다 먼저 궁금한 것이 있어야 한다. 알고 싶은 게 없으면, 아무리 연구방법론 수업을 열심히 들어도 그것이 실질적인 도움으로 이어지기 어렵다. 김동환 교수는 그의 저서 『사회과학 에센스』에서 진정한 방법론이란 "난해한 철학자들의 주장을 열거하거나 까다로운 통계절차에 순응할 것을 강요"(김동환, 2022, p. 12-13)하는 것이 아니라고 말한다.

> "거기에는 사회를 이해하고자 하는 마음이 없기 때문이다. 사회를 향한 관심조차 없는 경우가 많다. 사회에 대한 관심과 호기심이 방법론의 출발이다. 사회에 대한 관심과 호기심은 본인이 아직 사회를 이해하지 못한다는 겸손한 마음을 전제로 한다."
> (김동환, 2022, p.13)

겸손한 태도와 사회에 대한 관심, 그리고 호기심이 연구자의 기본 태도라는 점에 공감한다. 그렇다면 무엇이 궁금할 때 질적 연구가 적절할까? 질적 연구는 현상의 양적인 측면보다는 질적인 측면에 관심을 두고, 사람들의 경험, 생각, 감정 등을 깊이 탐구하고자 할 때 적합하다. 이 방법은 정해진 답을 찾기보다는 열린 질문을 통해 다양하고 깊이 있는 관점을 발견하려는 데 초점을 둔다. 예를 들면 다음과 같다.

- 양적 연구가 적합한 질문
  "키오스크 주문 방식으로의 변화는 햄버거 판매량을 몇 퍼센트 증가시키고, 인건비 감소에 어떤 영향을 미쳤는가?"

→ 여기서는 정량적인 데이터를 기반으로 명확한 수치를 도출하는 것이 목표다.

- **질적 연구가 적합한 질문**
"키오스크로 음식을 주문할 때 사람들은 어떤 경험을 하는가?" → 여기서는 사람들의 키오스크 사용 경험에 담긴 의미와 감정, 그리고 행동을 이해하는 것이 목표다.

질적 연구의 주제는 종종 연구자의 과거 경험이나 삶과 밀접하게 연관된 경우가 많다. 자신이 직접 겪었던 사건, 감정, 또는 특정 현상에 대한 관심이 연구로 이어지는 경우가 흔하다. 또한, 주제는 일과 관련된 관심사, 미디어에서 논의가 활발히 진행 중인 사회적 문제, 또는 장래에 연구하고 싶은 분야에서 비롯될 수도 있다.

그렇다면 만약 궁금한 것이 없다면 어떻게 해야 할까? 평소 "질문이나 의견이 있으면 편하게 나눠봅시다"라는 교수의 말이 불편하게만 느껴졌다면, 어쩌면 지금까지 수동적인 학습 태도로 공부를 해 왔을 가능성이 있다. 이는 단순히 지식을 받아들이는 데 익숙해져서, 스스로 질문을 던지는 연습을 충분히 하지 않았기 때문이다. 논문 지도를 많이 해온 교수들은 이런 상황에 놓인 학생들에게 종종 다음과 같이 조언한다.

"논문 지도를 하다 보면 의외로 많은 학생들이 난처한 표정으로 묻는다. "교수님, 뭐에 대해서 쓸지를 모르겠어요." (중략) 가장 큰 이유는 그들이 질문하는 법을 제대로 배우지 못했기 때문이라고 생각한다. 어느 순간 질문을 찾았다 하더라도 그것을 긴 호흡으로 끌고 가지 못하기 때문이다." (김용찬, 2020, p. 56)

"대학원의 교육목표는 대학의 교육목표와 다르다. 아무도 떠먹여주지 않는다. 정답이 있는 주어진 문제만 풀어온 사람은 이 단계에서 좌절할 것이다. 자기 스스로 연구 질문을 던지고, 리서치 계획을 세우고, 집행하는 방법을 배워야 한다." (김영민, 2020, p.92)

피해야 할 함정은 연구자가 이미 답을 알고 있다고 생각하거나, 자신의 신념을 사람들에게 확신시키기 위해 연구를 진행하는 경우다. 이런 태도로 연구를 시작하면 이미 정답을 정해 놓고, 그 결론에 맞추기 위해 연구 설계를 왜곡하거나 자료를 선택적으로 수집하려는 유혹에 빠질 수 있다.

연구 주제를 떠올릴 때, 연구자가 가설이나 예상 결과를 미리 그려 보는 것은 자연스러운 일이다. 이는 연구의 방향성을 설정하는 데 중요한 출발점이 된다. 그러나 연구의 본질은 새로운 지식과 이해를 발견하는 것에 있으며, 결과가 예상과 다르게 나올 가능성도 늘 존재한다. 오히려 예상과 다른 결과는 반가운 일이다. 연구자가 예측했던 결과는 독자 역시 쉽게 예상할 수 있지만, 예상 밖의 결과는 독자에게 새로운 통찰과 흥미를 제공한다. 이러한 결과는 연구의 독창성과 의미를 더해주는 기회가 된다.

질적 논문을 쓴다는 것은 이미 정해진 답을 확인하는 작업이 아니라, 아직 결론이 명확히 도출되지 않은 문제에 질문을 던지고 탐구해 가는 과정이다. 이 과정에서 연구자가 가져야 할 핵심 태도는 진정한 호기심이다(Kilbourn, 2006).

연구 주제를 문장으로 만들어 본다.

주제를 넓고 모호하게 설정하면 논문 설계에 큰 도움이 되지 않는다. 주제가 광범위하거나 명확하지 않으면 연구의 초점이 흐려지고, 자료 수집과 분석 과정에서 방향을 잃기 쉽다. 따라서 주제의 범위를 최대한 구체적으로 좁히고, 이를 완전한 문장으로 기술하는 것이 중요하다. 예를 들어 보자.

- (A) 조직 내 코칭
- (B) 조직 내 코칭이 중간관리자의 리더십 개발에 미치는 영향에 대해 알아본다.

논문 아이디어가 어렴풋한 상태에서는 (A)와 같이 주제를 단순히 단어나 구로 기술하는 경우가 많다. 이처럼 넓고 모호하게 표현된 주제는 연구의 방향성을 잡는 데 한계가 있다. '조직 내 코칭을 연구하겠다'는 주제는 여전히 코칭의 어떤 측면을, 왜 연구하려고 하며, 어떻게 탐구할 것인지 구체적으로 드러내지 않기 때문이다.

반면 (B)와 같이 완전한 문장으로 주제를 구체화하면 연구의 목적이 무엇이고, 어디에서 어떤 방법으로 연구를 하면 좋을지가 보다 명확히 드러난다. 따라서, 논문 설계와 자료 수집, 분석 단계를 훨씬 효율적으로 진행할 수 있다. '좁고 구체적인' 주제 설정은 성공적인 연구의 출발점이다.

개인적 궁금증을 문제의식으로 연결시킨다.

개인적인 궁금증에서 연구 아이디어를 얻는 것은 중요한 출발점이다. 그러나 논문의 진정한 가치는 다른 연구자와 공유되고 학문적 논의에 기여할 때 비로소 드러난다. 이렇게 개인적인 궁금증과 학술적 가치를 연결해 주는 것이 바로 문제의식이다. 문제의식이 명확할수록, 독자들은 연구의 중요성을 더 쉽게 이해하고 공감할 수 있다. "마침 딱 필요한 연구가 나왔구나!" 하는 생각을 하게 만드는 논문은 연구자가 문제의식을 잘 정의했을 때 가능하다.

반대로, 문제의식이 불분명하다면 아무리 많은 인터뷰와 관찰을 진행하더라도 그 자료들을 왜, 어떻게 분석해야 할지 방향을 잡기 어렵다. 이는 결국 연구자가 어떠한 결과와 논의를 도출해야 하는지도 불투명하게 만든다. 사실 "문제(problem)"라는 단어는 보통 골치 아픈 상황이나 부정적인 이슈를 떠올리게 한다. 그래서 "이 주제와 관련해서 현재 어떠한 문제가 있나요?"라는 질문을 받으면, 마치 심각하거나 부정적인 상황을 제시해야 할 것 같은 부담감을 느끼기 쉽다.

그러나 연구자들 사이에서 말하는 문제는 꼭 부정적인 상황을 의미하지 않는다. 문제는 단순히 해결해야 할 난관이 아니라, 현재 시점에서 다룰 필요가 있는 중요한 질문을 뜻한다. 이는 반드시 부정적인 상황에 국한되지 않으며, 지금 이 시점에서 탐구하지 않으면 놓치게 될 중요한 기회나 이슈를 포함한다(Kilbourn, 2006).

다음의 질문에 스스로 답을 해 보며 문제를 구체화해 보자.

• 시간을 들여 체계적으로 살펴보고 싶은 문제는 무엇인가?

(연구자가 집중적으로 탐구하고 싶은 주제를 명확히 정의한다.)

- 이 문제에 관심을 갖게 된 이유는 무엇인가?(연구자가 주제를 선택한 개인적, 학문적 동기를 설명한다.)

- 이 문제를 둘러싼 배경 상황은 어떠한가?(독자가 공감할 수 있는 배경 정보를 제공하여, 연구의 필요성과 맥락을 명확히 한다. 예. "이 문제는 현재 사회적으로 어떻게 논의되고 있는가?")

- 전공 분야와는 어떠한 관련이 있는가?(연구 주제가 전공 분야의 기존 지식이나 이론과 어떻게 연결되는지를 설명한다.)

- 지금까지의 연구를 바탕으로 이 문제에 대해 이미 알고 있는 것은 무엇인가?(주요 문헌을 정리하고, 기존 연구가 이 주제에 대해 제공한 통찰을 간략히 제시한다.)

- 아직까지 어떠한 연구가 부족한가? 무엇을 모르고 있는가? (기존 연구에서 다루지 않은 공백이나 해결되지 않은 문제를 명확히 한다.)

- 이 문제를 다루지 않으면, 또는 자세히 알지 못하면 무엇에 대처하기 어려운가?(연구에서 다루는 주제가 왜 중요한지, 이 문제를 탐구하지 않으면 어떤 어려움이 발생할 수 있는지 설명한다.)

- 관심을 가져야 할 독자는 누구이며, 이들이 왜 이 문제에 관심을 가져야 하는가?(연구 결과가 누구에게 유용할지, 독자가 왜 이 연구에 주목해야 하는지 논의한다.)

문제의식을 구체적인 연구 목적으로 연결한다.

연구 목적은 연구자가 자신의 연구에서 이루고자 하는 바를 명확히 정의하는 것이다. 보통 간결하고 명확한 한 문장으로 제시되며, 논문 전체의 방향성을 제시하는 핵심 역할을 한다. 일반적으로 다음과 같은 형식을 사용한다.

"본 연구의 목적은 ~이다."

현장에 나가 인터뷰와 관찰을 통해 자료를 수집하다 보면, 처음 연구 설계 단계에서 설정했던 연구 목적이 다소 수정되는 경우도 흔히 발생한다. 이는 질적 연구의 특성상 자료 수집 과정에서 예상하지 못한 새로운 통찰이나 변화가 생기기 때문이며, 연구 과정의 자연스러운 일부분이다. 그러나 연구 목적이 수정될 가능성이 있다고 해서 초기 단계에서 이를 소홀히 해서는 안 된다. 연구의 방향성과 초점을 설정하기 위해, 연구 목적은 처음부터 가능한 구체적이고 명확하게 작성해야 한다. 이후, 필요시 이를 보완하거나 조정하더라도, 명확한 출발점을 가지고 있는 것이 중요하다.

질적 연구의 연구 목적을 작성할 때, 천편일률적인 표현은 피하는 것이 좋다. 초보 질적 연구자들은 흔히 다음과 같은 방식으로 연구 목적을 기술한다.

"~의 경험을 심층적으로 이해하고자 한다."

물론, 심층적 이해라는 목표 자체가 잘못된 것은 아니다. 질적 연구자는 참여자의 경험이나 사회 현상을 깊이 있게 탐구하는 것을 중요한 목표로 삼는다. 하지만 단순히 "심층 이해를 목적으로 한다"는 말은 독자의 흥미를 끌기 어렵고, 연구자 본인에게도 구체적인 분석 방향성을 제시하지 못한다는 한계가 있다. 이런 문제를 보완하려면 자신의 연구가 학문 분야에 구체적으로 어떠한 기여를 하고 싶은지, 분석을 통해 무엇을 알고 싶은지 다음과 같이 구체적으로 생각해 보면 좋다(Hennink, Hutter & Bailey, 2020; Mason, 2018). 혹시 나는,

- 발달이나 과정을 이해하고 싶은가?(예. 폭력적인 파트너와의 관계는 어떻게 시작되고 지속되는가?, Kearney, 2001)

- 변화의 양상을 이해하고 싶은가?(예. 북한의 전통적인 부부관은 '고난의 행군' 이후 사회변화 속에서 어떻게 달라졌는가?, 박민철 & 도지인, 2020)

- 여러 요인이 연결되어 작동하는 방식(메커니즘)이 궁금한가?(예. 엘리트 기관에서 직원선발은 어떤 방식으로 진행되는가?, Rivery, 2020)

- 인간과 비인간적 요인 간 관련성을 이해하고 싶은가?(예. 도시의 근린 건조환경 요소는 그 지역 주민들의 정신건강에 어떠한 긍정적, 부정적 영향을 미치는가?, 구나은, 2022)

- 특정 현상이 어떻게 체험되는지 알고 싶은가?(예. 한국의 워킹맘들은 일상을 어떻게 체험하는가?, 노성숙, 한영주 & 유성경, 2012)

- 참여자들 간의 경험을 비교하고 싶은가?(예. 도시와 지방 청소년 간 흡연을 어떻게 다르게 인식하는가?, Rothwell & Lamarque, 2011)

- 기존의 관점을 해체하거나 비판적으로 검토하고자 하는가?(예. '내성적인' 남아들에게서 문제시 되어지는 사회적 특성들이 또래놀이와 관계 내에서 어떠한 역할을 하는가?, 손은애, 2019)

연구 목적은 이 외에도 다양할 수 있다. 연구자는 자신의 연구를 통해 어떠한 지적 기여를 하고 싶은지를 다각도로 고민해야 한다. 그런 다음, 실행 가능성이 높고 스스로 가장 탐구하고 싶은 주제를 연구 목적으로 선택하는 것이 중요하다.

연구 목적을 연구 질문으로 구성해 본다.

연구 목적을 연구 질문의 형태로 제시하면, 연구자가 알고자 하는 내용이 더 구체적이고 명확하게 드러난다. 연구 질문은 연구의 초점을 정밀하게 설정하고, 자료 수집과 분석의 방향성을 제공하는 역할을 한다.

하나의 중심 질문을 제시하는 경우,

- 연구자가 탐구하려는 핵심 내용을 하나의 질문으로 표현한다(예. "신입사원들은 조직 적응 과정에서 어떤 도전과 지원을 경험하는가?").

중심 질문 + 하위 질문으로 제시하는 경우,

- 중심 질문을 둘러싼 구체적인 세부 영역을 하위 질문으로 나누어 구성한다(예. 중심 질문: "조직 내 코칭 프로그램이 중간관리자의 리더십 발달에 어떤 영향을 미치는가?").
- 하위 질문: "참여자들은 코칭 경험을 어떻게 인식하는가?", "코칭이 리더십 행동에 구체적으로 어떤 변화를 가져왔는가?", "조직 내 코칭 프로그램의 주요 한계점은 무엇인가?"

일부 연구에서는 연구 목적이 곧 연구 질문과 동일시되어 별도로 구분하지 않는다. 이 경우 연구 목적 자체가 탐구의 방향성을 충분히 제공한다고 여긴다. 연구질문을 작성할 때에는 자신의 전공 분야에서 주로 사용하는 연구 질문 작성 방식을 검토한다. 예를 들어 특정 학문에서는 연구 질문을 중심 질문과 하위 질문으로 세

분화하는 방식이 일반적일 수 있다. 그리고 논문 작성 단계에서 지도 교수와 상의하여 연구 질문의 구체적인 형식과 구성을 결정한다. 연구 질문은 연구 진행 중에 구체화되거나 수정될 수 있으므로, 초기 단계에서는 탐구의 큰 방향을 설정하는 데 중점을 둔다.

연구 목적과 연구 질문의 예

다음은 다양한 분야의 아티클에서 발췌한 연구목적과 연구질문의 예다.

연구 목적만을 언급한 예

"이 연구는 인터뷰 자료를 통해 라틴계 아이들이 어머니를 따라 노점에서 장사하는 경험 속에서 나타나는 아이들의 주도성, 목소리, 그리고 관점을 탐구하고자 한다." (Estrada & Hondagneu-Sotelo, 2011, p.103)

"이 연구의 목적은 캐나다의 브리티시 콜롬비아에 위치한 두 도시에 거주하며 과거와 현재에 마약 주사한 경험이 있는 사람들이 공공 화장실에 설치된 블루 라이트(마약주사를 어렵게 하기 위한 파란색 조명)와 관련된 잠재적 위험과 혜택을 어떻게 인식하는 지를 탐구하는 것이다." (Crabtree 등, 2013, p.2)

"이러한 문제인식 하에서 본 연구는 수도권 소규모 기독교대학에서 발생하는 학생들의 중도탈락이 무엇 때문에, 어떻게 발생하는지를 사례 연구 방법을 통해 심층적으로 살펴보기로 한다. 이를 위해 수도권에 소재하는 소규모 기독교계 사립대학인 A 대학을 연구대상으로 선정하여 해당 대학의 맥락에서 발생하는 중도탈락 현상의 실태와 이에 영향을 미치는 다양한 맥락적 요인들을 체계적으로 분석해 보고자 한다." (권경만 등, 2022, p.3)

하나의 연구 질문을 제시한 예

"이에 나는 현지인인 동시에 외부인인 교사-연구자로서의 나의 정체성을 십분 활용하여 교사의 가르치는 몸에 대해 궁구해보고자 하며, "초등교사의 가르치는 몸에 새겨진 아비투스의 양상은 어떠한가?"를 연구 문제로 삼고 그것에 대한 답을 찾고자 한다." (강진아, 2023, p.232)

연구 목적을 제시한 뒤 이것을 다시 3개의 연구질문으로 구성한 예

"이 연구에서는 무형식 학습의 역동성과 집단적 혁신 활동의 발전과정을 설명해 줄 수 있는 확장학습의 이론적 틀을 적용하여 제로 에너지주택 거주자들의 학습과정을 탐색하는 데 초점을 맞추었다. 더불어 시민들이 고유한 관점과 지식을 형성하고 생산해낼 수 있는지 살펴보고, 이러한 시민 활동이 환경 학습에 주는 함의를 도출하고자 하였다."

"첫째, 제로에너지건축 기술을 개발하여 제공한 측에서는 어떠한 교육(학습)을 제공했으며, 거주자들은 이를 어떻게 받아들였는가? 둘째, 제로에너지주택 거주자들은 무엇을 어떻게 학습했는가? 셋째, 제로에너지주택 거주자들이 학습하는 과정에서 고유하게 발생한 관점이나 지식이 있다면 그 내용은 무엇인가?" (조미성 등, 2020, p.18~19)

3

문헌고찰

THE EMPRESS

푸르른 들판 위, 포근한 소파에 넉넉한 옷을 입고 앉아 있는 여황제의 모습이 편안하고 여유로워 보인다. 이 모습은 안정과 만족을 상징하지만, 그 편안함 속에서 자칫 나태함에 빠질 위험이 있음을 암시하기도 한다.

Key Points   • 문헌 읽기와 정리
• 실행의 중요성

문헌고찰은 연구에 학술적 가치를 더한다.

문헌고찰은 연구의 초석을 다지는 과정으로, 연구자가 자신의 주제와 관련된 기존의 지식을 체계적으로 이해하고, 그 위에 새로운 연구를 구축하기 위해 반드시 필요하다. 해리스(Harris, 2022)는 오늘날 많은 사람이 제대로 된 책이나 정보를 읽거나 검증하지도 않은 채 어디선가 들은 이야기만으로 쉽게 의견을 내놓는 시대에 살고 있다고 지적하면서, 그러나 연구자만큼은 그렇게 할 수 없음을 강조한다. 사회 과학자는 자신이 다루는 이슈에 대해 "자신 이외의 누군가가 이미 제기한 질문과 결과의 집합"(우에노 지즈코, 2020, p. 48)인 선행연구를 검토하고, 이를 바탕으로 연구의 필요성을 제시할 책임이 있다. 이러한 이유로, 어떠한 연구를 시작하기 전에는 문헌을 넓고 깊게 살펴보는 과정이 필수적이다.

나아가 문헌고찰은 다음과 같은 실용적인 목적을 달성하는 데 도움이 된다.

1. 논의의 배경 지식 제공

- 문헌고찰은 서론에서 충분히 다루지 못한 주제나 개념에 대해 더 깊이 있는 포괄적 배경을 제시한다. 이를 통해 독자가 연구 주제를 더 잘 이해할 수 있도록 도와준다. (특정 개념의 역사적 발전, 주요 논쟁점, 다양한 학문적 관점 등)
- 자신의 분야에서 이루어진 기존 연구들을 체계적으로 정리하고 분석한다. 이 과정에서 연구자는 자신의 관점을 드러내며 단순한 요약이 아닌 비판적이고 의미 있는 정리를 통해 학문적 가치를 만들어 낸다.

2. 연구의 필요성 확인

- 중복 연구가 없는지를 확인하며 자신의 연구의 필요성을 밝힌다.
- 문헌고찰 과정에서 유사한 연구가 이미 존재한다면, 자신의 연구가 그와 어떻게 다르고 어떤 새로운 기여를 할 것인지 명확히 제시한다. 이를 통해 연구의 학술적 가치를 강화할 수 있다.

3. 이론적 틀과 방법론에 대한 아이디어 확인

- 유사한 주제를 다룬 기존 연구에서 사용된 이론을 검토하고, 이를 자신의 연구에 활용하거나 새롭게 접근할 방법을 고려한다. 이는 연구의 학문적 기반을 강화하고, 연구의 독창성을 부각시키는 데 도움이 된다.
- 기존 연구에서 활용된 방법론의 적절성을 검토하고, 자신의 연구가 어떻게 다른 방식으로 접근할 것인지를 제시한다.

기존연구를 단순히 요약하고 나열하지 않는다.

문헌을 읽고 자신의 관점에서 의미 있게 정리하는 것은 초보 연구자들에게 특히 어려운 작업이다. 많은 경우, 초보 연구자들의 논문에서는 문헌고찰이 단순히 "몇 년도에 누가 무어라고 했다…"로 끝나는 개별 연구 요약문의 나열에 그치는 경우가 흔히 발견된다. 이러한 접근은 문헌고찰의 목적을 충분히 달성하지 못하며, 연구의 깊이를 제한한다.

질적 연구자인 마이클 패튼은 이러한 문제를 지적하며, 유튜

브 동영상 "문헌고찰 시의 일반적인 실수들"에서 피해야 할 실수들을 다음과 같이 정리했다(Research & Doctoral Services, 2015).

- 개별 연구들의 단순한 요약과 나열식 글쓰기
- "인터넷 검색을 통해 총 XX개의 연구를 찾았다"는 식으로 단순히 검색된 연구 수를 강조하고 검색 결과의 양적 수치를 언급하는 것(연구자가 문헌을 충분히 이해하고 분석했는지 확인할 수 없다)
- 중요한 학자의 원자료를 직접 읽지 않고, 다른 연구자가 정리해 놓은 2차 자료만을 기반으로 내용을 옮기는 것
- 다른 학문 분야에서 진행된 연구까지 폭넓게 검색하지 않고서 자신의 연구가 '독창적'이다, '아무도 연구한 적이 없다'는 것만 강조하는 글쓰기

패튼의 강조대로, 연구자가 기존의 지적 유산(intellectual heritage)을 이해하는 것은 연구자로서의 책임이다. 동시에, 연구자는 방대한 문헌 속에서 핵심 아이디어와 관련성을 중심으로 선택과 집중을 통해 효율적으로 접근해야 한다. 방대한 문헌을 모두 꼼꼼히 읽는 것은 현실적으로 불가능하다. 연구자는 해당 연구와 관련된 핵심 아이디어에 초점을 맞추고, 어떤 문헌은 자세히 읽고, 어떤 문헌은 건너뛸지를 스스로 판단해야 한다. 중요한 것은, 선택한 문헌의 핵심 내용을 제대로 이해하고 이를 자신의 연구와 연결하는 것이다(Harris, 2022).

논문을 읽으면서 생각을 정리한다.

다음에서는 몇몇 학자들의 설명을 바탕으로 문헌고찰의 방법을 간단히 단계별로 정리해 보았다(김용찬, 2020; Czarniawska, 2014; Efron & Ravid, 2020; Harris, 2022).

1. 개별 연구 요약

- 저자(들)가 제시하는 핵심 주장이 무엇인지를 생각하며 읽는다.
- 핵심 주장의 본래 의미를 유지하면서 자신의 언어로 표현한다.
- 이렇게 정리한 자료들을 모은다.
- 표로 만들어 정리한다(저자/연도, 연구 목적, 방법론, 참여자, 주요 결과). 새로운 논문을 읽은 후 즉시 표에 정리하는 습관을 들인다.

2. 연구들 비교

- 저자들의 주장이 서로 어떻게 유사한지, 어떤 측면에서 다른지를 살펴본다.
- 개별 연구가 어떠한 맥락에서 진행되었기 때문에 이러한 차이가 발생하는 지 생각해 본다.
- 정리해 놓은 내용 사이의 관계를 살펴본다.

3. 나의 말로 정리

- 지금까지 알게 된 것을 나의 말로 엮어서 정리한다.
- 단순히 기존 연구자들의 주장을 앵무새처럼 반복하지 않도록 주의한다.

4. 내 연구로 연결

- 아직까지 밝혀내지 못한 부분이 무엇인지 언급한다.
- 나의 연구로 그것이 가능한지, 어떻게, 어느 정도 알아낼 수 있을지 생각해 본다.
- 내 연구의 필요성으로 연결한다.

문헌고찰의 범위를 적절하게 설정한다.

초보 연구자들에게는 기존 연구를 어디까지 읽고 정리해야 하는지가 고민거리다. 이에 대해 김용찬 교수는 문헌 고찰의 범위를 너무 넓지도, 너무 좁지도 않게 설정하는 것이 중요하다고 강조하며 다음과 같이 설명한다.

> "연구를 한다는 것은 결국 두 개 이상의 현상들 사이의 관계 relation를 규명하는 것이다. … 예를 들어 사회적 자본과 우울증 간의 관계를 다루는 논문을 쓴다고 하자 … 많은 사람들이 선행 연구에 대한 논의 부분에서 사회적 자본 개념에 대한 모든 것(가령 그 개념의 역사, 유형, 관련 연구들) 그리고 우울증에 대한 모든 것을 다 쓰려 할 것이다. 그런데 잊지 말아야 할 것이 있다. 사회적 자본과 우울증 간의 관계에 대한 논문을 쓴다면, 그 논문은 사회적 자본에 대한 논문도 아니고, 우울증에 대한 논문도 아니다. 사실은 두 사이의 '관계'에 대한 논문이라는 것이다. 선행 연구에 대한 논의는 바로 그 둘 사이의 관계에 대해서 기존 이론(들)은 어떻게 설명하는지, 선행 연구들의 결과는 어떤지 등을 비판적으로 정리하는 것이어야 한다." (김용찬, 2020, p. 170~171)

자신의 논문에서 다루는 주요 개념을 명확히 하고 그 개념들 간의 교집합을 중심으로 문헌고찰의 범위를 설정하는 것이 바람직하다. 문헌고찰에서 다룰 내용을 이해하기 어렵다면, 학술지 아티클의 초록 뒤에 나오는 핵심어(Keywords)를 떠올리는 것이 좋은 방법이다. 핵심어는 논문의 주제와 관련된 중요한 개념들을 간결하게 요약하는 단어들로, 이를 통해 문헌고찰에서 다루어야 할 주요 개념들을 명확히 할 수 있다.

만일 내 논문을 학술지에 투고한다면 핵심어로 어떤 개념들을 언급할 것인가? 문헌고찰에서는 그 개념들과 관련된 기존 연구를 종합하여 배경지식으로 펼치고, 자신의 연구 결과가 그 안에서 어떻게 해석되며 어디쯤 위치할지를 설정한다. 문헌고찰에서 다룬 이론적 개념들은 논의에서 재소환되어 연구 결과를 해석하는 데 사용된다.

문헌고찰은 연구 과정의 초기에 시작되지만, 연구가 진행됨에 따라 계속해서 수정되고 확장되는 중요한 장이다. 연구자는 초기 단계에서 기존 연구와 이론에 대한 배경지식을 확보하고, 이를 기반으로 연구의 방향을 설정한다. 그러나 연구가 진행되는 동안 새로운 통찰이나 예상치 못한 발견들이 나오기 때문에 문헌고찰은 연구가 끝날 때까지 계속 발전하는 과정이다(Czarniawska, 2014).

사회의 발전과 이론적 변화에 따라, 그리고 시간이 지남에 따라 연구 분야는 변하고 발전한다. 따라서, 최근 10년 이내의 연구에 집중하는 것이 바람직하다. 단, 예전의 중요한 책이나 고전이 된 연구는 여전히 학문적으로 큰 영향을 미친다. 그러므로 고전적 연구나 기본 이론은 여전히 언급되어야 하며, 이러한 연구들이 현재의 연구에서 어떤 역할을 하고 있는지 설명할 필요가 있다.

4

패러다임과 이론적 틀

THE EMPEROR

동서남북, 춘하추동과 같이 숫자 4는 안정, 기반, 통제, 질서를 의미한다. 타로의 4번 카드에 등장하는 황제는 시간이 지나도 변하지 않는 전통과 구조의 중요성을 상기시켜 주며, 연구자가 새로운 수준의 깨달음을 탐색하는 동안 자신을 땅에 단단히 뿌리내리게 도와준다.

Key Points • 연구자의 철학적 가정과 이론적 틀이 연구에 미치는 영향을 이해하기

연구자의 패러다임은 연구자의 세계관 또는 철학적 가정이다.

패러다임(paradigm)은 특정 학문이나 연구 분야에서 일종의 "세계관" 혹은 "철학적 가정"으로 이해될 수 있다. 이는 연구자들이 세상을 바라보는 방식과 문제를 정의하고 해결하는 방법을 결정하는 데 중요한 역할을 한다. 패러다임은 철학적 가정들의 집합으로 구성되며, 주로 존재론(ontology), 인식론(epistemology), 그리고 가치론(axiology)으로 구분된다.

토마스 쿤(Thomas Kuhn)은 그의 저서 『과학혁명의 구조』에서 패러다임을 특정 과학 공동체가 공유하는 이론, 방법론, 그리고 문제 해결의 전반적인 틀로 보았고 과학이 발전하는 과정에서 정상과학(normal science)과 혁명적 변화(scientific revolution)가 번갈아 나타난다고 설명한다. 정상과학은 기존 패러다임에 따라 이루어지는 연구로, 특정 틀 안에서 문제를 해결하는 반면, 과학 혁명은 기존 패러다임이 더 이상 문제를 해결하지 못할 때 새로운 패러다임으로 전환되는 과정이다. 그는 정상과학이 특정 패러다임 내에서 이루어지는 체계적이고 누적적인 활동이며 그 안에서 놀랄 만한 성취를 쌓지만, 모든 문제를 해결하지 못하며 종종 해결해야 할 새로운 문제들을 남기는 특성이 있다고 말한다.

> "이 두 가지 특성을 띠는 성취를 이제부터 '패러다임(paradigm)' 이라고 부르기로 한다. 이 용어는 '정상과학과 밀접한 연관이 있다. 패러다임이라는 용어를 선택함으로써, 나는 법칙, 이론, 응용, 도구의 조작 등을 모두 포함한 실제 과학 활동의 몇몇 인정된 설계들이, 과학 연구의 특정한 정합적 전통을 형성하는 모델을 제공한다는 점을 시사하고자 한다. (중략) 이런 패러다

임에 대한 공부는 과학도가 훗날 과학 활동을 수행할 특정 과
학자 공동체의 구성원이 될 수 있도록 준비시키는 것이다. 이
런 공부를 통해서 과학도는 바로 그 확고한 모델로부터 그들
분야의 기초를 익혔던 사람들과 만나게 되므로, 이후에 계속되
는 그의 활동에서 기본 개념에 대한 노골적인 의견 충돌이 빚
어지는 일은 드물 것이다. 공유된 패러다임에 근거하여 연구하
는 사람들은 과학 활동에 대한 동일한 규칙과 표준에 헌신하게
된다." (Kuhn, 1999, p. 74)

토마스 쿤의 패러다임 개념에 따르면, 특정 패러다임(예. 후기실
증주의, 구성주의, 비판적 실재론, 비판이론, 포스트모더니즘 등)을 공유한다는
것은 단순히 이론적 틀을 공유하는 것을 넘어, 학문 공동체 내에서
연구에 대한 암묵적 규범과 가정을 함께 받아들인다는 의미를 갖
는다. 이는 연구 과정 전반에 걸쳐 큰 영향을 미치며, 어떤 주제가
학문적으로 가치 있는지, 연구 대상에 적합한 방법론은 무엇인지,
연구자가 자신의 위치와 역할을 어떻게 정의해야 하는지에 영향을
미친다.

후기실증주의는 하나의 실재를 가정한다.

예를 들어, 후기실증주의(post-positivism 또는 neo-positivism)는 실
증주의(positivism)의 철학적 기반을 이어받으면서도, 과학적 탐구에
서 인간의 한계와 불확실성을 인정하는 보다 유연한 접근을 제공
한다. 후기실증주의적 패러다임을 공유하는 연구자들은 다음과 같
은 주요 특징과 가정을 가지고 연구를 수행한다.

　　실재에 대한 믿음인 존재론적으로 후기실증주의자들은 우리 외부에 하나의 실재가 존재한다고 가정한다(객관적 실재론). 그러나, 인간의 이해는 불완전하다는 점도 인정한다. 지식과 연구자의 위치에 대한 가정인 인식론적으로는 이들은 실재를 가능한 한 객관적으로 탐구하려고 노력하고 연구 과정에서의 편견을 최소화하기 위해 엄격한 방법론과 체계적인 절차를 사용한다. 연구자와 연구 대상 사이에 거리를 유지하여, 연구자의 개입이 결과에 미치는 영향을 줄이려고 한다.

　　로울스톤(Roulston, 2022) 교수는 후기실증주의 연구자들이 인간 사회와 연구 과정의 복잡성을 인정하면서도, 체계적이고 엄격한 방법론적 접근을 통해 신뢰성 있는 결과를 도출하려 한다고 설명한다. 이들은 연구자가 좋은 질문을 던지고, 중립적 역할을 하면서 연구자의 편견이나 영향을 최소화할 때 양질의 자료를 생성할 수 있고 이것이 타당한 결과도출로 이어진다고 믿는 경향이 있다. 물론 일부 참여자는 말과 행동을 다르게 하거나 진실을 말하지 않거나, 경험을 기억해 내는 데 한계를 느낀다. 연구자 역시 제대로 질문을 던지지 못하거나 분석을 제대로 못할 수 있다. 후기실증주의 연구자들은 보통 이러한 문제를 보완하기 위해 다각적인 자료 수집과 참여자 검증 과정을 통해 연구 과정의 오류를 최소화하는 방법을 강조한다.

구성주의나 해석주의는 보는 관점에 따른 해석의 차이를 인정한다.

　　구성주의(constructionism)나 해석주의(interpretivism) 패러다임을 공유하는 연구자들은 실재(reality)에 대한 접근과 해석에 있어서 후기실증주의와는 다른 철학적 가정을 가지고 있다. 우리 외부에 실재가 존재한다는 사실은 인정하지만, 그 실재가 고정적이고 보편적인 의미를 가지는 것이 아니라, 사람들의 경험과 관점에 따라 다양한 방식으로 해석된다고 본다. 이들은 실재와 그 의미가 사람들이 사회적, 문화적 맥락에서 상호작용을 하면서 구성된다고 가정한다.

다음의 김영민 교수의 칼럼은 구성주의나 해석주의와 같은 패러다임의 핵심적인 철학적 가정—즉, 실재의 의미는 고정된 것이 아니라 상황과 관점에 따라 다양하게 해석될 수 있다는 점—을 이해하는 데 도움을 줄 수 있다.

> "그러나 숫자만 가지고는 현실을 제대로 알 수 없다. 현실은 사람들의 이해관계에 따라 끊임없이 재정의되는 중이므로. 은행은 좀 더 많은 돈을 빌려가라고 마이너스 통장이라는 것을 발명했다. 이로써 잔액이라는 현실이 재정의되었다. 대학은 재원 확보를 위해 여름학기만 수강해도 동문으로 인정해주기로 결정했다. 이로써 학벌이라는 현실이 재정의되었다. 가장 최근에는 국회가 복리후생비를 최저임금에 포함시켰다. 이로써 최저임금이라는 현실이 재정의되었다. 이뿐인가. 인간의 신체 현실도 재정의 중이다. 미국에서는 고혈압 기준을 130/80mmHg로 낮췄지만, 대한고혈압학회는 고혈압 기준을 현행대로 유지하겠다고 발표했다. 한림대병원 가정의학 연구팀은, 한국 비만 기준과 미국 비만 기준은 같을 수 없으므로, 국내 비만 기준을 상향조정하자고 제안했다. 이제 곧 낙태와 안락사에 대한 논쟁을 통해 생명 또한 재정의될 것이다. 생명의 시작은 세포인가, 태아인가, 신생아인가. 신체의 어느 부분이 작동해야 살아 있다고 간주할 것인가. 생명의 정의에 따라 인구통계도 달라질 것이다. 북한

비핵화를 둘러싼 숨 가쁜 외교전 속에서도 지속되는 국제결혼과 외국인 노동자 유입은 단일민족이라는 현실도 재구성하고 있다. 남북의 만남은 국가 간의 만남인가, 민족끼리의 만남인가. 이 모든 과정에는 정신 승리만으로는 해결할 수 없는 심각한 정치적, 경제적 이해관계가 걸려 있다. 이를테면, 고혈압을 어떻게 정의하느냐에 따라 멀쩡하던 사람이 갑자기 고혈압 환자가 될 수도 있다. 현재 1100만명에 달한다는 고혈압 환자의 수와 14조원에 이르는 고혈압에 따른 의료비가 갑자기 늘어날 수도 있고 줄어들 수도 있다. 그에 따라 정부 예산 규모와 세금 액수도 달라질 것이고, 관련 산업도 새롭게 부침을 거듭할 것이다. 정신 승리를 통해 문제를 해결하려 들수록 사이비 인문학 시장은 성장할 것이고, 약물을 통해 문제를 해결하려 들수록 제약산업이 성장할 것이고, 운동을 통해 문제를 해결하려 들수록 헬스산업이 성장할 것이다." (2018년 6월 1일, 경향신문 오피니언)

구성주의와 해석주의 패러다임에서 '의미'는 경험 자체나 사건 자체에 고정적으로 내재된 것이 아니라, 그것이 설명되고 해석되는 과정에서 드러나고 형성되는 것이다.. 여기에서 언어가 핵심적인 역할을 하며, 언어 없이는 경험과 사건의 의미를 이해하거나 공유하는 것이 불가능하다는 입장이 강조된다. 문화심리학자 김정운 교수의 다음 글을 보자.

"심리학자의 눈에는 '슈필라움Spielraum'이라는 단어가 아주 특별하다. 흥미롭게도 독일어에만 존재하는 이 단어가 오늘날 한국 사회의 문제를 이해하는 데 아주 중요한 실마리를 제공한다. '놀이Spiel'와 '공간Raum'이 합쳐진 '슈필라움'은 우리말로 '여

유 공간' 정도로 번역할 수 있다. 아이들과 관련해서는 실제
'놀이하는 공간'을 뜻하기도 한다. 그러나 주로 '내 마음대로 할
수 있는 자율의 공간'을 뜻하기도 한다. '물리적 공간'은 물론
'심리적 여유'까지 포함하는 단어다. '슈필라움'의 의미를 정확
하게 전달할 수 있는 단어가 우리말에는 없다.

개념이 없다면 그 개념에 해당하는 현상은 존재하지 않는다.
'슈필라움'에 해당하는 우리말이 없다는 것은 그러한 공간이 아
예 없거나 그러한 공간의 필요성을 전혀 인식하지 못하고 살았
다는 이야기다. 세계사에 유례가 없는 '압축 성장'을 경험한 대한
민국의 사회심리학적 문제는 대부분 이 '슈필라움'의 부재와 아
주 깊이 연관되어 있다고 나는 생각한다." (김정운, 2019, p.6-7)

케네스 거겐(Gergen, 2020)은 사람들이 다양한 공동체와 맥락 속
에서 살아가며, 이러한 맥락이 세상을 이해하고 실재를 구성하는
방식에 중대한 영향을 미친다고 강조한다. 또한, 개인이 중요하게
여기는 가치와 맥락에 따라 동일한 경험이 문제로 인식되거나 기
회로 여겨질 수 있다는 점을 통해, 실재가 고정적이지 않고 역동적
으로 변화하는 것이라고 설명한다.

구성주의나 해석주의 패러다임을 공유하는 연구자는 이해의
과정을 고정된 결과로 간주하지 않고, 연구자와 참여자 간의 상호
작용과 연구자 자신의 성찰적 태도를 통해 끊임없이 생성되고 변
화하는 역동적인 과정으로 본다. 또한 그 과정에 영향을 미치는 연
구자 자신의 위치와 역할을 끊임없이 성찰한다. 이해란 고정된 것
이 아니며, 연구자와 참여자 간, 그리고 연구자 스스로와의 지속적
이고 진지한 대화 속에서 생성되고 변화해 간다(Freeman, 2011).

패러다임은 명확하게 구분 짓기 어렵다.

그런데 패러다임은 실제로는 서로 명확히 구분되기 어렵다. 많은 경우 겹치거나 상호 보완적인 측면이 존재한다. 세라 트레이시(Tracy, 2020)는 패러다임에 대한 논의가 학문적 이해를 돕는 데는 유용하지만, 그 정의와 구분을 지나치게 강조하거나 논쟁적으로 다루는 데 시간을 낭비하지 않는 게 바람직하다고 하면서 패러다임 간 경계를 모호하게 하고, 학문적 접근에서 더 유연한 태도를 취하려는 연구자들이 늘어나고 있다는 문헌(Ellingson, 2011)을 근거로 제시한다.

유사하게, 슈반트 역시 "인식론적 원칙과 패러다임에 기반한 거창한 계획에서 [연구의] 틀을 찾는 것은 잘못된 것이며, 실질적인 사회적 연구 관행의 측면에서 질적 연구를 생각하는 것이 더 낫다고 주장"(Schwandt, 2015, p.123) 하는 학자들이 있다고 말한다. 이 주장은 연구에서 패러다임의 선택이 절대적이거나 고정적일 필요가 없으며, 연구 상황과 목적에 따라 유연하게 이론적 틀과 방법론을 조정할 수 있어야 한다는 입장을 담고 있다. 평소 연구자가 해석주의나 실용주의적 입장에서 연구를 하더라도 필요하다면 요청 받은 프로젝트를 마무리하기 위해 평소 입장과는 다른 후기실증주의 패러다임으로 연구를 진행할 수도 있다는 의미다(Tracy, 2020).

세상을 있는 그대로 보는 것은 불가능하다.

흔히 "세상을 있는 그대로 바라보라"고 말한다. 특히 연구자로서 중립적이고 객관적인 태도로 선입견 없이 세상을 관찰해야 한다는 주장은 너무나 당연해 보인다. 하지만 이미 특정 문화와 역사적 흐름 속에 태어나 성장해 온 이상 인간은 주변 사람과의 관계 속에서 언어와 가치, 생활양식을 습득하며 그 틀 안에서 세상을 바라볼 수밖에 없는 존재론적 한계를 지닌다(Gadamer, 2012). 사회학자인 우도 켈리는 이렇게 설명한다.

> 흔히 경험적 연구라고 하면 일단 사실에 대한 접근 가능한 모든 데이터를 수집한 다음 이를 일반적인 범주로 일반화하는 것이라고 단순하게 가정한다. 이러한 관점은 초기 경험주의 철학으로 거슬러 올라간다. 17세기와 18세기에 경험주의 철학자, 프랜시스 베이컨과 존 로크는 모든 과학 이론은 관찰 가능한 것으로부터 일반화하여 도출해야 한다는 생각을 발전시켰다. 베이컨에 따르면, 연구자는 연구 분야에 들어가기 전에 이론적 선입견과 '우상'으로부터 마음을 해방시켜야 한다. 그러나 이러한 생각은 18세기에 임마누엘 칸트가 보여준 것처럼 해결할 수 없는 문제와 반목을 초래한다: '순진한 경험주의' 또는 '순진한 귀납주의'(Chalmers, 1999)는 초기 실증주의자들 사이에서 여전히 인기가 있었지만 1930년대 '비엔나 서클'의 논쟁에서 그 단점을 드러냈다. 논리학자 윌라드 반 오만 카인에 따르면, 경험적 데이터와 관찰이 이론에 의해 '오염'되지 않는다는 점에서 이론적 개념보다 '선행'한다는 생각은 실패한 '경험주의의 독단적 신념' 중 하나다(Quine, 1951). 이후 과학 철학자 노우드 핸슨은 모든 경험적 관찰이 어떤 사전 지식에 의해 형성된다는 점을 강조하기 위해 관찰의 이론의존성(theoryladenness of observation)이라는 용어를 만들었다. (Kelle, 2014, p.555)

이처럼 연구자가 기대하는 것에서 완전히 자유로운 감각이란 있을 수 없다. 우리는 의식적, 무의식적으로 과거의 경험과 지식을 활용해서 세상을 이해한다. 사회학자 하워드 베커는 이것이 문제가 아니라 오히려 연구의 학문적 가치와 독창성을 입증하는 중요한 요소라는 점을 강조한다.

> "과학과 인문학은 이론적 측면과 사실적 측면 모두에서 축적된 지적 산물이라 할 수 있다. 누구도 책상 앞에 앉아 글을 쓰면서 처음부터 이 모든 것을 창출해 낼 수는 없다. 우리는 선배 학자들에게 의존한다… 또한 만약 우리의 연구 결과가 선배 학자가 행하고 진술한 것 사이의 관계를 지적하지 않는다면, 우리의 연구 결과에 관심을 두는 사람은 거의 없을 것이다." (Becker, 2018, p. 222)

이처럼 연구자로서 우리는 세상을 객관적이고 중립적으로 이해할 수 있다는 순진한 귀납주의를 벗어나, 모든 경험적 관찰이 사전 지식에 의해 형성됨을 인정하고 이를 적극적으로 활용해야 한다. 또한, 연구를 특정 학문 분야와 연결하며 지식 생성에 기여하는 것이 중요하다. 이 과정에서 다리 역할을 하는 것이 바로 연구의 이론적 틀이다.

이론적 틀(theoretical framework)을 언급한다.

이론적 틀(theoretical framework)은 질적 연구에서 연구자가 자신의 관심 현상을 어떠한 시각으로 바라보고 이해할 것인지 결정하는 렌즈다. 앙파라와 메르츠(Anfara & Mertz, 2014)는 이론적 틀이 연구 과정에서 갖는 중요성을 강조하며, 이를 통해 연구의 초점을 명확히 하고 학문적 기여를 증진시킬 수 있다고 설명한다. 이론적 틀은 연구자가 관심현상과 자료를 바라보는 특정한 시각과 관점을 제공하고 연구 과정에서 무엇에 주목해야 하고, 수집한 자료를 어떻게 해석해야 하는지에 대한 방향성을 제시한다.

예를 들어 상징적 상호작용이론은 인간 행동을 상징과 의미의 상호작용을 통해 이해하도록 돕는다. 프라그마티즘은 실제적이고 문제 해결 중심의 시각을 제공한다. 자기효능감 이론을 틀로 사용한다면, 연구자는 자료 수집과 분석에서 개인의 신념이 행동과 성과에 미치는 영향을 중점적으로 살펴볼 것이다. 단일 이론적 틀에 얽매이지 않고, 복합적인 틀을 결합하여 연구를 풍부하게 만들 수도 있다. 예를 들어, 상징적 상호작용이론과 아비투스 개념을 결합해, 사회적 맥락과 개인의 상호작용 속에서 형성되는 문화적 자본을 탐구하는 경우가 여기에 해당한다.

연구자는 자료 수집 및 분석 과정에서, 기존 틀이 설명하기 어려운 현상을 발견할 경우 이론적 틀을 수정하거나 확장할 수 있다. 이는 기존 이론을 비판적으로 검토하고, 새로운 통찰을 도출하는 계기가 된다(Timmermans & Tavory, 2022).

초보 연구자들이 질적 연구의 귀납적 특성에 주목하면서, 이를 근거로 질적 연구에서 이론적 틀이 필요 없다고 잘못 판단하는 경우가 있다(Merriam & Tisdell, 2016; Ravitch & Riggan, 2017). 질적 연구는 수집된 자료를 중심으로 결과를 도출하는 귀납적 접근을 강조하는 경향이 있지만, 이는 이론적 틀을 배제하거나 사용하지 않는다는 의미가 아니다. 프라사드(Prasad, 2017)의 지적처럼, 이론적 틀이 불분명한 연구는 단순히 자료를 요약하거나 범주화하는 데 그치며, 학문적 기여도가 낮다는 평가를 받을 위험이 있다. 오히려, 이론적 틀은 질적 연구에서 중요한 역할을 하며, 연구 과정을 명확히 하고, 결과를 학문적 맥락과 연결짓는 다리와 같다.

자신의 이론적 틀을 명확히 하는 과정은 연구자가 속한 학문 분야와 그 분야의 전통, 주요 이론, 관점을 이해하고 반영하는 것에서 시작된다. 이는 연구자가 동일한 주제를 다루더라도, 자신의 학문적 배경에 따라 다른 초점을 설정하고, 그에 맞는 이론적 틀을 선택해야 함을 의미한다. 예를 들어, '성인들의 학습'이라는 동일한 주제를 가지고 심리학에서는 개인의 자존감이나 성인 후기의 발달 단계에 초점을 맞출 수 있고, 교육학인 경우 성인대상 교수법이나 커리큘럼 개발을 다룰 수 있으며, 경영학에서는 성인학습 기관의 운영과 기관장의 리더십에 초점을 둘 수 있다.

전공 분야에서 주로 읽히는 학술지를 훑어보며 자주 언급되는 개념이나 이론을 살펴보자. 이러한 것들이 모두 연구자의 이론적 틀을 형성한다. 문헌고찰 역시 연구자가 이론적 틀을 구체화하는 데 도움이 된다. 자료를 수집하고 분석할 때 영향을 미치는 이론이나 개념적 아이디어를 명확히 하는 것은 학문 공동체의 일원으로서 책임을 다하는 것이고, 연구의 학술 기여도를 높이는 중요한 작업이다. 연구자는 "자신이 말하고자 하는 바를 이미 논의된 것과 연계함으로써 … 새로운 무언가를 진술"(Becker, 2018, p.223)하는 방식으로 이론을 창의적으로 사용할 수 있다.

자료수집과 분석과정에서 이론적 틀이 점차 명확해질 수 있다.

사실 질적 연구를 설계하는 초기 단계에서는 앞으로 이 연구가 어떠한 방향으로 진행될 지 확실히 알기 어렵다. 바로 질적 연구의 출현적(emergent) 성격 때문이다. 아네트 라루(Laureau, 2021) 교수에 따르면 질적 연구는 사진작가가 암실에서 필름을 인화하는 과정과 유사하다. 처음에는 아무 형태가 없는 인화지에 서서히 자신이 찍은 대상의 형태가 드러나듯 질적 연구 역시 처음에는 연구주제와 초점이 뚜렷하지 않을 수 있지만, 자료를 수집하고 분석하면서 점차 초점과 의미가 명확해진다는 것이다.

나는 라루교수의 비유가 질적 연구 과정을 잘 묘사한다고 생각한다. 아무리 열심히 연구설계를 한다 하더라도 현장에서 인터뷰와 관찰을 하다 보면 연구자는 방향성을 잃고 모호한 안갯속을 헤맨다. 내가 뭔가 잘못하고 있는 건 아닌지 마음은 불안하고 자료는 방대하게 쌓이기만 한다. 그래도 끈기 있게 자료를 읽고 또 읽으며 무엇이 흥미로운지, 더 탐색해 볼 만한 가치가 있는지를 생각하는 과정에서 서서히 연구의 방향성이 구체화되는 게 일반적이다. 그런 다음, 본격적으로 이와 관련된 추가 자료를 수집하고, 관련문헌을 찾아 읽으면서 결과를 어떻게 해석할지의 단계로 들어설 수 있다.

이론적 틀도 마찬가지다. 초기 단계에서는 어떠한 관점으로 참여자의 경험을 이해할지 다소 모호한 상태로 자료 수집을 시작하는 경우가 흔하다. 연구가 진행되면서 집중하고 싶은 측면이 점차 드러난다. 이 과정에서 연구자가 새롭게 관련 문헌을 재검토하며 연구 방향을 조정하는 것은 질적 연구의 유연하고 출현적인 과정을 잘 보여준다.

　　다음의 예에서 주 연구자는 원래 호스피스 병동 간호사들의 피로와 감정적 소진, 비인격화를 연구하려고 하였다. 그러나 자료 수집과정에서 긍정적인 연민의 감정으로 연구의 초점을 바꾸게 된다.

> "데비(제1저자)는 원래 소진, 연민에서 오는 피로, 감정 노동의 개념을 잘 알고 현장 조사를 시작했다. 그녀는 호스피스 직원들이 질병, 고통, 죽음이라는 조직적 맥락에서 정서적으로 힘든 업무를 어떻게 소통하며 관리하는지 더 잘 이해하고자 하였다. 반면, 현장에서 시간을 보낸 후 그녀는 대부분의 호스피스 직원들이 본인들의 업무가 지나치게 (또는 부정적) 감정에 치우쳐 있다는 생각에 이의를 제기한다는 사실을 깨달았다. 오히려 간호사들은 자신의 업무가 즐겁고 보람을 느낀다고 하였다. 데비는 죽음과 임종에 대한 자신의 태도에도 변화가 있음을 깨달았다. 원래는 두려움, 불안, 공포를 느꼈지만 점차 차분해지고 수용적인 태도로 죽음을 바라보기 시작했다. 개인적인 차원에서는 이러한 기분 좋은 감정이 반가웠지만, 학문적인 차원에서는 이러한 감정이 방해가 되었다. 소진, 연민에서 오는 피로, 감정 노동 문헌에 따르면 돌봄 노동자들은 시간이 지남에 따라 과도한 공감을 하면서 정서적으로 고갈되고, 비인격화, 소외를 경험하는 쪽으로 바뀌어 간다고 말한다. 하지만 이와는 대조적으로 데비는 사회복지사 레아와의 다음 대화에서 연민을 질적으로 다르게 개념화할 수 있음을 목격하고 경험하였다.
>
> **데비:** 처음 자원봉사를 시작했을 때는 눈물을 흘릴 때가 너무 많았어요. 시간이 지나면서 같은 유형의 상황이나 사건에도 눈물을 흘리지 않게 되었죠. 제 지도교수님은 이런 것이 소진 증상이라고 말씀하실 거예요. 저는 소진이 아

니라고 말하고 싶어요. 일주일에 4시간만 자원봉사를 하는걸요. 전 소진되지 않았어요. 지도교수는 둔감해지는 게 소진 증상이라고 했습니다. 저도 그 느낌을 알지만 소진은 아니라고 말하고 싶어요. 저는 소진될 만큼 그렇게 지쳐 있지 않아요. 인간적인 감정을 못 느끼는 게 아니에요! 그걸 이해 못하는 사람들에게 저의 느낌을 전달하기가 어렵습니다. 여러분은 어떻게 생각하시나요? 여러분도 비슷한 경험이 있으신가요? 제 이야기가 이해되세요?

레아: 물론이죠! 전 감정의 가치를 부정하고 싶지 않아요. 감정이야말로 인간을 서로 연결해주는 것이기 때문이에요. 하지만 알다시피 그건 날것 그대로의 감정은 아니에요. … 저는 그것을 비인격화라고 생각하지 않습니다. … 정상적인 거라고 생각합니다. 변화무쌍한 삶에 관여하는 것은 정상적이고 건강하며 적절합니다. 삶은 유동적인데, 왜 우리는 그 틀이 어떻게 변화했는지 이해하려고 노력하는 대신 모든 것에 이러한 부정적인 꼬리표를 붙여야 할까요?

이와 같이 새롭게 드러난 자료는 연구의 전환점을 가져왔다. 호스피스 병동에서의 비인격화와 날것의 감정 대신 연결과 따뜻함 같은 보다 폭넓은 범위의 두드러진 감정을 유용하게 담아낼 수 있는 문헌을 찾게 되었다. 저자들은 최신 연민에 관한 문헌에서 이를 발견했다. 조직 커뮤니케이션 연구자들은 최근 직장 내에서의 생산적이고 긍정적인 감정과 대화측면에 관심을 갖기 시작했다. (중략)" (Way & Tracy, 2012, p. 295-296)

이론적 틀을 논문에 언급한 예

예시 1

다음은 어느 하위직 지방공무원이 여러 가지 제약조건들이 있음에도 불구하고 천문대 사업이라는 자신의 비전을 실현시킨 과정을 연구한 윤견수 교수의 논문의 일부다. 저자는 다음과 같이 상징과 언어의 관점에서 공무원의 행동을 분석할 것이라고 연구의 이론적 틀을 밝힌다.

> "그 공무원의 행동은 다양한 이해관계자들을 설득시키는 과정으로 이해된다. 설득에 대한 연구는 여러 학문 분야에서 이루어졌지만, 설득이 근본적으로 설득자와 피설득자 간의 메시지 교환을 전제로 하기 때문에 의사소통을 다루는 학문 분야에서 많이 이루어졌다. 그런데 의사소통을 설명하는 이론이나 메타포는 아주 다양하고 그에 따라 연구질문과 연구방법도 달라진다 (Putnam외, 1996). 이 논문은 그 가운데서도 '상징과 언어'의 관점에서 그 공무원의 행동을 분석할 것이다. 상징과 언어의 관점을 택한다는 것은 그 공무원의 설득행동을 하나의 스토리나 텍스트로 간주하는 것이다. 훌륭한 행정가는 어떻게 보면 스토리를 잘 편집하고 꾸며대는 예술가와 같다(Goodsell, 1992). 스토리(story)는 주제와 사건을 일련의 흐름으로 연결시킨 것으로 서사(narratives)나 담론(discourse)의 한 유형으로 인식되며 조직 현상을 이해할 때 유용한 도구가 된다. (중략)" (윤견수, 2001, p.145)

예시 2

다음의 연구에서 저자는 조직 내 여성 임원들의 분투와 학습

경험을 탐색할 때 활용된 두 개의 이론적 틀을 다음과 같이 제시
한다.

- **이론적 관점:** 이 연구의 이론적 틀은 조직 인류학과 페미니
  스트 관점이다. 인류학적 틀은 조직문화, 그리고 문화에 대
  한 학습이 어떻게 일어나는지에 대한 관심에서 발전되었다.
  페미니스트 관점은 남성보다 권력이나 권위가 낮은 환경에
  서 일을 하는 여성들의 경험을 드러낸다.
- **연구 질문:** 이 연구는 "어떻게 하면 여성 임원들이 유리 천
  장을 넘어설 수 있을까?"라는 질문에서 시작되었다. 이 질문
  은 기업 문화, 학습, 조직 내 여성의 경험에 대한 탐구로 이
  어졌다. 이 연구는 구체적으로 다음과 같은 질문을 다루고
  있다: 여성은 조직 문화에 대한 이해를 높이기 위해 어떠한
  공식적, 비공식적 학습을 경험하는가? 여성은 기업 사다리를
  오르는 과정에서 어떤 장벽에 부딪히는가? 기업 환경에서
  대처하고 탁월한 성과를 내기 위한 여성 임원들의 전략은 무
  엇인가?" (Bierema, 1996, p.149)

예시 3

다음의 교사 연구에서 저자는 초등교사가 동료교사와 관계를
맺고 상호작용을 하며 공존할 때 두드러지는 양상을 중심으로 네
가지 문화주제를 도출하였다. 부르디외의 아비투스라는 개념이 이
론적 틀로 제시된다.

"이 연구는 초등교사의 가르치는 몸에 새겨진 아비투스의 양상
이 어떠한지 기술하고 그것에 대하여 해석하는 자문화기술지이

다. 초등교사의 가르치는 몸을 이해하는 데 있어 Bourdieu가 주창한 '아비투스' 개념을 활용하되, 그것을 교사 문화 및 교육 실천과 연관 지어 전유(傳有)하고자 하였다. 이에 초등교사 주체와 가르침의 문화적 구조 간 관계에서의 내면화와 외재화에 초점을 맞추었으며, 아비투스 개념의 철학적 근간인 Merleau-Ponty의 '몸틀'과 '습관의 획득' 개념을 토대로 초등교사 아비투스의 구체적 운동적 양상을 제시하고자 하였다." (강진아, 2023, p.231)

예시 4

다음의 예는 성추행 피해를 수사기관에 선고하였다가 오히려 무고죄의 피의자로 기소되어 긴 법정 투쟁 끝에 대법원 무죄 확정 판결을 받은 차진영(가명) 사건의 과정을 자세히 살펴본 연구다. 저자는 성폭력 피해자를 무고죄로 기소하는 과정에서 반드시 준수해야 할 국제경찰장협회(IACP)의 세 가지 원칙을 그 기준으로 차진영의 무고죄 기소과정을 분석하였다.

[IACP 기준에 의한 차진영 사건 분석]

1. 철저한 수사의 완료

IACP의 무고죄 기소 가이드라인에 의하면 수사관이 해야 할 가장 첫 번째 업무는 '철저한 수사'이다. 일어난 일에 대한 철저한 수사를 완료한 이후에야, 성폭력 신고자에 대한 무고의심 절차를 진행할 수 있다. 차진영 역시 경찰 신고 후, 성폭력 피해자로서 수사를 받게 된다. 그러나 차진영은 수사의 매우 초기부터 성폭력 무고의 피의자라는 의심을 받게 된다. 조사실에서의 일을 살펴본다.

1) "너 같은 피해자를 본 적이 없다"

> 피해자로서 갔어요. 갔는데 그때는 여자 수사관이었어요. OOO 수사관. 그때 나는 피해자였는데, 그 수사관은 이미 나를 무고의 피의자로 딱 찍었어. (가자마자요?) 어, 가자마자 첫 순간에서부터 처음부터 제가 눈치도 빠르고, 생각이 없는 사람도 아니고 세네 마디를 나누는 순간, 이 여자가 나를 피해자로 보지 않는구나 하는 게 느껴지더라구요. 대사 중간중간 무슨 말을 할 때마다 고개를 그렇게 흔들어요. 내가 진실을 얘기하면 그 진실을 고개를 끄덕여 주는 게 한 번도 없어요. 내가 진실을 얘기하면 고개를 흔들어요. 인상을 쓰면서, 이상한데요. 뭐가 이상합니까? 이렇게 얘길 하면, "저는 이런 피해자를 본 적이 없습니다" (이런 피해자라뇨?) 저도 모르죠. 제가 뭐 수사관 앞에서 수사를 받아본 적이 있나요. 없잖아요. 근데 수사관이 하는 말이 난 수사관 경력이 많다. 경력이 많고 많은 성추행 피해자를 만났다. 그런데 너 같은 피해자를 본 적이 없다." (허민숙, 2017, p. 9)

귀납적으로 이론을 만들어 가는 연구에서도 이론적 틀이 중요한가?

실증 이론을 활용하기보다는, 연구의 결과로 이론을 만들어 가는 경우도 있다. 대표적인 예가 근거이론방법이다. 이 방법론은 자료 수집과 분석을 반복적으로 수행하면서, 연구자가 특정 맥락에서 설명력을 갖는 이론을 구성하도록 설계되었다.

물론 근거이론방법으로 연구를 할 때에도 이론을 틀로 활용할 수 있다. 주혜진(2014) 박사는 인지부조화이론을 활용해 창의적인 근거이론연구를 완성시켰다. 나아가 연구결과로 이론을 형성하는 경우에도 연구자의 전공 분야에서 사용되는 이론과 개념에 대한 깊은 이해는 필수적이다. Glaser(1978)가 말한 "이론적 민감성"(theoretical sensitivity)은 연구자가 자료를 분석하면서 어떤 내용이 중요한지 식별하고 이를 이론적으로 발전시키는 능력을 의미한다. 이 이론적 민감성은 연구자의 학문적 배경, 전공 지식, 그리고 개인적 경험에서 비롯되며, 동일한 자료를 분석하더라도 연구 결과가 다르게 나타나는 주요 이유가 된다.

다만, 이론적 틀에 지나치게 얽매이거나 이를 통해 자료를 끼워 맞추는 접근은 연구의 창의성과 통찰력을 제한할 위험이 있다. 연구자는 초기부터 예상했던 것뿐만 아니라 예상치 못한 측면이나 예상과 다른 결과에도 주의를 기울여야 하며, 이를 통해 새로운 통찰을 발견하고 이론적 기여를 확장할 수 있다.

5

방법론적 접근

THE HIEROPHANT

다양함 속에 조화를 보여주는 5번 카드의 주인공은 성직자다. 성직자는 배우기를 게을리하지 않고, 교육으로 타인을 깨닫게 하는 존재다. 인격 수양이 높은 성직자일수록 다양한 종교 간 차이를 깊이 이해하는 동시에, 보다 근본적인 수준에서의 유사점도 인식할 수 있다.

Key Points • 방법론 깊게 공부하기
• 방법론별 차이와 유사점을 이해하기

방법론들은 비슷하기도 하고 다르기도 해서 혼란을 준다.

　연구 방법론의 선택 기준은 연구 목적과의 적합성에 있다. 이를 위해 우선, 연구자가 무엇을 탐구하려는지, 왜 그것을 탐구하는지, 그리고 이를 어떻게 접근할 것인지에 대한 명확한 이해가 필수적이다. 그러나 질적 연구에 처음 입문한 대학원생의 경우, 자신의 연구 주제나 목적이 아직 명확하지 않은 상태에서 방법론을 먼저 선택하고 이를 바탕으로 연구를 진행하려는 경향이 나타나기도 한다.

　이러한 상황에서 방법론 수업을 수강하면 또 다른 어려움에 직면하게 된다. 다양한 방법론 중 자신의 연구에 가장 적합한 것을 선택하는 문제뿐 아니라, 각 방법론의 명확한 차이가 잘 드러나지 않아 혼란스러운 경우가 많기 때문이다. 학술지에 실린 논문을 통해 방법론별 차이를 확인하려 해도, 각 방법론의 경계가 모호하거나 유사성이 강해 명확히 구분되지 않는 경우가 흔하다. 실제로 엘리엇과 티뮬락(Elliott & Timulak, 2021)은 "주요 연구 방법론들은 본질적으로 유사한 전략과 절차를 공유하며, 다소 변형된 형태로 나타날 뿐이다"라고 말한다(p. 4).

　그러다 보니 초보 연구자들은 더욱 유명 방법론에 기대고자 한다. 일반적으로 선호되는 방법론이 무엇인지, 해당 방법론이 학계에서 잘 받아들여지는지 궁금해 한다. 그러나 같은 전공 내에서도 연구자마다 선호하는 연구 접근이 다를 수 있다.

　흔히 말하는 질적 연구의 다섯 가지 접근인 현상학적 질적 연구, 근거이론적 방법, 사례 연구, 내러티브 탐구, 문화기술지는 크레스웰(Creswell, 1998)이 자신의 책에서 처음으로 유형화해 놓았다.

변기용 교수는 크레스웰이 제시한 다섯 가지 방법론이 과연 적절한 구분인가에 질문을 던진다. 변 교수는 이 다섯 가지 방법론이 질적 연구라는 기본 성격을 공유하기 때문에 개별 특징이 서로 명확히 구별되지 않을 때가 많다고 지적하며 각 방법론마다 하나의 독자적인 질적 연구 접근방식으로의 특징을 제대로 이해하고 적용해야 함을 강조한다.

> "이와 함께 사실 Creswell이 그럴 의도를 가지고 이러한 분류를 제시한 것은 아니겠지만, 나는 개인적으로 "Creswell의 분류가 우리나라 교육학 분야에서 수행되어 온 질적연구가 그 본연의 유연성과 가치를 살리기보다, 정해진 절차와 틀에 맞추어 연구를 수행하는 경향을 강화하는 데 영향을 미쳤다"는 생각을 가져왔다. 다양한 질적연구 접근방법에 대한 교육이 제대로 이루어지지 못한 관계로, 수많은 질적연구 입문자들이 질적연구의 유연함을 잃어버리고 기계적인 자료수집 및 분석 방법, 서술의 기법을 준수하는 데만 급급하거나, 혹은 '이론(연구방법론)과 연구수행의 실제 혹은 연구목적과 선택한 연구방법 간에 괴리(특히 샘플링, 일반화 주장 등에서)'가 나타나는 경우가 적지 않았다고 생각한다." (변기용, 2024, p. 62)

필자 역시 위의 입장에 동의한다. 이 다섯 가지 접근을 당연시하면서 논문을 쓸 때 반드시 이 중에서 한 가지를 선택해야만 하는 것으로 오해하는 연구자가 많다. 여러 학자들(Bazeley, 2020; Elliott & Timulak, 2021)이 지적하듯, 흥미로운 연구주제와 풍부한 자료를 옆에 두고도 학술지 투고에 좀 더 도움이 될까 하는 생각에서 자신의 연구와 맞지도 않고, 제대로 이해도 못하는 방법론을 선택하는 학생들이 상당수다. 방법론에 자료를 끼워 맞추느라 몇 달씩 시간만 허비하는 경우도 자주 본다.

질적 연구는 기본적으로 변수가 아닌 사례에 초점을 둔다.

질적 분석 전문가인 베이즐리 교수는 변수에 초점을 두는 양적 연구와는 달리 질적 연구는 사례를 중심으로 진행된다고 다음과 같이 설명한다.

> "질적 분석은 기본적으로 사례 지향적이다. 사례로부터 자료를 수집하고 연구의 초점이 되는 현상을 보여주는 단일 사례 또는 여러 사례를 중심으로 분석을 진행한다." (Bazeley, 2020, p. 7)

베이즐리의 설명에 따르면 사례에 초점을 둔다는 것은 사례에 주체성을 부여하는 것이다.

> "다음 두 문장의 차이를 살펴보자. '교육 수준이 낮은 빌과 스티븐은 의미 있는 일자리를 찾는 데 어려움을 겪었다' 와 '낮은 교육 수준은 열악한 취업 기회를 예측한다'. 사례를 중심으로 하는 질적 연구는 빌과 스티븐의 힘겨운 노력, 점점 더 기술화되는 사회에서 일자리를 찾느라 겪는 어려움, 그러한 상황이 인간으로서 자신들을 바라보는 데 미치는 영향을 탐색하도록 독자를 이끈다. 우리는 그들을 실제로 존재하는 사람으로 보기 시작한다. 반면 교육과 취업 기회 사이의 관계에 대한 변수 기반 일반화 연구에서는 이들의 존재가 보이지 않는다." (Bazeley, 2020, p. 7)

변기용 교수 역시 거의 모든 질적 연구가 연구자의 관심현상을 구체적인 상황적 조건(맥락)에 놓여있는 하나 혹은 복수의 사례를 연구하는 방식으로 진행된다는 점을 강조하며 사례 연구를 내러티브 탐구, 문화기술지, 현상학적 질적 연구, 근거이론적 방법의 상위 범주로 제시한다.

> "이상의 논의를 요약하자면 나는 사례 연구를 Creswell(1998)이 분류한 것처럼 내러티브 탐구, 문화기술지, 현상학적 질적연구, 근거이론적 방법과 병치되는 별도의 세부적 질적연구 접근법으로 보기보다는, 다양한 질적연구 접근방식을 아우르는 보다 상위의 개념으로 보는 것이 타당하다고 본다. 이때 사례 연구는 (1) 사례('특정한 시공간적 맥락에 놓여 있는 관심현상')를 (2) 양적연구와 차별화되는 고유한 특성을 가지는 질적연구 방법론을 통해 심층적, 총체적으로 탐구하는 '연구방법론'으로서의 실질을 가지는 것이라고 본다." (변기용, 2024, p.84)

사례를 어떻게 연구할 것인가가 방법론을 결정한다.

앞서 살펴본 대로 질적 연구는 변수가 아닌 사례에 초점을 둔다. 그리고 이러한 사례(들)를 어떠한 방식으로 연구하는가에 따라 다양한 방법론적 접근이 가능하다.

주요 방법론 별 특징을 간략히 소개하면 다음과 같다.

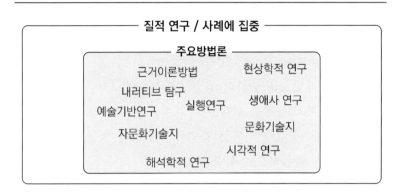

그림 1. 질적 연구의 다양한 방법론적 접근

근거이론적 방법

- 1967년, 사회학자인 글레이저와 스트라우스(Glaser & Strauss)가 기존 연구 관행(이론과 연구를 인위적으로 나누는 문제, 질적 연구가 '엄격한' 양적 연구를 위한 선행작업일 뿐이라는 편견, 질적 방법이 비체계적이라는 편견, 자료수집과 분석을 분리하는 연구 관행, 질적 연구가 단순히 사례를 기술할 뿐 이론을 만들지 못한다는 편견)에 도전하며 시작되었다.

- 현장에서 수집한 자료에 근거하여('grounded') 특정 맥락을 설명하는 '실체 이론' 또는 이를 확장하고 추상도를 높여 여러 맥락을 설명할 수 있는 '중범위 이론'을 구성하는 것이 목적이다.

- 자료수집과 분석을 병행하면서 자료와 자료, 분석 결과와 새로운 자료를 지속적으로 비교한다. 그 과정에서 자료를 근거로 해서 맥락을 설명하는 새로운 이론적 아이디어를 구축해간다. 즉, 귀납에서 시작하지만 여기에 창의성을 더하는 가추적 논리를 활용한다.

- 분석적 가치가 있는 주요 개념을 발전시키기 위해 필요한 이야기를 해 줄 만한 참여자를 추가로 모집하는 이론적 표집(theoretical sampling)을 한다.
- 주요 개념들을 충분히 발전시키고(이론적 포화), 서로 연결해서 이론적 통합을 한다.
- 다양한 관점, 변화하는 측면을 포함해서 행동, 과정, 또는 구조를 종합적으로 설명한다.
- 연구의 예: 변기용 교수(2020)는 「근거이론적 방법의 이론화 논리와 과정: K−DEEP 프로젝트와 후속 연구과제 수행(2013~2019)을 중심으로」에서 본인이 2013년부터 직접 수행했던 '학부교육 우수대학의 특징과 성공요인(K−DEEP 프로젝트)' 연구를 통해 '실체이론(맥락기속적 이론, 잠정이론)'이 '다맥락적 이론(다양한 맥락에서 범용적 설명력을 가지는 중범위 이론)'으로 발전되어 가는 과정과 함께 이 과정에서 발견했던 다양한 통찰력을 전달하면서 근거이론적 방법의 이론화 과정을 구체적으로 제시한다.
- 연구의 예: 주혜진(2014)은 「수퍼우먼의 비애: 소수자들의 인지부조화 경험과 상징적 자기−완성」이라는 논문에서 대덕연구개발특구에 근무하는 16명의 여성과학기술인들을 심층 인터뷰하고, 근거이론방법으로 분석하였다. 과학기술관련 직장에서 남성이 아닌 여성으로 존재하고, 과학기술분야에 종사(연구)한다는 점 때문에 태도와 충돌하는 인지부조화를 경험하는 여성과학인들의 경험을 잘 보여준다.
- 수다비(Suddaby, 2006)의 『From the editors: What grounded theory is not』은 학술지 편집장의 관점에서 근거이론연구란

어떤 것인지, 근거이론에 대해 잘못 알려진 부분들은 무엇
인지를 간단히 설명한다.

현상학적 질적 연구

- 사람들이 일상적인 세계에서 살아가면서 겪는 다양한 일상
  적인 경험을 온전히 참여자의 관점에서 있는 그대로 이해하
  고자 한다.
- 언어와 비언어를 통해 드러나는 체험의 구조와 의미를 찾는
  다. 이것을 경험의 본질(어떠한 현상이 다른 것이 아닌 바로 그 현상
  이게 만드는 것, 공통된 의미, 변치 않는 구조)이라고도 한다.
- 경험은 늘 이미 의미 있게 조직되었다고 보기 때문에 이론
  적 모델을 만들기보다는 경험을 생생하고 충실하게 기술하
  는 데 치중한다.
- 연구자와 참여자의 적극적인 관계가 분석에 별로 중요한 부
  분이 아니다. 그것보다는, 연구자의 열린 태도가 중요하다.
  기존의 지식이나 이론으로 세상을 보는 대신 이미 안다고
  생각했던 현상을 새롭게 이해하고자 하는 현상학적 태도를
  취하는 것이 요구된다.
- 연구 결과물은 현상의 본질에 대한 종합적 기술이다.
- 연구의 예: 웰츠(Wertz, 2015)는 자신이 1985년에 했던 범죄의
  희생자가 된다는 것에 대한 현상학적 질적 연구의 분석과
  정을 다음의 문헌에서 자세히 기술하고 있다. 방법론적으
  로 학습하는 데 도움이 된다(Wertz, F. J. (2015). Phenomenology:
  Methods, historical development, and applications in psychology. *The
  Wiley handbook of theoretical and philosophical psychology: Methods,*

approaches, and new directions for social sciences, 85–101.).

- 방법론적 아티클의 예: 현상학적 질적 연구자인 린다 핀리
  는 다음 아티클에서 일상적 태도를 벗어나 열린 마음으로
  참여자의 경험 속으로 들어가는 현상학적 태도로 전환하는
  것의 중요성을 몇 개의 에피소드를 통해 설명한다(Finlay, L.
  (2008). A dance between the reduction and reflexivity: Explicating the
  "phenomenological psychological attitude". Journal of phenomenological
  psychology, 39(1), 1–32.).

문화기술지

- 문화를 공유하는 집단 구성원의 가치, 행동, 신념, 언어 등
  의 패턴과, 그 결과로 나타나는 집단의 구조와 행동 양식을
  밝히고 그것의 의미와 중요성을 부여하는 해석 작업이다.
- 연구자가 장기간 현장에 들어가 참여관찰과 인터뷰, 다양한
  자료수집을 하는 편이다. 다만, 참여관찰의 기간은 연구 설
  계에 따라 차이가 있다.
- 내부자 관점(emic perspective)과 외부자 관점(etic perspective)을
  유지하며 맥락을 고려한 총체적 이해를 추구한다.
- 문화기술지는 연구 과정이기도 하고 그 결과물이기도 하다.
- 연구의 예: 동국대 명예교수인 사회학자 조은 교수는 『사당
  동 더하기 25: 가난에 대한 스물다섯 해의 기록』이라는 책
  에서 사당동 재개발 철거민 가족을 25년간 연구한 결과를
  자세히 보여 준다.
- 연구의 예: 노던 아리조나 대학교의 인류학 교수가 레베커
  네이던(Nathan, 2006)이라는 가명으로 대학 신입생들의 문화를

연구한 내용을 담은 책 『미국의 대학생은 지금』이라는 책도 가볍게 문화기술지 연구를 접하는 데 도움이 된다.

내러티브 탐구

- 특정 시간과 공간, 사람들 사이의 관계 속에서 구성되는 인간의 삶의 이야기에 강한 관심을 갖는다.
- 소수 참여자의 삶의 경험(특히 내부적 갈등이나 투쟁)이 반영된 이야기를 통해 서사적 삶의 구성 방식과 그 영향을 살펴본다.
- 인터뷰 내용을 해체하지 않은 채 복잡한 사건들로 구성된 경험 이야기를 그대로 보존하고 세부 사항을 유지하며 분석한다.
- 다양한 철학적, 이론적, 문학적인 요소를 적용하여 유연하게 분석하는 편이다.
- 연구자가 참여자와 적극적인 관계를 맺는 편이며 보통 여러 차례의 인터뷰를 통해 이야기를 자료로 수집한다.
- 목적에 따라 이야기의 내용(what), 그리고/또는 구조(how)에 관심을 갖는다.
- 목적에 따라 이야기 전체(큰 이야기) 또는 이야기 중 일부 내용(작은 이야기)에 초점을 둔다.
- 내러티브가 역사적 사실이냐 아니냐보다, 진실된 주관적 현실인가가 중요하다. 의미가 부여된 사건은 개인에게 강한 영향력을 미칠 수 있기 때문이다.
- 경험이 어떻게 기억되는가, 그리고 과거, 현재 미래가 어떻게 연결되는가에 관심을 갖는다.
- 단순히 삶에 대하여 이야기하는 것뿐만 아니라 참여자와 연

구자의 삶에 영향을 미친다.

- 연구의 예: 염지숙과 염지혜의 2015년 연구인 「한부모 가정 유아를 양육하는 조손가족 조모와 손자녀의 삶을 통해 본 가족의 의미」라는 연구는 소수의 참여자(여기서는 김할머니와 손자 윤찬이, 최할머니와 손녀 혜민이)들의 이야기를 연구자가 어떻게 재구성하고 이론적으로 해석하는지를 살펴보는 데 도움이 된다.

- 연구의 예: 이규빈, 김희연, 유성상의 2023년 연구인 「각자도생하는 학교, 고립된 교실, 자책하는 교사: 10년 차 교사 선영의 내러티브 탐구」는 교사 개인이 모든 것을 책임져야 하는 학교 구조가 교사를 고립시키고 스스로를 평가절하 하도록 하는 상황임을 선영이라는 교사의 이야기로 엮어 간다. 개인의 특성 및 학교 구조와 문화가 교사의 어려움과 겹쳐지는 지점을 몰입할 수 있는 글쓰기로 제시하였다.

- 연구의 예: 다음의 아티클에서는 스웨덴으로 해외 입양된 22명의 남녀 참여자와 포커스 그룹 인터뷰를 하면서 이들이 자신의 배경과 부모의 나라를 어떻게 이야기하고 의미 부여하는지를 분석한다. 특히 지금-여기(the here-and-now)의 이야기와, 거기-그때(the there-and then)의 상반되는 이야기에 초점을 두며 해외입양자들이 자신의 뿌리 국가에 대해 갖고 있는 복잡한 감정을 살펴본다(Lindgren, C., & Nelson, K. Z. (2014). Here and now-there and then: Narrative time and space in intercountry adoptees' stories about background, origin and roots. *Qualitative Social Work, 13*(4), 539-554.).

사례 연구와 기본적 질적 연구

그런데 때로는 자신의 연구가 위에서 소개된 특정 방법론과 어울리지 않을 때가 있다. 예를 들어, 어떤 주제에 대한 사람들의 경험과 그 의미를 단순히 질적인 방법(인터뷰, 관찰, 기타 다양한 자료 수집)으로 이해하고 싶거나, 또는 관심 사례(사람, 사건, 교실, 병원, 마을공동체 등)를 특정 방법론적 틀에 얽매이지 않은 채 질적인 방법으로 집중해서 탐구하려는 경우가 여기에 해당한다. 그럴 때에는 '기본적(일반적) 질적 연구를 하였다', 또는 '사례 연구를 하였다'고 언급해도 무방할 것이다.

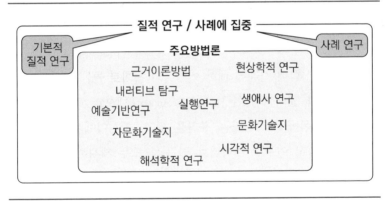

그림 2. 질적 연구에서 기본적 질적 연구나 사례 연구의 위치

사례 연구

보통 사례 연구는 소수의 사례를 집중적으로 탐구하며 각 사례가 처해있는 맥락적 상황과 그 안에서 벌어지는 진행과정을 자세히 이해하는 데 관심이 있다. 사례가 하나 이상일 경우 사례 내

분석과 사례 간 분석이 병행된다. 예를 들어 다음의 연구들은 특정 맥락적 조건에서의 개별 사례에 대한 집중 탐구를 하면서 아티클 제목에 사례 연구임을 언급한다.

- 「제로에너지주택 거주자들의 변혁적 확장학습에 대한 사례 연구」(조미성, 김남수, 윤순진, 2020)
- 「캠퍼스 총기사건에 대한 사례 연구」(Asmussen & Creswell, 1995)
- 「발전국가와 약탈국가의 기원: 한국과 필리핀 비교 사례 연구」(신재혁 & 이동일, 2022)

반면, 사례 연구라는 표현을 쓰지 않거나, 사례 연구 외에 다른 방법론을 같이 언급하는 경우도 있다. 다양한 예시들을 살펴보자.

- 아동 성학대 사례에 대한 어머니의 목회적 돌봄 경험을 다룬 길건과 앤더슨의 연구(Gilgun & Anderson, 2016)
  - 제목에서 사례라는 표현을 썼고, 핵심어에 '사례 연구', '질적 연구', '내러티브 연구'를 모두 제시하였다.
  - 네 가족의 사례를 질적인 방법으로 다루고 있으며 결과를 개별 가족의 이야기 형식으로 구성하고 비교하였다.
- 군인들의 갑작스런 커리어 전환과정과 트라우마를 다룬 헤이니와 셰퍼드(Haynie & Shepherd, 2011)의 연구
  - 평생 군인으로서의 정체성을 가지고 살다가 전투에서 부상을 당해 갑작스레 진로를 바꿔야 하는 10명의 사례를 집중 탐색하면서 이들을 새로운 직업정체성을 찾아가는 그룹과 여전히 정체성 혼란과 해결되지 않는 부정적 감

정에 쌓여 있는 그룹으로 나눠 비교 설명한다.

- 연구제목이나 핵심어에는 사례 연구라는 말이 없으나 초
  록에서 다중사례방법을 썼다고 언급했고, 방법론에서 개
  별 참여자를 사례로 소개한다.

• 전이성 척수 압박증을 앓는 9명의 환자(개별 사례)와 이들의
  보호자 및 의료진과의 종단 인터뷰를 한 이바 등(Eva, Paley,
  Miller, & Wee, 2009)의 연구

- 사례 내 분석과 사례 간 분석을 통해 이들의 병이 진행
  되고 행동에 제약이 커지면서 달라지는 상황을 환자들이
  어떻게 이해하는지 제시하고 그렇게 생각하는 이유를 논
  의에서 자세히 다루고 있다.

- 개별 사례에 대한 심층 기술보다는 전체적인 테마를 제
  시하였다.

• 성폭력 피해자 무고죄 기소를 통해 본 수사과정의 비합리성
  과 피해자 다움의 신화를 연구한 허민숙의 연구(2017)

- 성추행 피해를 수사기관에 신고하였다가 오히려 무고죄
  의 피의자로 기소되어 2년 8개월의 법정 투쟁 끝에 대법
  원 무죄 확정 판결을 받은 차진영(가명) 사건을 국제경찰
  장협회(IACP)의 세 가지 수사 원칙을 기준으로 자세히 분
  석하였다.

- 특정 맥락적 조건에서의 개별 사례에 대한 집중 탐구를
  하면서도 제목이나 주제어에 사례 연구라는 말을 따로
  넣지 않았다.

기본적/일반적 질적 연구

이에 반해 기본적 질적 연구는 연구자가 관심 갖는 현상에 대한 참여자들의 경험과 그 의미를 이해하는 데 목적이 있다. 보통 다양한 사례로부터 자료를 수집하고 분석한 다음 현상의 복잡성과 다양성을 반영하는 테마를 도출하고 여러 참여자에게서 나온 인용문을 근거로 제시하는 경우가 많다. 몇 개의 연구를 예로 살펴보자.

- 알로보 등(Alobo, Ochola, Bayo,, Muhereza, Nahurira, & Byamugisha, 2021)의 연구는 오랜 기간 내전과 이어지는 갈등으로 고통받는 우간다 북부에서 특히 산모 사망의 문제를 다루고 있다. 여성들이 병원에 도착한 이후 어떻게 사망에 이르는지를 주요사례기법(Critical incident technique, CIT)과 핵심 정보원 인터뷰를 통해 밝히고 상황의 진행을 구체적으로 시각화해 보여준다.

- 코트니 등(Courtenay, Merriam, Reeves, & Baumgartner, 2000)은 앞서 1차연구(1995년에 진행)에서 비교적 젊은 나이에 에이즈 감염 진단을 받았던 18명의 참여자를 대상으로 인터뷰를 진행하면서 이들이 삶의 큰 위기를 맞은 후 전환학습이 일어났음을 밝혀냈다. 2000년에 진행한 후속 연구에서는 1차 연구 참여자 중 14명과의 인터뷰를 통해, 시간이 흐르고 치료약이 개선되어 이들의 삶의 조건이 변했음으로 불구하고 이들의 전환된 관점이 여전히 유지되고 있음을 확인하였다.

- 우베 플릭 등(Flick, Garms—Homolová, & Röhnsch, 2010)은 10개의 요양기관에서 근무하는 32명의 간호인력에게 고령 환자들이 밤에 숙면을 취할 수 있도록 낮시간에 어떠한 활동을 하는지, 그러한 필요성을 어떻게 인식하는지에 대한 인터뷰를 진

행하였다. 그 결과 낮에 적극적으로 활동을 시도하는 그룹, 그러한 시도가 필요하다는 것은 알고 있으나 아무런 개입을 하지 않는 그룹, 필요성을 인식하지 못하는 그룹으로 유형이 나눠지는 것을 밝혀냈다. 나아가 제대로 개입하지 않거나 인식하지 못하는 그룹에게 어떠한 훈련 프로그램이 필요한지를 논의한다.

기본적 질적 연구의 가장 큰 강점은 특정 방법론적 틀에 얽매이지 않고, 연구 목적과 질문에 맞춰 유연하고 창의적으로 접근할 수 있다는 점이다. 이 자유로움 덕분에 연구자는 각자의 관심사와 자료의 특성에 맞게 다양한 방식을 조합해 연구를 설계할 수 있다. 하지만 바로 이 점이 방법론적 엄격성에 대한 우려를 낳는 것도 사실이다(Caelli, Ray, & Mill, 2003; Ellis & Hart, 2023; Kahlke, 2014; Waalkes, et al., 2024). 특히 방법론적 지식이 부족한 연구자가 이를 숨기기 위해 기본적 질적 연구라는 이름 아래 연구를 대충 진행하는 경우, 이 접근법이 부정적인 평가를 받는 상황이 발생한다. 그러나 연구 설계와 자료수집 및 분석을 엄격하게 한다면 기본적인 질적 연구로도 얼마든지 좋은 연구를 할 수 있다.

나아가 특정 방법론을 적용한다고 해서 방법론적 엄격성과 관련된 문제가 자동으로 해결되지는 않는다. 오히려, 특정 방법론을 선택한 연구자가 해당 방법론의 철학적 기반과 절차를 충분히 이해하지 못한 채 자신의 연구를 억지로 끼워 맞추는 것이 문제가될 수 있다. 그러면 '내 연구는 현상학적 연구다', '스트라우스와 코빈의 근거이론방법을 따른다'라는 식으로 언급하며 방법론적 엄격성을 가장했으나, 실제로는 불완전하거나 왜곡된 연구가 이루어질 가능성이 높아진다(Bazeley, 2020; Sandelowski, 2000).

　　질적 연구뿐만 아니라 양적 연구에도 방법론 선택과 적용에 대한 논리와 정당성은 중요하다. 논문 심사위원이나 학술지 리뷰어가 특정 방법론을 선택한 이유를 묻는다면 연구자는 이를 명확하고 논리적으로 설명할 수 있어야 한다.

> "학회에서 신진 학자가 새로운 통계 기법을 적용한 논문을 발표하고 있었다. 방청석에서 어떤 교수님이 손을 들고 질문했다. 왜 그 연구를 하면서 그 통계 기법을 적용했느냐고. 그 신진 학자는 미국의 교수님들도 비슷한 상황에서 그 통계 기법을 적용한다고 대답했다. 그랬더니 질문을 한 교수님이 고개를 끄덕이며 알았다는 표정을 지었다. 나는 속에서 분노가 치밀어 올랐다. 미국 학자들이 하는 것은 무조건 옳다고 받아 들여야 한다는 말인가? 이게 무슨 학문적 논의인가?" (김동환, 2018 p.11)

　　김동환 교수가 언급한 방법론에 대한 무지와 학술적 논의 부족의 문제는, 연구 설계와 수행 과정에서 공통적으로 나타날 수 있는 주요 약점이므로 방법론에 대한 공부를 등한시하지 말아야 한다.

6

표집과 참여자 선정

THE LOVERS

서로 행복해 보이는 연인들. 그들을 축복하는 듯한 천사의 모습이 보인다. 만남 속에서 서로의 변화와 성장을 도모하는 6번 카드는 조화와 균형, 파트너십을 나타낸다.

Key Points
- 표집 이해하기
- 연구 참여자 선정

어떠한 자료를 수집할지 결정한다.

이제 본격적으로 연구 질문에 답하기 위에 적절한 자료를 선정하고, 이를 누구에게서 어떤 방법으로 얻을지 결정할 단계다. 이를 위해 연구자는 연구 질문별로 궁금한 내용, 자료수집 방법(예. 인터뷰, 포커스집단, 사진, 관찰 등), 이 방법으로 얻을 수 있는 정보, 그리고 자료 수집과정에서의 윤리적 고려 사항 및 구체적으로 연구자가 준비할 내용을 생각한다. 다음의 표는 제니퍼 메이슨(Mason, 2018, p.29)의 제안을 참고로 구성한 내용이다. 자신의 연구에 맞춰 추가로 고려할 사항을 표에 넣어도 좋다.

표 2. 자료수집을 위한 준비 내용

연구 질문	누구 에게서?	어느 장소에서?	언제 어떤 방법으로?	왜 이 방법이 최선인가?	현실적으로 가능한가?	윤리적 문제는 없나?	어떻게 준비할까?
1.							
2.							

참여자 선정 기준을 정한다.

질적 연구에서 표집(sampling) 방법은 양적 연구와 본질적으로 다르다. 이를 이해하기 위해 먼저 양적 연구에서의 표집 방법을 살펴 볼 필요가 있다. 다음의 그림과 같이 양적 연구자는 모집단에서 무작위로 표본을 추출해서 대표성을 확보하려고 한다. 그리고 통계 결과를 다시 원래의 모집단에 일반화한다.

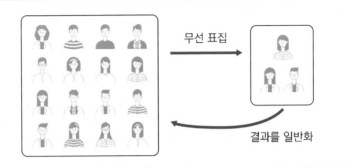

그림 3. 양적 연구 결과를 모집단에 일반화하는 방식

반면 질적 연구에서는 소수의 사례를 연구하기 때문에 연구 대상을 충분히 좁히고 이들을 집중적으로 탐구하는 접근이 필요하다. 통계적 대표성은 이러한 연구에 부적합한 기준이라고 볼 수 있다. 대신 연구 질문과 목적에 적합한 대상을 선별하여 심층적인 정보를 얻는 것이 중요하다. 이러한 방식을 목적 표집(purposive sampling) 또는 준거기반표집(criteria–based sampling)이라고 한다. 이때 표집의 기준이 무엇인지를 구체적이고 논리적으로 설명하여 독자가 연구결과를 신뢰할지 판단할 수 있도록 하는 것이 중요하다.

질적 연구의 일반화 방식 역시 양적연구의 일반화 방식과 다르다(변기용, 김현주, 김수혁, 2024). 참여자에게서 나온 연구 결과는 이들과 유사한 맥락적 상황에 있는 대상에게 적용이 가능하다. 질적 연구는 일반화를 목적으로 하지 않는다는 표현은 맞지 않는데, 엘리엇과 티뮬락의 설명대로 "표집(sample)이라는 단어에 이미 이보다 큰 집단으로부터 사례를 선정했다"(Elliot & Timulak, 2021, p.36)는 의미가 암시되어 있기 때문이다. 단, 연구 결과의 일반화 혹은 적용(전

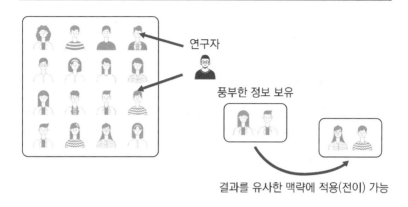

그림 4. 질적 연구 결과를 유사한 맥락적 상황에 있는 집단에 일반화하는 방식

이)가능성을 양적연구에 비해서는 보다 덜 단정적으로 주장한다.

큰 틀에서는 목적 표집이지만 그 안에 다양한 세부 목적 표집 전략이 포함된다. 인터뷰 전문가인 로울스톤은 몇 가지 목적 표집 방법을 상황 별로 나눠서 설명한다(Roulston, 2022, p.126-129). 몇 가지 예를 보면 다음과 같다.

다양성에 초점을 둘 때

- 네트워크 표집(network sampling): 연구자의 다양한 인맥을 활용해서 참여자를 소개받는 방식이다(흔히 사용되는 용어인 눈덩이 표집(snowball sampling)과도 유사하나, 눈덩이 표집은 평소 연구자의 접근이 어려운 집단에 속한 사람을 소개받는다는 뉘앙스가 있다).
- 포괄적 표집(Comprehensive sampling): 현장에서 참여가능한 모든 사람을 표집에 넣는다.
- 최대다양성 표집(Maximum variation sampling) 또는 할당표집(quota

sampling): 연구자가 원하는 참여자 특성을 정한 다음 각 특성 별로 해당하는 참여자를 몇 명씩 선정한다.

비교에 초점을 둘 때

- 극단적 또는 예외적 사례표집(Extreme or deviant case sampling): 매우 특이한 사례를 통해 그렇지 않은 일반적인 상황에 대한 이해를 도모한다.
- 전형적 표집(Typical case sampling): 평균에 해당한 사례를 연구한다.
- 전문가들이 제안한 사례표집(Reputational case sampling): 전문가의 조언을 바탕으로 그러한 기준에 해당하는 참여자를 선정한다.
- 이상적인 표집(Ideal case sampling): 연구자들이 이상적인 참여자 유형을 정한 다음, 여기에 맞는 사람을 찾는다.
- 비교사례 표집(Comparable case sampling): 비교를 위해 기준에 맞는 사례를 선정한다.

연구의 나중 단계

- 부정적 사례(negative/discrepant cases): 분석 중인 결과와 모순되거나 맞지 않는 사례를 적극적으로 찾으며 도출한 연구 결과의 타당성을 검토한다.
- 이론적 표집(theoretical sampling): 이론을 구성하면서 추가적으로 필요한 자료를 보충할 때 사용한다.
- 순차적 표집(sequential sampling): 앞부분의 연구 결과에 따라 이어지는 자료수집의 표집을 결정한다.

질적 연구에서는 연구가 진행되는 동안 참여자 모집이 지속되는 경우가 흔하다. 이는 연구 과정에서 새로운 통찰이 생기거나, 추가적인 정보를 제공할 수 있는 참여자를 찾을 필요가 있기 때문이다. 특히, 네트워크를 활용하거나, 기존 참여자에게 소개를 받는 방식이 유용하다. 개별 인터뷰가 끝날 때쯤 "혹시 제가 이 주제에 대해 더 알고 싶다면 누구와 이야기를 해 보는 게 좋을까요? 주변에 저와 인터뷰 할 만한 분을 소개해 주실 수 있나요?"라고 물어 본다.

간혹 연구의 초기 단계에서 편의 표집(convenience sampling 또는 opportunity sampling)을 하는 경우가 있다. 이 방법은 아직까지 참여자 선정 기준이 넓거나 모호할 때, 또는 현실적인 상황 때문에 주변에 참여해 주겠다는 사람을 중심으로 자료를 수집하는 방식이다. 그러나 편의 표집만으로는 엄격한 연구가 될 수 없다. 이후에는 목적 표집을 해서 체계적으로 기준에 맞는 참여자를 모집해야 한다.

윤리적으로 참여자를 모집한다.

질적 연구는 인간을 대상으로 진행되기 때문에 연구의 모든 단계에서 윤리적인 문제가 발생하지 않도록 신경 써야 한다. 연구자는 연구 참여자의 권리와 복지를 보호하기 위해 아래의 사항들을 준수한다(American Psychological Association, 2022, p.51-53).

우선 연구 참여자가 합리적으로 이해할 수 있는 언어를 사용하여 적절한 방법으로 사전 동의, 승인, 또는 허가를 얻는다. 다음 사항에 대한 참여자 노출을 최소화한다.

- 신체적, 정서적, 또는 심리적 손상

- 착취적 관계
- 연구자의 지위, 권력, 또는 권위에 의한 부당한 영향력 행사
- 과도하거나 부적절한 연구 참여 유인책
- 처음부터 연구의 목적을 정당하게 밝히지 않고 한참 지나서 설명하는 식으로 참여자를 기만하는 행위

참여자의 신원이 드러날 위험이 있다면 다음과 같이 자료의 일부 측면을 위장한다.

- 구체적인 특징을 변경
- 구체적인 특징에 관한 기술 제한
- 관련 없는 자료를 추가함으로써 사례의 세부사항을 모호하게 만듦
- 여러 사례를 합친 합성된 사례 기술

그러나, 개인정보의 위장은 신중히 이루어져야 한다. 가정 폭력 사건을 연구하면서 참여자의 성별을 바꾼다면 잘못된 결론으로 이어질 수 있기 때문이다. 나아가, 아이들, 미성년자, 한국인이 아니거나 한국어 사용이 미숙한 참여자, 신체적 장애, 학습 장애, 질병, 보호감찰 대상, 법률 문제로 어려움을 겪는 상황에 있는 참여자와 연구를 한다면 연구 윤리에 더욱 신경 쓴다.

연구 동의서에는 언제든지 자발적으로 연구에서 철회할 수 있는 참여자의 권리, 연구의 목적과 자료수집 시 사용될 방법, 응답자의 비밀보장, 연구 참여와 관련해 알려진 위험성, 연구 참여자에게 생길 수 있는 예상되는 혜택, 연구자와 참여자의 서명이 기본적

으로 들어간다. 크레스웰과 크레스웰(Creswell & Creswell, 2024)의 책에
서 소개한 동의서의 예는 다음과 같다.

질적 연구를 배우는 경험: 질적 사례 연구

참여자님께,

다음은 본 연구에 참여할 의향을 결정하도록 제공되는 정보
입니다. 참여여부는 자유롭게 결정할 수 있으며, 언제든 해당
학과나 강사, 또는 네브라스카-링컨 대학과의 관계에 영향을
미치지 않고 참여를 중단할 수 있습니다.

본 연구의 목적은 대학원 박사 프로그램 과목으로 질적 연구
를 배우는 과정을 이해하는 것입니다. 연구의 현 단계에서, "과
정"이란 일반적으로 과목에 대한 인식과 함께 수업 진행단계에
따른 질적 연구 이해도로 정의됩니다.

자료는 세 단계—학기 시작 시, 학기 중간, 그리고 학기를
마치는 시점—에서 수집될 예정입니다. 자료수집은 문서(학생
과 강사가 작성한 저널 목록들, 학생들의 수업과 연구 진행 정
도 평가), 시청각적 자료(비디오 수업 촬영), 인터뷰(학생들 간
의 인터뷰 전사자료), 수업 관찰과 현장노트(학생과 강사가 작
성)가 포함될 것입니다. 자료수집에 관여된 사람들은 강사와
수업에 참여하는 학생들이 될 것입니다.

질문이 있다면 연구에 참여하기 전이나 혹은 참여하고 있는
중간에도 주저 없이 말씀해 주시기 바랍니다. 우리는 연구가
완료된 후 결과를 공유하고자 합니다. 하지만, 참여자의 이름은
연구 결과와 어떠한 방식으로도 연계되지 않을 것이며, 오직
연구자만이 참여자의 신분을 알고 있을 것입니다.

본 연구와 관련된 알려진 위험이나 불편은 없습니다. 참여할
경우 예상되는 혜택으로는 질적 연구를 배우는 경험에 대한 정

보, 질적 연구에 참여하는 기회, 세부적인 자료분석에 참여하는 학생들과의 공저입니다. 게재를 위해 논문을 투고할 시, 수업을 들은 모든 참여자의 이름을 적은 행이 명시될 것입니다.

진행과정과 목적에 대한 충분한 이해를 하신 후 동의서에 서명해 주시기 바랍니다. 서명된 동의서 한 부는 보관을 위해 여러분에게 주어질 것입니다.

참여자 서명

날짜

존 W. 크레스웰, 교육심리학과, 네브라스카 링컨대학, 책임 연구자" (Creswell & Creswell, 2024, p.154-155).

연구 참여자를 모집하는 것은 생각보다 어렵다. 참여자에게 연구 참여의 장점을 알리고 설득하는 과정이 필요하다. 참여자는 연구 자체보다, 자신의 관점과 경험을 표현할 기회에 더 관심을 가질 가능성이 높다. 연구자는 "그들의 이야기가 중요한 이유"를 강조해야 한다(예. "당신의 경험은 이 문제를 더 잘 이해하는 데 매우 중요한 역할을 할 수 있습니다.").

또한 시간적 부담이 적어야 한다. 연구 참여는 짧고 명확한 절차로 진행되어야 하며, 참여자에게 부담을 주지 않는다는 점을 강조한다. 참여자는 솔직하게 답변했을 때 부정적인 평가나 불이익을 받지 않을 것이라는 확신이 들어야 연구에 참여한다. 연구자는 참여자에게 그들의 솔직한 의견이 귀중한 정보가 될 거라고 설득한다. 그러한 신뢰가 부족하다면 비록 참여자가 인터뷰에 응했다 하더라도 솔직한 의견을 드러내지 않거나 연구자의 질문에 침묵으로 반응할 우려가 있다(Bengtsson & Fynbo, 2018).

참여자 모집과정의 예

다음은 친밀한 파트너 관계에서의 폭력을 종교인들이 어떻게 이해하는가를 파악하기 위해 종교지도자와의 인터뷰를 진행한 레빗과 웨어의 연구의 일부분이다.

"연구진은 유선 및 서면(편지)을 통해 친밀한 파트너 관계에서의 폭력과 신앙에 대해 인터뷰할 의사를 문의하였다. 그 결과, 멤피스 지역에서 고위급 및 중간계급의 종교 지도자 총 25명이 연구에 참여하였다(표 1 참조).

그러나 녹음 품질 문제로 인해, 이슬람교도 여성, 장로교 남성, 그리고 여성 장로교 지도자와의 인터뷰 3건은 분석에서 제외되었다. 최종적으로 22건의 인터뷰가 분석에 포함되었으며, 참여자는 전문직 종교 지도자뿐만 아니라 평신도 지도자로 활동하는 인물도 포함되었다.

종교 지도자들은 자신의 교회 규모를 200명에서 4,500명 사이로 추정하였다. 최대다양성표집 방법(Patton, 1990 참조)을 활용하여 성별, 인종, 종교, 나이, 경력, 지역 사회에서의 경제적 지위, 직위 등을 고려하여 다양한 참여자를 모집하였다(표 1 참조). 질적 연구의 장점인 다양성을 최대한 활용하여 풍부하고 포괄적인 결과를 도출하는 것을 목표로 하였다. 참여자 모집 과정에서 각 지역의 잠재적 참여자들에게 연구 안내문이 담긴 편지를 순차적으로 발송하였다. 이후 전화 연락을 통해 후속 조치를 취함으로써 기존 그룹의 다양성을 확장하기 위해 노력했다. 다양한 배경의 참여자를 확보하고자 했지만, 멤피스 지역 내 종교적 구성의 한계가 있었다. 예를 들어, 지역 내 기독교 단체가 다수를 차지하는 반면, 유대교 교회는 단 네 곳, 이슬람 교회는 세 곳에 불과했다. 또한, 대화를 나눈 지도자 중 두 명

은 인터뷰 일정을 조율하는 과정에서 바쁜 일정으로 인해 참여
를 거절하였다. 연구팀은 대학원생, 대학의 임상 심리학자, 그
리고 유대교나 기독교 소속의 현직 임상 심리학자로 구성되었
다. 팀원들은 종교적 배경, 보수성의 정도, 페미니스트 정체성
등 다양한 관점을 반영하고 있어 연구에 균형 잡힌 시각을 제
공하였다. 이러한 구성은 연구의 깊이를 더하고, 다양한 관점을
프로젝트에 효과적으로 반영할 수 있도록 기여하였다." (Levitt
& Ware, 2006 p. 1171-1172)

다음의 예는 초보 임원코치들의 경험을 연구한 필자의 박사논
문에서 참여자 선정과 관련된 부분이다. 연구설계 단계에서 정한
참여자 기준이 처음 두 개의 인터뷰를 계기로 바뀌는 과정을 기술
하였다.

"**참여자 선정(Sample selection)**
양적 연구에서는 모집단을 대표할 수 있는 대규모 무작위 표집
이 강조된다. 대조적으로, 질적 연구는 "의도적으로 선택된 상대
적으로 적은 사례, 심지어 단일 사례(N=1)에도 깊이 초점을 맞
추는" 것이 일반적이다(Patton, 2002, p. 230). Patton(2002)
의 설명처럼, 의도적인 (또는 목적) 표집은 "연구하고자 하는
핵심 문제와 관련해 많은 것을 배울 수 있는 정보가 풍부한 사
례"(p. 230)를 사용하는 것을 의미한다. 본 연구에서는 초보
임원코치들의 경험을 자세히 알아보기 위해서 목적 표집 전략
을 사용하였다.
최종적인 참여자 선정 기준은 다음과 같다. (1) 남녀를 불문하
고 25세 이상이고 경력이 3년 미만인 초보 임원코치이며 (2)
실습 대상이 아닌, 적어도 한 명의 실제 고객을 스스로 코칭해

본 경험이 있는 임원코치라면 연구에 참여할 수 있었다. 인터
뷰에는 조직 안에서 활동하는 내부 코치와 프리랜서로 활동하
는 외부 코치가 모두 포함되었다.

참여자 선정 과정

참여자 모집은 논문 심사위원과 기관윤리위원회(IRB)의 승인을
받은 뒤, 여러 방법을 사용하여 진행하였다. 먼저, 연구자는
2012년 6월 3일부터 5일까지 신시내티에서 열린 셰르파 임원
코칭 컨퍼런스에 참석하였다. 해당 컨퍼런스에서 각각 1년 남
짓의 경력과 2년 정도의 경력을 지닌 초보 임원코치 두 명을
인터뷰할 수 있었다. 사실 본 연구의 초기 목적은 자격증을 취
득한 다음 진행한 첫 번째 코칭에서 초보 임원코치가 실용적인
지식과 자기 효능감을 개발하는 과정을 탐색하는 것에 초점이
있었다. 그러나 두 번의 인터뷰를 진행해 본 결과, 자격증 취득
후 바로 진행한 첫 코칭에 대한 기억만으로는 이들의 실무 지
식에 대한 경험을 포착하기 힘들다는 것을 깨달았다. 초보 코
치들이 실용적인 지식을 개발하거나 통찰력을 설명하기에는 시
기가 이르다고 판단되었기 때문이다. 대신에 나는 두 인터뷰
참여자가 코칭 상황에서 가장 자신감이 있을 때와 가장 어려웠
을 때의 자신의 이야기를 공유하는 데에는 아무런 문제가 없다
는 것을 알게 되었다. 또한, 참여자들은 이러한 사건에 대해 이
야기할 때 지금까지 코칭했던 고객 2~3명과 관련된 구체적 사
례를 자주 언급했다.

컨퍼런스에 참석한 초보 임원코치들과 인터뷰를 하면서 코칭
기간이 고객 수와 직접적으로 관련되지 않는다는 사실도 알게
되었다. 지금까지 코칭해 본 사례 수는 코치마다 달랐다. 예를
들어, 조직 내부에서 자체 코치로 활동하는 한 참여자는 자신
과의 코칭에 만족한 직원이 동료에게 코칭을 추천하였기 때문

에 비교적 쉽게 고객을 찾을 수 있다고 말했다. 반면 코칭을 전업으로 하는 프리랜서 외부 코치나 다른 직업을 가진 채 코칭을 병행하는 코치는 첫 코칭 고객을 모집하는 데 더 오랜 시간이 걸리는 것처럼 보였다. 첫 번째 코칭이 여러 이유로 계약 기간 전에 종료된 경우, 다른 고객을 찾기까지 상당 시간이 소요되는 상황도 적지 않음을 알게 되었다. 코치들이 고객의 바쁜 일정으로 인해 정기적으로, 때로는 몇 달 동안 고객을 만나지 못하는 때도 있었다. 정리하면, 경력이 1년밖에 되지 않은 초보 코치라도 이미 여러 고객을 코칭했을 수도 있고 몇 년의 경험을 가진 코치가 단지 소수의 고객만을 코칭했을 수도 있다. 따라서 컨퍼런스에서 진행된 처음 두 개의 인터뷰 결과를 통해 알게 된 다양한 요소를 이후 참여자 선정에 고려하는 것이 불가피했다. 나는 초보 임원코치의 인지된 자기 효능감에만 초점을 맞추고 참여자 선정 기준을 보다 유연하게 바꿔서 최대 3년의 경험을 가진 코치를 연구에 포함하기로 결정하였다.

다음으로, 나는 2011년 10월에서 11월 두 달간 조지아대학교 평생교육원에서 진행된 셰르파 코칭 자격증 프로그램을 이수했는데 이때 함께 과정에 참석한 뒤 임원코치로 활동 중인 동기들에게 연구 참여의사를 묻는 이메일을 보냈다. 이러한 방식으로 세 명의 참여자가 추가되었다. 또한, 컨퍼런스에서 만나 명함을 주고받은 임원코치들에게 연구자 정보와 연구 목적을 설명하고 본인이나 혹은 주변에 적절한 대상이 있다면 소개해 달라는 부탁을 담은 이메일을 보냈다. 이미 소개받은 참여자에게는 주변에 참여가 가능한 초보 임원코치를 알고 있는지 묻고 소개를 받는 네트워크 표집을 추가하였다. 위의 방법을 사용하여 4명의 참여자를 추가로 모집하였다. (중략)

인터뷰 내내 염두에 두었던 우선순위는 인터뷰 참여자와 그들이 나에게 공유한 사례에 대한 비밀 보장이었다. 나는 두 가지 이유로 그들의 신원을 보호해야 할 필요성을 강하게 인식하였다. 첫째, 참여자 중 일부는 같은 회사에 근무하고 있었다. 따라서 참여자의 고객이 다른 참여자의 동료일 수도 있으며, 이들이 상대방을 의식해서 솔직하게 자신의 실패에 가까운 부정적인 코칭 사례를 공유하기가 불편할 수도 있었다.

둘째, 인터뷰를 진행하면서, 참여자들이 특정 고객과 관련된 중요한 순간에 대해 언급할 때 맥락을 설명하기 위해서 해당 코칭 사례를 자세히 이야기해야만 했고, 그 과정에서 연구자인 나에게 고객의 신원에 대한 어떠한 힌트도 주지 않으려고 노력한다는 것을 느꼈다. 예를 들어, 한 참여자는 동일한 고객에 대해 이야기하면서 '그'라고 했다가 '그녀'라고 바꾸는 등 다른 성별로 동일인을 지칭했다. 나 역시 일부 고객의 문제는 참여자들이 인터뷰에서 자세히 이야기하기에는 너무 민감하고 독특하다는 생각이 들었다. 코치들의 직업 윤리, 그리고 비밀보장이 필요한 고객과의 대화를 오픈할 때 발생하는 불안감을 존중하였기에 인터뷰 상황에서는 사건 자체의 내용보다는 참여자들의 생각과 감정, 사건을 통해 얻은 교훈에 더 집중했다.

컨퍼런스에서 만난 두 참여자와는 대면 인터뷰를 진행하였다. 나머지 7명의 참여자들과는 각자가 편한 시간에 전화 인터뷰를 하였고 모든 인터뷰는 동의 하에 녹음하였다. (중략)"

다음의 연구는 부모의 동의가 필요한 연구참여자와의 만남 과정을 보여주는 예다.

"연구는 대학 내 기관생명윤리심의위원회(IRB)의 승인을 받은 후, 7세에서 29세 사이의 참여자를 모집하여 진행되었다. 특정 장애를 가진 가족을 대상으로 전단지를 배포하고, 입소문을 통해 참여자를 모집하였다. 모집된 참여자 중 많은 수가 청소년이었기 때문에, 참여자 본인의 동의 외에도 부모의 동의가 필수적이었다. 초기 심사 과정의 일환으로 부모와의 전화 논의가 이루어졌으며, 이를 통해 연구의 목적과 과정을 대략적으로 설명하였다. 이후 본 인터뷰에 앞서 참여자의 집에서 추가 대화가 진행되었으며, 이 과정은 연구자와 참여자 간의 라포를 형성하는 데 중요한 역할을 했다. 이러한 상호작용은 부모가 자녀에게 이 연구가 적합한지 판단하는 데 도움을 주었으며, 연구원이 부모와 소통하는 모습을 통해 아동이 더욱 편안함을 느낄 수 있었다. 특히, 켈리의 사례에서는 부모와의 면담이 인터뷰와 별도로 진행되었다. 켈리의 부모는 그녀가 연구자와 프라이빗하게 대화할 필요성을 느꼈기 때문이다. 이러한 면담은 참여자와 부모 모두가 연구의 과정에 대해 신뢰를 형성하고, 연구 참여를 긍정적으로 받아들일 수 있는 기반을 마련하였다. 사전 동의 절차가 완료된 후, 참여자들과의 대면 인터뷰가 진행되었으며, 모든 인터뷰는 녹음되었다. 인터뷰는 "여러분의 경험이 어떤지 알고자 합니다. 저에게 본인의 경험이 어떠한지 말씀해 주세요."라는 개방형 질문으로 시작되었다. 이 질문이 유일한 사전 질문이었으며, 이후의 모든 후속 질문은 참여자의 답변을 더욱 깊이 이해하거나 명확히 하기 위해 구성되었다. 인터뷰 시간은 최소 30분에서 최대 3시간까지 다양했으며, 평균적으로 1시간이 소요되었다. 특히 켈리와의 인터뷰는 3시간으로 가장 길었다. 인터뷰는 참여자가 더 이상 추가할 내용이 없다고 느꼈을 때 종료되었다. 각 인터뷰 후에는 현장 메모를 작성하여, 이를 분석 과정에 활용하였다." (Speraw, 2009, p. 736)

7

관찰

불안하게 첫걸음을 나선 여행자는 어느덧 마차에 올라서서 새로운 출발을 위한 준비를 마친 상태까지 진행했다. 앞으로 어떤 일이 벌어질까? 새로운 질문과 통찰은 늘 현장에서 발견된다.

Key Points
- 행동에 옮김
- 연구현장으로 나감

관찰은 중요한 자료수집 방법이다.

관찰은 사회과학 연구에서 오랜 역사를 가진 방법이다(Marvasti, 2014). 관찰이 이루어지는 장소는 다양할 수 있으며, 사전 승인이 필요한 사적 공간(혹은 일부 구성원만 접근할 수 있는 공간)일 수도 있고, 길거리와 같은 공공장소일 수도 있다. 이와 더불어, 종교 모임이나 도서관처럼 공공장소로 보이지만, 연구를 목적으로 활용할 경우 "사적인 공간으로 간주"(Yin, 2013, p. 183)될 수 있는 경계가 모호한 장소도 있다. 이러한 경우, 연구자는 장소의 특성과 윤리적 기준을 고려하여 사전 승인 절차를 거칠 필요가 있다. 이는 연구 대상자와 관찰 장소 모두에 대한 존중과 신뢰를 구축하기 위한 필수적인 과정이다.

관찰을 할 때 연구자는 자신이 어떠한 역할을 하였는지 명확히 밝히는 것이 중요하다. 연구자는 자신을 존재를 드러낼 수도, 혹은 숨길 수도 있다. 자신을 드러내는 경우에도 다양한 역할을 할 수 있다. 현지 사람들과 자연스럽게 어울리며 상호작용과 관찰을 병행하거나, 반대로 거리를 유지한 채 개입을 최소화하며 관찰할 수도 있다. 어떠한 접근 방식을 선택하든, 연구자의 존재로 인해 참여자들이 부자연스럽게 행동하지 않도록 주의해야 한다. 예를 들어 연구자 효과(호손 효과 Hawthorne effect)로 인해 참여자들이 연구자에게 긍정적인 모습만을 보이려 하거나, 연구자의 개입이 참여자에게 성가신 존재로 느껴지는 상황은 피해야 한다. 특히 연구자의 정체를 숨긴 채 몰래 관찰을 진행하는 경우, 참여자의 동의를 받지 않으면 윤리적 문제가 발생할 수 있다. 따라서 연구의 목적에 따라 자신의 역할을 신중하게 선택해야 하며, 그 판단의 정당성과 구체적인 연구 과정, 그리고 윤리적인 고려 사항을 논문에서 자세히 보고해야 한다.

그 외에도 아래와 같은 정보를 논문에서 정확히 밝힌다(Pratt, 2009).

- 참여자와 연구자는 어떠한 관계인가?
- 참여자는 어떠한 식으로 연구에 관여하였는가?
- 정보 제공자와 연구자는 아는 사이인가?
- 예전에 그 장소에서 일한 경험이 있는가?

연구 주제와 관련해서 무엇을 집중적으로 관찰할지 잊지 말아야 하며, 반드시 현장노트를 지참하고 기록하는 습관이 필요하다. 현장 노트에는 다음의 내용들을 기입한다(Bogdan & Biklen, 1998; Creswell & Creswell, 2024).

- 기본사항: 관찰자 이름, 관찰 장소, 날짜, 관찰 시작시간, 끝난 시간
- 참여자 정보: 나이, 젠더, 인종, 역할 등
- 참여자들의 활동과 상호작용
- 참여자들의 대화
- 주변의 물건이나 배경, 물리적인 세팅
- 기억을 돕기 위해 그림으로 그려둔 현장의 모습
- 연구자가 배운 것, 떠오르는 생각, 분석과 관련된 아이디어
- 참여자와의 관계, 딜레마 등에 대한 성찰
- 윤리적 문제에 대한 성찰

- 연구자 스스로의 행동
- 뚜렷하지 않은 작은 내용들: 비공식적이거나 계획 없이 일어나는 활동, 사람들의 의상이나 장소에서 드러나는 비언어적 표현 등

현장에서의 관찰은 연구 상황에 따라 기간이 크게 달라질 수 있다. 수개월, 때로는 몇 년에 걸쳐 진행되기도 하며, 반대로 단지 며칠 동안만 이루어질 수도 있다. 관찰 기간은 연구 주제의 복잡성, 계절과 시간의 변화가 연구 주제에 미치는 영향 여부, 연구자의 자원과 상황 등에 따라 결정된다. 충분한 시간을 현장에서 보내는 것은 폭넓은 자료를 수집하고, 연구 대상자와 긍정적이고 신뢰할 수 있는 관계를 형성하며, 내부자의 관점을 얻는 데 필수적이다. 이를 통해 연구자는 보다 심층적이고 포괄적인 이해를 바탕으로 연구 주제를 다룰 수 있다.

현장노트는 구체적으로 작성한다.

관찰은 생각만큼 쉽지 않은 작업이다. 특히, 구체적인 내용을 있는 그대로 현장노트에 작성하는 것은 예상보다 높은 난이도를 요구한다. 관찰 실습을 통해 종종 발견되는 문제는, 연구자가 자신의 생각이나 판단, 느낌과 구체적으로 관찰한 사실을 명확히 구분하지 못한다는 점이다.

그렇다면 어떻게 해야 관찰이 주관적으로 흐르는 것을 피할 수 있을까? 우선, 현장노트를 작성할 때부터 오감으로 관찰한 내용과 자신의 생각이나 느낌을 분리하여 기록하는 습관을 들이는 것

이 중요하다. 예를 들어, 한국의 경로당을 관찰한 연구자 메리엄은 현장노트를 작성하면서, 자신의 생각이나 감정을 괄호로 구분하여 명확히 표시하는 방식을 사용하였다(Merriam & Tisdell, 2016, 153~157).

"관찰 6.1. 한국 경로당 현장 노트

연구자: 셰런 메리엄

장소: 한국 경로당

목적: 한국 노인 대상 평생교육 이해

날짜/시간: 2006년 3월 24일, 금요일, 오후 3:00~4:15

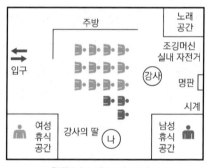
한국 경로당 교실 배치도

내가 노인 대상 교육에 관심이 있다고 말하자, 이웃이 아파트 근처의 경로당으로 나를 초대해 주었다. 이웃은 이곳에서 강사로 활동하며 주 3회 운동을 가르치고 있었다. 첫 방문에서는 단순히 구경만 하려고 했지만, 예상치 못하게 활동에 참여하게 되었다. 이후 두 번째 방문에서는 활동에 참여하지 않고 관찰에 집중하였다. 이번 <u>관찰의 구체적인 초점은 강사, 그리고 학생과 강사의 상호작용이었다.</u>

경로당은 아파트 근처에 독립적으로 지어진 건물 안에 위치해 있다. 같은 건물의 절반은 미취학 아동을 위한 어린이집으로 사용되고 있었다. 이 건물은 지어진 지 얼마 되지 않아 비교적 새것처럼 보였으며, 경로당은 네 달 전에 문을 열었다.

건물 내부로 들어가기 위해 신발을 벗어야 했으며, 들어서자마자 강한 음식 냄새가 느껴졌다. 누군가 벽 쪽에 있는 주방에서

음식을 준비하고 있는 듯했다(배치도 참고). 방은 꽤 넓었으며,
금빛 마루 바닥과 흰색 벽으로 깔끔하고 세련된 느낌을 주었
다. 방 안에는 큰 화분이 네 개 있었고, 그중 세 개는 내가 앉
아 있던 곳 근처에 배치되어 있었다. 두 개의 채광유리가 방
안으로 자연광을 들여와 환하고 개방적인 분위기를 더했다.

몇몇 사람들이 나를 보고 미소를 지으며 고개를 끄덕여 주었는
데, 첫 방문 때 이들을 본 기억이 떠올랐다. 강사의 딸도 함께
있었으며, 그녀는 나중에 나에게 그날이 자신의 첫 방문이라고
말했다. 하지만 그녀에게 특별히 신경을 쓰는 사람은 없어 보
였다. 사람들은 모두 방 한쪽의 의자에 앉아 있었고, 참석자는
여성 11명과 남성 3명이었다(*코멘트: 미국과 마찬가지로, 한국
에서도 여성 노인의 수가 남성 노인보다 훨씬 많은 것으로 보
인다. 이분들이 모두 근처 아파트에 산다고 하는데, 과연 혼자
사는지, 배우자와 함께 사는지, 아니면 다른 가족과 함께 거주
하는지 궁금하다.*).

강사가 인사를 건네자 학생들이 호응하며 반응했다(*코멘트: 강
사를 보며 기뻐한 것처럼 보였다.*). 그때 세 살 정도 되어 보이
는 남자아이가 방 안을 돌아다니고 있었는데, 누군가가 그 아
이를 맡아 보호하는 것 같지는 않았다. 몇몇 사람이 그 아이에
게 의자를 가져다주었다. 강사는 책을 들고 전반적인 활동 계
획을 설명하는 것 같았다. 아이는 방 안을 뛰어다니다가 방 밖
으로 나갔다가 다시 돌아와 의자에 앉았다(*코멘트: 나중에 그
아이가 경로당 참여자 중 한 명의 손자이며, 어린이집에 다니
고 있다는 사실을 알게 되었다. 하지만 어른들 중 누구도 그
아이에게 직접 이야기하는 모습을 보지 못했다. 어린이집에서
혼자 나온 것 같은데, 아이가 방을 자유롭게 드나드는 것이 허
용되는 이유가 가족이나 아이가 수업에 들어와도 괜찮기 때문*

인지 궁금하다.).
강사는 책에 나온 인체 그림을 참여자들이 모두 볼 수 있도록
방을 돌아다니며 보여주었다. 그녀는 계속해서 설명을 이어갔
다*(코멘트: 아마도 어르신들의 시력이 좋지 않을 수 있다는 점*
을 고려한 행동으로 보인다. 또한, 강사는 나에게 단순히 운동
을 하는 것에 그치지 않고, 이것이 몸의 순환이나 근육에 어떻
게 도움이 되는지 이해시키고 싶다고 말했다. 그녀는 학습, 정
신, 그리고 몸을 전체적으로 고려한 접근 방식을 지향하는 듯
하다.). (중략) (Merriam & Tisdell, 2016, 153~154)

관찰 시 주관성을 피하는 또다른 방법은 수량화를 시도하는 것
이다. 『우아한 관찰주의자』의 저자 에이미 허먼은 이렇게 제시한다.

'작다'의 의미는 사람마다 다르다. 무당벌레는 개에 비해 작지
만 개는 코끼리에 비해 작다. 숫자를 총합하면 해석과 의심을
없애는 데 도움이 된다. '작다'는 주관적이지만 '지름 2.5센티미
터'는 주관적이지 않다. … 수를 세거나 측정할 수 없는 현상이
라도 수량화 할 수 있다. 개가 '냄새난다'고 말하기보다는 수량
화 해서 '1에서 5까지의 척도에서 5가 냄새가 가장 지독한 정
도라고 가정할 때 개에서 나는 냄새는 4였다'고 진술한다. …
마지막으로, 서술형용사를 비교명사로 바꿔야 한다. '냄새나는'
이라는 표현은 주관적이다. '냄새가 나쁘다'도 마찬가지다. 어떤
사람에게는 나쁜 냄새가 다른 사람에게는 좋을 수 있다(풀 벤
냄새, 가솔린 냄새, 블루치즈 냄새처럼). 그 대신 구체적인 명
사를 찾아서 설명하려는 냄새와 비교해야 한다. "그 개에게서는
죽은 생선 비린내가 났다." (Herman, 2017, p. 117~118)

에이미 허먼은 무언가를 믿고 싶게 만드는 우리의 편향을 피하기 위한 방법으로 질문을 던지는 아이디어를 제안한다. 단정하기보다 의문을 제기하고, 그 질문에 대해 더 깊이 조사하는 것이다. 예를 들어, "학교 식당에서 혼밥하는 학생들이 외로워 보였다"라고 기록하는 대신, "왜 내 눈에는 학교 식당에서 혼밥하는 학생들이 외로워 보일까?"라는 질문으로 바꾸는 것이다. 이렇게 추론을 실질적인 질문으로 전환하면, 자신의 관점을 검토하고 이를 뒷받침하거나 반박할 수 있는 추가적인 정보를 찾는 계기가 된다. 좋은 관찰은 언제나 새로운 질문으로 이어진다.

관찰내용과 인터뷰 질문은 서로 영향을 주고받는다.

관찰한 내용을 토대로 인터뷰 질문을 구체화할 수도 있다. 다음의 예는 온라인 여행 플랫폼을 운영하며 자신의 일상 공간을 관광장소로 제공하는 주민 호스트와의 인터뷰를 진행한 김주락(2021)의 연구다. 저자는 자신이 연구하는 체험 프로그램의 게스트로 등록해 참여했는데, 참여관찰내용이 이후 인터뷰의 배경지식이 되었다고 밝히고 있다.

> "연구 목적 달성을 위해 본 연구는 대표적인 온라인 여행 플랫폼 '에어비앤비 체험(Airbnb Experiences)'에서 호스트로 활동하며 관광객을 맞이하는 주민을 연구 대상으로 설정했다. 이들이 호스팅 프로그램을 기획하는 과정과 방식을 파악하기 위해 전기적인(biographical) 배경에 대한 이해가 필요하고, 따라서 특정한 상황과 맥락에서 현상이 진행되는 것을 알아보는

데 유용한 질적연구 방법이 적절하다고 판단했다.

연구에서 핵심적으로 수행한 연구 방법은 주민 호스트와의 반구조화된 심층 인터뷰이다. 에어비앤비 체험 웹사이트 검색을 통해 수도권에서 운영되는 호스팅 리스트를 추출했고, 이 중 연구에 적절하다고 연구자가 판단한 프로그램의 호스트에게 에어비앤비 체험의 메시지 기능을 통해 연락을 취했다. 심층 인터뷰는 총 20명을 대상으로 진행됐으며, 인터뷰 대상자의 특성은 표 1에서 확인할 수 있다. 심층 인터뷰는 오프라인 대면 면담을 기본으로 했으나, 코로나19 팬데믹 상황에서 전염병 감염의 위험을 이유로 3명의 호스트와 온라인 비대면 인터뷰를 진행했고, 이메일을 통한 인터뷰도 3건 시행했다. 대면, 비대면 인터뷰는 질문이 고정되지 않은 개방된 형태로 면담자와의 상호작용에 따라 유연하게 진행됐고, 이에 따라 면담 시간도 50분에서 120분까지 다양했다. (중략)

이에 더해 연구 수행을 위한 연구자의 참여에 동의한 호스트의 프로그램 2건에 대해 참여관찰을 수행했다. 호스트가 현장에서 실제 호스팅을 운영하는 방식, 호스트와 게스트, 게스트와 게스트 사이의 상호작용 등을 관찰하고, 게스트와 자연스러운 의사소통을 통해 호스팅과 관련한 게스트의 이야기를 청취했다. 이때 연구자가 해당 체험 프로그램의 게스트로 등록해 참여했기 때문에, 플랫폼 기능을 활용한 게스트와 호스트의 상호작용, 참여 후 호스트에 대한 평가와 후기를 남기는 방식까지 경험할 수 있었다. 마지막으로, 한 주민 호스트(30대 중반, 여성, 이후 연구에서 'I'로 칭함)가 다른 호스트를 양성하기 위해 개설한 강의에 참여해, 수업을 듣고, 질의응답을 주고받았다. 심층 인터뷰 수행 전 이뤄진 이 과정은 호스팅 경험이 없는 연구자가 에어비앤비 체험이 운영되는 내부 프로세스를 이해하는 데 도움이 됐고, 심층인터뷰를 수행하는 데 필요한 배경지식이 됐다.”
(김주락, 2021, p. 486-487)

관찰 중에 참여자에게 가볍게 질문을 던질 수도 있다. 비록
정식 인터뷰는 아니지만, 이러한 비공식적 대화나 비형식적 인터
뷰는 중요한 정보를 제공할 수 있다. 이때, 대화가 이루어진 날짜
와 시간, 그리고 구체적인 상황 등을 기록해 두면 연구의 신뢰성을
높이는 데 도움이 된다. 이러한 자료는 논문에서 보조적인 증거로
제시할 수 있다.

관찰을 하며 분석 아이디어를 정리한다.

현장노트를 작성하며 관찰을 진행하다 보면, 자료에 대한 분
석과 해석이 동시에 이루어지고 있음을 깨닫게 된다. 질적 연구는
참여자의 삶이 자연스럽게 펼쳐지는 상황에서 자료를 수집하며,
연구자가 미리 정해진 가설을 검증하기보다 새로운 이해가 형성되
는 대로 이를 따라가는 특징이 있다. 이 때문에 자료 수집과 분석
단계는 명확히 구분되지 않고, 상호작용하며 진행된다. 또한, 연구
자의 모호한 직감이나 가설이 자료 수집 과정에서 확인되거나 새
로운 방향성이 제시될 수도 있다.

다음의 의료 쪽 연구의 예(Bunniss & Kelly, 2010)를 살펴보자. 연
구자는 약 1년이 넘는 기간 동안 문화기술지적 방법으로 1차 진료
팀을 참여관찰 하였다. 연구질문은 “1차 진료 팀에서 집단 학습과
변화는 어떻게 일어나는가?”이다. 먼저 관찰 내용의 일부를 살펴
보자.

"먼저 매니저와 이야기를 나누었다. 매니저는 "볼 게 별로 많지 않을 겁니다"라며 양해를 구했고, 내가 방문할 것이라는 사실을 직원들에게 미리 알려 두었다고 말했다. 이후, 매니저는 나를 대기실에 두어도 괜찮은지 직원들에게 확인했다. 나는 직원들에게 업무에 방해가 되면 언제든 알려달라고 요청했으며, 그들은 그렇게 하겠다고 응답했다.

나는 약 한 시간 동안 대기실에서 관찰을 진행했다. 이 시간 동안 직원들이 하는 활동, 서로 상호작용하는 방식, 업무의 배치, 그리고 라디오에서 흘러나오는 이글스의 노래까지 세세하게 기록하였다. 또한, 관찰 중 내가 느낀 점과 반응도 함께 기록에 포함시켰다. 덜 바빠 보이는 직원이 있으면, 옆에 앉아도 되는지 먼저 물었다. 그런 다음, 그들에게 입사 이후 현재까지의 업무 변화와, 그들이 업무를 배우는 과정을 물으며 대화를 나누었다.

직원 중 한 명인 F는 친절하고 겸손한 태도로 나를 맞이했다. 그녀는 리셉션에서 업무를 보고 전화를 받는 동안 내가 그녀 앞에 앉아 있을 수 있도록 해주었다. 나는 F에게 그녀가 자신의 업무의 여러 부분을 어떻게 배웠는지, 그리고 팀 내에서 학습이 어떻게 이루어지는지 물었다. F는 팀원들이 서로를 잘 알기 때문에, 누가 어떤 일을 잘하는지, 그리고 도움을 요청해야 할 사람이 누구인지 자연스럽게 파악하고 있다고 말했다. 또한, 그녀는 또 다른 직원인 M을 언급하며, M의 목소리 톤이 부드러워지는 것을 통해 그가 통화하는 대상이 임산부인지 젊은 엄마인지 알 수 있다고 설명했다. F는 M이 특히 젊은 엄마들을 잘 다룬다며, 이는 M의 전문 분야라고 덧붙였다.

나는 F에게 그녀의 전문 분야가 무엇인지 물었고, 그녀는 웃으며 "투덜대는 늙은 남자들"이라고 답했다. 그녀의 장점을 어떻

게 발견하게 되었는지 묻자, F는 지난 수년간 전화로 막말을
하던 나이 든 환자에 대한 이야기를 들려주었다. 리셉션 직원
들 대부분은 그와의 통화를 "두려워했다"고 말했다.

그 환자는 어느 날 극도로 스트레스를 받은 상태로 전화를 걸
어 F에게 매우 무례한 태도를 보였다. 그는 당시 휴가 중이던
특정 의사에게만 진료를 받겠다고 단호하게 요구했다. F는 그
의사를 다음 주까지는 만날 수 없다고 설명하며, 대신 적절한
시간대에 다른 의사와의 예약을 제안했다. 그러나 환자는 "꼭
내가 원하는 의사여야 한다"고 고집을 부리며, "다음 주엔 내가
죽을지도 모른다"고 말하며 강하게 반발했다. 그날 F 역시 스
트레스를 많이 받은 상태였고, 환자가 계속해서 무리한 요구를
하자 결국 이렇게 대답했다. "만약 죽게 된다면 당신 부인에게
예약 취소 전화를 하라고 하세요."

F의 말에 잠시 조용하던 그 환자는 생전 처음으로 웃음을 터뜨
렸다. 그 사건 이후, 그는 전화를 걸 때마다 오직 F하고만 이야
기하려 했고, 다른 직원들도 그의 전화를 모두 F에게 돌렸다.
결국, F는 자연스럽게 "모든 투덜대는 늙은 남자들"을 전담하게
되었다.

나는 F에게, 평소 무례했던 그 남자 환자에게 전화로 어떻게
그런 말을 할 수 있었는지 물어보았다. F는 그날이 유독 힘든
날이었다며, 그런 반응은 평소 소심한 그녀의 성격과는 전혀
어울리지 않는 일이었다고 말했다.

돌이켜 보면, 만약 그 사건으로 문제가 생겼더라도, 팀원들은
그녀가 의도적으로 환자에게 퉁명스럽게 대하지 않았음을 알았
을 것이라고 했다. 또한, 그 환자가 항상 다루기 어려운 사람이
라는 사실도 팀원들이 잘 알고 있었다. F는 그 일이 평소 자신
의 모습과 다르다는 것을 동료들이 이해해 주었을 것이라고 느

겼으며, 필요할 경우 도움을 받을 수 있다는 믿음이 있었다고
회상했다. 결국, 그 사건은 긍정적으로 마무리되었고, 투덜대던
남자 환자는 그녀의 '전문분야'가 되었다." (Bunniss & Kelly,
2010, p.362)

저자들은 위의 관찰 내용으로부터 다음과 같은 해석들이 가능
하다고 제시한다.

"이 참여자에게 동료와 함께 배운다는 것은 서로를 잘 알고, 각
자의 장점을 인지하며 이를 활용하는 것에 달려 있다.
관리자 팀은 환자에게 더 나은 도움을 제공하기 위해 자연스럽
게 '전문성' 전략을 활용한다.
지역보건 관리팀은 때로 개별 환자의 공격적인 행동에 직면하
며, 이러한 상황에서 두려움을 경험하기도 한다.
이 참여자에게 동료들이 자신의 성격을 잘 알고 있다는 사실
은, 어려운 환자와의 상호작용에서 위안을 주는 중요한 자원이
된다.
병동에서 스트레스를 유발하는 조직 변화를 시행하는 것은 잠재
적으로 직원과 고객 간의 관계에 부정적 영향을 미칠 수 있다.
때로는 환자와의 긍정적인 결과가 예상과는 반대되는 접근에서
비롯되며, 이는 얼마간의 위험을 수반할 수 있다.
이 사례에서, 환자가 직원과의 특이한 상호작용을 통해 긍정적
인 결과를 얻은 것은 예측하기 어려운 일이었다.
안내 직원이 이 상황을 어떻게 다룰지에 대해 그 자리에서 내
린 개인적인 결정은 이러한 결과에 직접적으로 기여한 요소였
다." (Bunniss & Kelly, 2010, p.363)

현장 관찰을 진행하는 동안, 다양한 소음과 활동에 둘러싸여 있었기 때문에, 어떤 부분에 집중할지, 그리고 이를 어떻게 해석할지는 연구자의 당시 상황에 따라 달라질 수 있다. 따라서, 이와는 다른 대안적 해석도 충분히 가능하다고 저자들은 언급한다(Bunniss & Kelly, 2010, p.363). 그럼에도 질적 연구자는 자료를 수집하며 참여자와의 관계 속에서 자연스럽게 드러나는 통찰과 의미에 주의를 기울여야 한다. 관찰과 분석을 별개의 과정으로 생각하는 것은 중요한 통찰을 놓치는 결과를 초래할 수 있다. 자료 수집과 해석은 긴밀히 연결되어야 하며, 이를 통해 보다 심층적인 이해를 도출할 수 있다.

8

인터뷰

STRENGTH

조심스럽게 신뢰를 쌓으며 서로를 알아가는 일은 시간이 걸리는 과정이다. 억지로는 사자의 입을 열 수 없듯이, 강요나 서두름으로는 진솔한 대화를 나눌 수 없다.

Key Points • 인터뷰 스킬 키우기

심층 인터뷰에서는 참여자와의 신뢰가 중요하다.

질적 연구에서 심층 인터뷰는 중요한 자료 수집 방법으로 자리 잡고 있다. 이를 통해 사람들의 행동이나 태도를 형성하는 근본적인 동기와 생각을 직접적으로 들을 수 있기 때문이다. 특히, 심층 인터뷰는 설문조사에서 종종 나타날 수 있는 반응 편향을 줄일 수 있다는 점에서 장점을 가진다(Roller & Lavrakas, 2015). 예를 들어, 설문조사나 구조화된 단답형의 질문을 던질 경우 다음과 같은 편향이 생길 수 있다.

- 사회적으로 좋은 인상을 주려고 함("약자를 배려하려 한다"에 체크)
- 묵인하는 태도(대부분 "그렇다"에 체크하고 동의해 버림)
- 대충 답변(깊게 생각하고 답변하기 부담스러워서 "잘 모르겠다"고 함)
- 무응답(답변을 생략하고 건너뜀)

반면 인터뷰에서는 참여자와 신뢰관계가 잘 형성된다면 보다 풍성하고 깊이 있는 이야기를 들을 수 있다. 또 다른 장점으로는 연구자가 유연하게 질문을 수정할 수 있다는 것이다. 인터뷰 중 적절히 질문을 변경하거나 후속질문을 추가할 수도 있다. 또한 즉석에서 참여자가 가지고 있는(또는 연구자의 요청에 의해 준비해 온) 사진이나 물건에 대해 질문할 수도 있다. 이 과정에서 참여자는 해당 물건과 관련된 추억을 설명하며, 잊고 있던 기억을 떠올릴 가능성도 높아진다.

반면, 심층 인터뷰에는 몇 가지 한계도 존재한다. 참여자들의 기억이 불완전할 수 있으며, 연구자가 듣고 싶어 하는 이야기라고 생각되는 내용만 말하거나, 참여자가 연구 주제에 대해 잘 알지 못하는 경우도 있다. 또한, 연구자와의 라포 형성이 제대로 이루어지지 않거나, 연구자의 의도를 의심할 가능성도 있다.

연구자 역시 수집된 자료를 편견에 치우쳐 해석할 위험이 있다. 예를 들어, 30대 중산층 박사과정 대학원생이 자신이 경험하지 못한 문화에 속한 참여자를 인터뷰할 경우, 연구자와 참여자 모두 서로의 이야기를 편향되게 받아들일 가능성이 있다. 더불어, 연구자의 개인적인 가치관이나 신념도 인터뷰 과정에 영향을 미친다. 예를 들어, 연구자가 종교적 다양성을 존중하고 연대를 중시하는 강한 신념을 가지고 있다면, "특정 종교만이 옳고 나머지는 다 거짓"이라고 믿는 참여자의 답변에 반감을 느낄 수도 있다. 이러한 요소는 인터뷰 자료의 해석에 미묘한 영향을 미칠 수 있다.

편견 외에도, 참여자가 연구자와의 관계에서 느낄 수 있는 권력의 불균형은 풍부한 이야기를 수집하는 데 방해가 될 수 있다. 연구자가 일방적으로 질문을 하거나, 인터뷰 상황을 지나치게 통제하는 태도를 보이는 경우, 또는 참여자가 민감하게 여기는 주제에 대해 무심하거나 공감하지 않는 모습을 보인다면, 참여자는 마음을 닫고 말 것이다(Seidman, 2009). 이와 같은 장점과 한계를 충분히 인식하고 연구를 진행한다면, 인터뷰는 연구 현상에 대한 새롭고 풍부한 통찰을 제공하는 강력한 도구가 될 수 있다.

사전 준비가 중요하다.

인터뷰 질문은 연구 질문에서 출발한다. 연구자는 이미 논문의 서론과 이론적 배경에서 관심 현상의 배경, 기존 연구 결과, 주요 개념, 아직 밝혀지지 않은 부분, 연구 문제, 연구 목적, 그리고 구체적인 연구 질문을 상세히 기술했다. 이러한 사전 준비를 바탕으로 연구자가 작성한 질문 목록, 참여자에게 연구 목적과 연구자 자신을 소개하는 문구, 그리고 기타 관련 내용을 잊지 않기 위해 적어 놓은 문서를 인터뷰 가이드라고 한다. 이 가이드는 인터뷰 진행 과정에서 연구자가 체계적이고 일관된 방식으로 자료를 수집할 수 있도록 돕는 도구로 활용된다.

인터뷰 가이드 양식의 예

연구 제목:

인터뷰에 대한 기본 정보
- 인터뷰 시간:
- 날짜:
- 장소:
- 인터뷰 한 사람:
- 인터뷰 대상자:
- 인터뷰 대상자 정보:
- 인터뷰 자료의 녹음/보관:

소개
- 연구자 자신 소개
- 연구의 목적 설명
- 연구동의서에 서명 받기
- 인터뷰 구조 설명(녹음, 노트 필기)
- 참여자에게 질문이 있는지 묻기
- 필요한 용어 정의

인터뷰 내용 질문+탐색질문
- 질문 1
- 질문 2
- 질문 3
   :
   :

마무리 지침
- 참여해 준 사람에게 감사를 전함
- 비밀보장 재확인
- 필요시 추가 인터뷰 요청
- 참여자가 물어볼 경우, 연구결과를 어떻게 보내줄지에 대한 답변

　　구체적인 인터뷰 질문을 작성하기 위해 다음의 표를 활용해 본다. 자신이 궁금한 내용이 무엇인지, 최대한 쉽고 일상적인 말로 질문하려면 어떻게 할지, 특정 이야기에 대해 자세하게 듣고 싶다면 어떻게 물어봐야 하는지를 생각하며 다양한 질문을 도출해 보고, 이 중에서 적절한 질문들을 추려서 인터뷰 질문지에 옮겨 적는다.

알고 싶은 측면	구체적으로 어떠한 내용이 궁금한가?	구체적으로 어떤 질문을 던져야 참여자와 이와 관련된 대화를 나눌 수 있을까?

　　인터뷰 질문을 구성하는 과정에서 연구 주제에 대한 자신의 생각을 검토하는 것이 중요하다. 실제 인터뷰를 진행하다 보면, 연구자의 가설이나 개인적 관심사로 인해 참여자의 말을 있는 그대로 받아들이지 못하는 상황이 발생할 수 있기 때문이다. 이를 방지하기 위해, 인터뷰 질문을 작성하며 내가 이 현상에 대해 어떤 사전 지식을 가지고 있는지, 내가 가진 가정이나 기대가 참여자의 답변을 어떻게 왜곡할 가능성이 있는지 생각해 본다. 인터뷰에 앞서 이러한 사전 지식을 검토하고, 인터뷰 과정에서 자신이 전혀 예상하지

못했거나 기존 생각과 상반되는 내용이 나올 수 있음을 받아들일 준비를 하는 것이 바람직하다. 이는 보다 열린 태도로 참여자의 이야기를 온전히 듣고, 더 풍부한 데이터를 수집할 수 있도록 돕는다.

- 이러한 주제가 궁금한 이유는 무엇인가?
- 이 주제와 관련된 나의 경험은 무엇인가?
- 문헌을 읽고 이미 알고 있는 내용은 무엇인가?
- 연구결과로 무엇을 예상하는가?

인터뷰를 진행하다 보면, 질문에 사용된 단어가 어렵거나 질문의 순서가 자연스럽지 않은 경우가 발생할 수 있다. 이를 방지하기 위해, 사전에 질문지를 꼼꼼히 검토하고 필요시 수정한다. 특히, 참여자 또는 주변 사람들과 예비 인터뷰를 진행해 보는 것은 효과적인 방법이다. 예비 인터뷰를 통해 질문의 명확성, 자연스러운 흐름, 그리고 참여자가 질문을 어떻게 이해하고 반응하는지를 확인할 수 있다. 이를 바탕으로 인터뷰 질문지를 수정한다.

- 상대방이 질문을 바로 이해하는가?
- 상황에 적절한 단어를 사용했는가?
- 연구자에게만 익숙한 전문용어를 사용한 건 아닌가?
- 수정되어야 할 표현이 있는가?
- 질문의 순서가 논리적인가?
- 연구의 목적과 잘 맞는가?
- 인터뷰 질문이 너무 길거나 짧은가?
- 탐색 질문을 적절히 포함했는가?

때로는 연구자 본인이 직접 참여자의 입장이 되어 인터뷰 질문지에 답해 보는 것도 유용하다. 인터뷰 질문에 대한 자신의 생각을 직접 정리하고, 이를 귀로 들어볼 수 있는 좋은 기회가 된다. 나아가 동일한 질문을 실제 참여자에게 던졌을 때 그들이 어떠한 반응을 보일지 고려할 수 있다.

인터뷰 질문의 예

예시 1

도시와 농촌 환경에서 청소년의 흡연 태도와 행동을 비교하기 위한 포커스집단을 하면서 활용한 인터뷰 질문의 예(Rothwell & Lamarque, 2011, p. 554)

- 흡연 행위와 관련된 배경 정보
  - 처음 담배를 핀 경험에 대해 이야기해 주세요.
  - 담배를 얼마나 자주 피우세요?
  - 비슷한 시간대에 담배를 피우고 있다는 걸 처음 깨달았던 상황이 있다면 이야기해 주세요.
  - 담배를 어떻게 접하게 되었는지 말씀해 주실 수 있나요?
- 흡연관련 사회적 맥락과 이미지
  - 하루 중 주로 언제 담배를 피우시나요?
  - 담배를 더 자주 피우게 되는 특정 상황이 있나요?
  - 흡연과 관련해서 가장 좋은 점과 가장 싫은 점은 무엇인가요?
  - 학교에서 어떤 학생들과 가장 비슷하다고 느끼시나요?

- 흡연과 금연의 혜택과 결과에 대한 인식
  - 담배를 피우는 이유는 무엇인가요?
  - 흡연과 관련해서 가장 좋은 점과 가장 싫은 점은 무엇인 가요?
  - 금연을 고려해 본 적이 있으신가요?
  - 만일 금연을 하게 된다면, 어떤 이유에서일까요?
  - 스스로 흡연에 중독되었다고 느끼시나요?
- 금연 광고에 대한 반응
  - 혹시 기억에 남는 금연 광고가 있나요?
  - 금연 광고를 주로 어디에서 보셨나요?
  - 오늘 여기서 함께 본 몇 편의 광고에 대해 여러분의 의 견을 말씀해 주세요.

예시 2

불임치료를 하는 부부와의 인터뷰 질문의 예(Barbour, 2013, p.114)

- 처음 불임 문제에 대해 의논한 시점, 의논한 대상(의사 또는 전문가)
- 도움을 찾을 결심을 하게 된 계기
- 출산에 대한 압박이 있었는지에 대한 여부, 그러한 압박의 원인과 성격
- 불임 치료기관과 치료 방법에 대해 부부가 알고 있는 정보
- 정보의 출처(가족, 친구, 미디어, 기타)
- 치료기관에 대한 기대
- 추가 주제(후속 인터뷰나 이어지는 인터뷰에서 다룰 것)

- 제공받은 서비스에 대한 만족 정도
- 심리상담 여부와 도움이 되었는지에 대한 의견, 가장 도움이 된 측면
- 다양한 서비스와 치료 방안에 대해 달라진 기대나 생각
- 특정 결정을 내리게 된 요인

위의 예에서 볼 수 있듯이, 인터뷰 가이드는 완전한 문장 형태일 수도 있고, 간단한 문구로 구성될 수도 있다. 중요한 점은 연구자가 사전에 질문을 충분히 숙지하여, 인터뷰를 진행할 때 참여자와 자연스럽게 대화할 수 있는 능력을 갖추는 것이다.

인터뷰는 상황에 맞춰 유연하게 진행한다.

인터뷰는 보통 직접 얼굴을 보고 진행한다. 대면 인터뷰는 참여자의 목소리 톤, 몸짓, 표정과 같은 비언어적 요소를 관찰할 수 있다는 점에서 큰 장점이 있다. 그러나 참여자가 바쁘거나 시간을 내기 어려운 경우, 전화 인터뷰도 유용하다. 또한, 참여자가 먼 거리에 거주하거나 이동이 불편한 상황, 또는 집에서 돌봐야 할 대상이 있을 경우에도 전화 인터뷰는 효과적인 대안이 될 수 있다. 만약 복잡한 주제를 다루어 참여자가 미리 생각해 보고 답변하는 것이 더 유리하다면, 이메일을 통해 질문과 답변을 주고받는 방식을 고려할 수 있다. 이러한 접근은 참여자에게 더 많은 시간을 제공하여 깊이 있는 답변을 이끌어 낼 수 있다는 장점이 있다.

인터뷰는 보통 1:1로 진행되지만, 두 명의 참여자와 연구자가 함께하는 커플 인터뷰(또는 2인 인터뷰, dyadic interviews, Morgan, 2016)도

가능하다. 이러한 인터뷰는 주로 친구, 부부, 부모와 자식, 형제자매 등 서로 가까운 관계에 있는 사람들 사이에서 이루어진다. 커플 인터뷰는 일대일 인터뷰에 비해 깊이나 세부 사항에서 다소 부족할 수 있지만, 참여자들 간의 자유로운 의견 교환이 가능하다는 장점이 있다. 연구자는 개입을 최소화하고, 참여자들 간의 상호작용을 통해 이야기가 자연스럽게 흘러나오도록 유도한다. 이러한 상호작용은 참여자들이 서로 빠뜨린 정보를 보완하거나 모호한 표현을 명확히 하는 데 유용하다. 또한, 특정 주제에 대해 참여자들 간의 입장 차이를 탐색하는 데 효과적인 방법이 될 수 있다.

반면 포커스 그룹 인터뷰는 일반적으로 6~8명, 적으면 3~4명 정도의 인원이 모여 집단 토의를 통해 특정 이슈에 대한 정보를 얻는 질적 연구 방법이다(Barbour, 2018; Morgan, 2019). 이 방법의 장점은 토의가 활발하게 진행될 경우 다양한 의견이 수집된다는 점이다. 참여자들이 다른 사람의 의견을 듣고 이에 반응하며 새로운 관점을 제시하거나 기존 의견에 자신의 의견을 보완할 수 있다. 포커스 그룹 인터뷰는 단독으로 활용되기도 하지만, 다른 자료 수집 방법과 병행되기도 한다.

질적인터뷰는 연구자가 인터뷰 질문에 대해 어느 정도 통제권을 갖는가에 따라 구조화된 인터뷰부터 비구조화된 인터뷰까지 다양하다. 보통 다음과 같이 구분한다.

구조화 인터뷰

- 인터뷰할 때 어떤 단어와 표현을 사용해 질문할지, 질문의 순서를 어떻게 구성할지를 사전에 결정하고, 모든 참여자에게 동일한 방식으로 질문을 던지는 접근이다(예. 인구조사, 마케

팅 조사).

- 질적 연구에서는 주로 인구학적 자료를 수집할 때 활용한다 (나이, 젠더, 인종, 교육, 특정 경험의 유무).

반구조화 인터뷰

- 연구자가 인터뷰의 주도권을 쥐거나 방향을 일방적으로 지시하지 않는다.
- 참여자가 자신의 통찰과 성찰을 자유롭게 제공할 수 있는 여지를 둔다.
- 인터뷰 상황은 연구자의 경험과 개인적 스타일에 따라 달라질 수 있다.

비구조화 인터뷰

- "지금까지 살아온 경험을 편하게 이야기해 주세요"와 같은 열린 질문을 통해, 참여자에게 대화의 주도권을 넘기고 자유롭게 이야기를 시작할 수 있도록 한다.
- 인터뷰는 대화에 가까운 형태로, 유연하고 탐색적인 방식으로 진행된다.
- 연구 초기에 관심 현상에 대해 충분히 알지 못할 때 사용할 수 있다. 비구조화 인터뷰를 통해 얻은 내용을 참고하여 이후 구조화 또는 반구조화 인터뷰 가이드를 작성하는 데 활용할 수 있다.

다음은 남편의 폭력에 시달리다가 결국 남편을 살해하고 감옥에 수감된 여성들의 경험에 대한 연구 사례이다. 연구자인 브라운은 반구조화 인터뷰와 구조화 인터뷰를 적절히 활용해 연구를 진행했으며, 이에 대해 다음과 같이 기술하고 있다.

"이 연구에서는 주로 반구조화 인터뷰가 사용되었다. 반구조화된 인터뷰는 체계적으로 정보를 수집하는 동시에, 참여자들에게 세부 사항이나 주변 배경에 대한 정보를 자유롭게 이야기할 기회를 제공한다. 특히, 열린 질문은 참여자가 자신의 감정을 자유롭게 표현할 수 있도록 도와주며, 이를 통해 연구자와 참여자 간의 긴밀하고 신뢰로운 분위기를 형성하는 데 기여한다. 반구조화 인터뷰는 몇 가지 실질적인 한계가 있다. 엄격하게 구조화된 질문 방식에 비해 시간이 더 많이 소요되며, 수집된 결과를 코딩하고 분석하는 데도 많은 시간이 걸린다. 특히, 민감한 주제를 다룰 경우 인터뷰 자체가 쉽지 않을 수 있으며, 강도 높은 상호작용은 연구자와 참여자 모두에게 부담이 될 수 있다. 이러한 상황에서는 인터뷰를 원활히 진행하기 위해 잘 훈련된 연구자가 필요하다.

탐색적 연구나 행위가 발생한 맥락에 대한 세부 묘사를 목표로 하는 연구에서는 엄격하게 구조화된 인터뷰 방식이 적합하지 않을 수 있다. 그러나 이 연구에서 구조화된 질문이 가장 효과적이었던 경우는 학대가 발생한 순간을 정확히 묘사하는 정보를 얻으려 할 때였다. 학대당한 여성들은 미리 준비된 구조화된 구체적인 질문에 응답하면서, 비록 폭력성과 좌절의 정도를 최소화하려는 경향이 있었지만, 학대 사건의 세부 내용을 기억해 낼 수 있었다. 이는 아마도 그들이 과거에 진실한 이야기를 듣고 싶어하지 않는 사람들에 익숙해진 결과일 수 있다. 또 다른 가능성은, 장기간 학대를 견뎌 온 여성들이 극심한 폭력의 기억을 떠올리는 것조차 힘들어하며, 생존 전략으로 이러한 상

황을 스스로 부정해 왔기 때문일 수도 있다." (Browne, 1989,
p. 193~195).

반구조화 또는 비구조화 인터뷰를 활용하면, 연구자가 매번
약간씩 다른 표현으로 질문을 하거나 질문의 순서를 조정할 수 있
다. 특히, 연구가 진행되면서 연구자가 알고자 하는 초점이 점차
명확해짐에 따라, 후반부 인터뷰에서는 질문이 수정되거나 세부적
으로 조정될 수 있다. 이미 여러 번 언급된 내용과 관련된 질문은
생략하기도 한다.

이러한 질적 연구의 자료 수집 방식은 때로 의아함을 불러일
으킬 수 있다. 절차적 객관성이 유지되지 않는다고 생각할 여지가
있기 때문이다. 그러나 이러한 유연성은 참여자들로부터 풍부하고
깊이 있는 정보를 얻기 위해 필수적인 요소로 간주된다.

연구자 개인의 "주관적 판단을 최소화하기 위해 일정한 절차
를 만들고 이 절차에 따라 연구"(박승배, 2013, p. 63-64)를 진행한다
고 해서 반드시 좋은 결과가 보장되는 것은 아니다. 절차적 객관성
은 단지 여러 연구자들 간에 합의를 쉽게 이루기 위한 방식으로
중요시될 뿐이다. 참여자와 연구자는 각자의 살아온 역사, 경험,
성격 등이 다르며, 그들의 만남은 다양한 대화의 가능성을 열어준
다. 질적 연구에서는 연구자의 순발력, 전공 지식의 깊이, 연구 역
량에 따라 인터뷰 결과가 크게 달라질 수 있다. 이러한 점이 질적
연구의 특징이며, 이를 효과적으로 활용하는 것은 연구자의 중요
한 과제이다.

적절한 형식을 갖춘다.

참여자를 만나자마자 단도직입적으로 본론을 묻는 것은 적절하지 않다. 상대방과 연구자 모두 마음의 준비가 필요하기 때문이다. 보통 서로에 대해 간단히 소개를 하며 가벼운 대화를 나눈 다음, 다음과 같은 이야기로 대화를 시작한다.

- "오늘 인터뷰에 응해 주셔서 감사합니다. 아마 한 시간 정도 걸릴 것으로 예상되는데, 시간은 괜찮으세요?"
- "제가 앞서 말씀드렸듯이, 저는 ~에 대한 ~의 경험을 연구하고 있습니다. 이번 인터뷰에서 말씀해 주신 내용을 바탕으로 ~와 같은 문제를 개선하는 데 도움을 주고자 합니다."
- "몇 가지 질문을 준비했는데요, 편하게 이야기해 주시면 됩니다."(필요할 경우, 이메일이나 우편으로 미리 인터뷰 질문을 보내 참여자가 주제에 대해 생각할 시간을 가질 수 있도록 한다.)
- "선생님 말씀을 들으며 궁금한 점이 생길 경우 중간에 추가 질문을 드릴 수도 있습니다."
- "인터뷰에서 나온 내용은 학위 논문을 위한 분석에만 사용됩니다. 자료는 저와 연구팀만 볼 수 있으며, 다른 사람과 공유되지 않습니다. 또한, 선생님의 이름은 가명으로 처리되며, 개인 정보는 보고서에 드러나지 않으니 걱정하지 않으셔도 됩니다."
- "진행하기 전에 혹시 궁금한 점이나 말씀하고 싶은 내용이 있으신가요?"

만약 참여자의 집이나 사무실에서 인터뷰를 진행한다면, 주변에 있는 물건이나 사진 등을 자연스럽게 언급하는 것이 효과적이다. 이는 참여자가 자신의 물건이나 사진에 대해 설명하며 대화를 주도하도록 유도하고, 연구자는 청자의 입장을 유지하며 편안한 분위기를 조성하는 데 도움을 준다. 또한, 이러한 물건들은 참여자가 기억을 떠올리는 데 중요한 단서가 될 수 있어, 인터뷰에서 보다 풍부한 정보를 이끌어 낼 수 있다.

참여자에게 괴로움을 줄 수 있는 민감한 주제를 다룰 때는 다음과 같은 표현을 질문 앞에 추가하여, 참여자의 불편한 심정을 존중하고 대답 여부에 대한 선택권을 제공하는 것이 바람직하다. 이러한 접근은 참여자와의 신뢰를 유지하고, 인터뷰를 보다 윤리적으로 진행하는 데 도움을 준다(Rosenblatt, 1995, p.148).

- "이 질문이 적절할지 모르겠습니다만.."
- "이 질문들이 너무 개인적이라는 느낌이 드는데요. 불편하시면 언제든 저에게 그만하라고 말씀하셔도 됩니다."
- "제가 ~를 여쭤봐도 될까요?"
- 많은 분들(예. 교사)께서 ~와 같은 문제가 힘들다고 말씀하시는데요. 선생님께서는 어떠세요?

질문의 순서는 참여자가 답변하기 쉽도록 신중히 구성해야 한다. 일반적으로 최근에 일어난 일이 참여자의 기억에 가장 잘 남아 있으므로, 이와 관련된 질문으로 시작한 뒤 점차 과거의 경험이나 그 당시의 상황과 느낌으로 확장해 나가는 방식이 효과적이다.

마무리 질문을 할 때 쓸 수 있는 표현의 예는 다음과 같다.

- "이런 경험을 통해 다른 사람에게 조언을 한다면 어떤 이야기를 하고 싶으세요?"
- "인터뷰를 진행하면서 새롭게 떠오른 생각이 있다면 말씀해 주실 수 있을까요?"
- "제가 더 알면 도움이 될 만한 내용이 있을까요?"
- "혹시 저에게 물어보고 싶은 점이 있으신가요?"

질문 수는 적게 하고 탐색질문을 잘 활용한다.

처음 질적 연구를 시작하는 사람들은 의욕이 앞서 너무 많은 질문을 만들기 쉽다. 하지만 빽빽한 질문지는 오히려 연구에 방해가 될 수 있다. 참여자에게 물어볼 다음 질문을 생각하느라 정작 현재 듣고 있는 이야기에 집중하기 어렵기 때문이다. 좋은 인터뷰는 질문의 수에서 나오는 것이 아니라, 연구자의 적극적인 경청에서 비롯된다. 참여자와의 신뢰를 충분히 쌓고, 편안한 분위기를 조성하는 것이 우선이다. 이를 위해 불편한 의자나 시끄러운 환경은 피하고, 조용하면서도 사적인 대화를 나누기에 적합한, 지나다니는 사람이 적은 장소를 선택하는 것이 좋다. 조용한 환경에서는 참여자가 작은 목소리로 말하더라도 녹음이 깔끔하게 이루어질 수 있다.

인터뷰를 진행하다 보면, 참여자가 무엇을 이야기하는지 그 내용에만 신경 쓰느라 중간에 적절한 탐색을 하지 못하는 경우가 많다. 그러나 참여자들에게서 깊이 있는 이야기를 이끌어 내기 위해서는 단순히 준비된 질문에만 의지해서는 안 된다. 연구자의 추임새와 반응이 핵심 역할을 한다. 준비해 간 내용 질문만 던지고 표면적인 대화만 나누게 되면, 나중에 데이터를 분석할 때 새로운 이해나 통찰을 얻기가 어렵다. 인터뷰는 단순한 질문과 응답의 교환이 아니라, 연구자와 참여자 간의 상호작용을 통해 더 깊은 이야기를 끌어내는 과정이다. 이러한 점을 고려하여 인터뷰는 다음과 같은 방식으로 진행된다(Roulston, 2022).

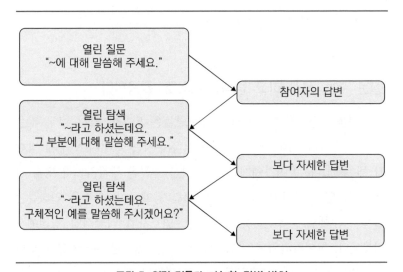

그림 5. 열린 질문과 가능한 답변 방식

출처: Roulston, 2022, p.7

탐색질문의 예

- "아, 그렇군요. 좀 더 말씀해 주시겠어요?"
- "~을 경험했던 때를 잠시 떠올려 보시고 그것에 대해 말씀해 주실 수 있나요?"
- "그것과 관련된 구체적인 일화가 있다면 들려주시겠어요?"
- "가장 최근에는 어떤 일이 있었나요?"
- "~라고 하셨는데, 보통 그 다음에는 어떻게 되나요?"

- "예를 들어 어떤 것이 있을까요?"
- "그때 어떠셨나요?"
- "'별로였다'라는 표현은 어떤 의미인지 여쭤 봐도 될까요?"
- "그것이 어떤 느낌이었는지 묘사해 주실 수 있을까요?"
- "혹시 있다면, 그 상황에서 배운 점은 무엇일까요?"
- "저는 그게 어떻게 되는 건지 사실 잘 모르겠는데, 좀 더 설명해 주실 수 있을까요?"
- "음…"
- (참여자의 말을 다시 반복한 후 잠시 기다림)
- (침묵)

때로는 침묵이 인터뷰에서 큰 역할을 한다. 참여자의 말마다 반응을 하기보다는 조용히 경청하는 태도가 오히려 더 많은 이야기를 이끌어 낼 수 있다. 참여자와 연구자 사이에 어색한 침묵이 흐를 때도 있지만, 이럴 때 연구자가 어색함을 피하려 과도하게 말을 하거나 인터뷰를 조급히 진행하려는 태도는 지양해야 한다. 참여자가 충분히 생각하고 이야기할 시간을 주는 것이 중요하다.

인터뷰 도중 연구 참여자가 주제에서 벗어난 이야기를 장시간 이어갈 경우, 난감할 수 있지만 이는 의외로 자주 발생하는 일이다. 이럴 때는 우선 참여자의 이야기를 경청하며 연구 주제와의 관련성을 고려하고, 참여자를 배려하는 태도를 유지한다. 만약 시간상 주제를 다시 돌려야 한다면, 메모를 해 두고 다음과 같이 말하며 인터뷰 방향을 조정할 수 있다.

- "아, 그 이야기가 정말 흥미롭네요. 나중에 시간이 되면 다

시 여쭤 보고 싶습니다. 지금은 먼저 ~에 대한 이야기를 듣
고 싶은데요. ~는 어떻게 시작하게 되셨나요?"

이러한 방식은 참여자의 기여를 존중하면서도 인터뷰의 초점
을 유지하는 데 효과적이다.

비언어적인 측면을 살핀다.

인터뷰 시 참여자의 표정이나 몸짓, 시선 등 비언어적인 표현
을 잘 살펴본다. 참여자가 특정 질문에 불편해 보이지는 않는지,
갑자기 말수가 줄어들거나 한숨을 쉬거나 또는 분위기가 밝아지지
는 않는지를 살피면서 대화를 이어간다. 연구자 본인이 궁금한 것
만 듣고 싶다는 생각만 가득하거나, 자신이 인터뷰를 잘하고 있는
지에만 온통 관심이 가 있으면 참여자가 보내는 비언어적인 신호
를 놓칠 우려가 있다.

인터뷰 중 인상적인 부분은 메모를 남기고, 나중에 인터뷰 자
료를 문서로 만들었을 때 표시해 둔다. 다음은 비언어적인 표현을
넣은 내 박사과정 인터뷰 전사자료의 예다. 그레이스는 고객으로
부터 좋은 질문이라고 칭찬을 받았을 때를 떠올리며 활짝 웃었다.
그 순간이 인상적이었기에 나중에 전사자료를 만들 때 비언어적인
표현으로 넣어두었다.

연구자: 음, 제가 궁금한 것은, 일을 하면서 언제 가장 자신감
        을 느꼈나요?
그레이스: 언제더라...? 글쎄요, 그게, 아마 고객이 나에게 이렇

게 말했을 때? "그거 정말 좋은 질문인데요!(웃음)." 왜
냐하면 교육 들으면서 계속해서 열린 질문을 해야 한다
고 들었잖아요. 강사가 몇 번씩 강조를 했기 때문에 고
객한테서 그런 피드백을 들었을 때. 그리고 몇 명이나
그런 말을 한 적이 있어요. "좋은 질문이네요."라고.

연구자: 그래요? 열린 질문을 하기 위해 어떠한 노력을 했나요?

그레이스: 그냥, 뭐, 음…(잠시 생각). 세션이 진행되면서 계속
열린 질문을 해야 한다고 스스로에게 반복해서 재인식
시켰던 것 같아요. 아직은 뭐 더 연습해야 하기는 하
는데, 그래도 고객에게 그런 피드백을 받으면 정말 좋죠.

　포커스집단 인터뷰에서도 개별 인터뷰와 마찬가지로 비언어적
표현이나 당시의 분위기를 잘 살펴본다. 예를 들어, A라는 참여자
가 이야기하는 동안 B라는 참여자가 불편한 표정으로 고개를 젓는
행동을 보였다면, B는 A의 의견에 동의하지 않거나 자신의 비슷한
안 좋은 경험을 떠올렸을 가능성이 있다. 연구자는 이런 비언어적
신호를 놓치지 않고, B의 의견을 물어보는 식으로 그 상황을 보다
정확하게 파악하려는 노력을 기울여야 한다. 그리고 당시의 인터
뷰 분위기나 비언어적 반응들을 현장 노트에 기록해 둔다.

　비언어적인 측면뿐만 아니라 갑자기 다른 주제로 넘어가거나
말끝을 얼버무리는 것도 관심있게 살핀다. 말을 다 마치지 않고 다
른 주제로 전환한다면 갑자기 떠오른 다른 생각 때문일 수도 있고,
참여자가 해당 주제에 대해 더 이상 이야기하고 싶지 않아서 일
수도 있다. 조심스럽게 그 이유를 탐색하는 것이 중요하다.

인터뷰는 해석의 과정이며 인지적 공감(cognitive empathy)이 중요하다.

질적 연구는 끝없는 해석의 과정이다. 레니(Rennie, 2000)의 설명처럼, 서로 다른 배경을 가진 연구자와 참여자가 만나 상대방의 경험을 이해하려면 단순히 인터뷰 내용에 의존하는 것만으로는 부족하다. 이를 위해 연구자는 참여자의 문화적, 사회적, 역사적 배경에 대한 지식을 갖추어야 한다. 또한, 상대방을 이해하는 데 머리로만 접근하는 것이 아니라, 자신의 느낌과 감정을 적극적으로 활용하는 것도 중요하다. 질적 연구에서는 연구자 자신이 가장 중요한 연구 도구이기 때문이다.

연구자도 사람인 만큼, 인터뷰를 하다 보면 참여자의 말에 감정이입을 하게 되는 경우가 있다. 이럴 때, '객관적이어야 해, 중립적이어야 해' 하고 자신을 탓하다가 정작 중요한 참여자의 말을 놓

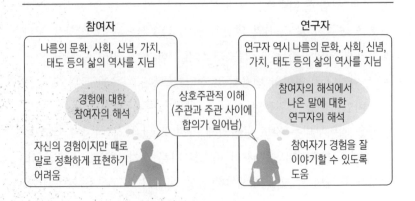

그림 6. 상호주관적 이해가 만들어지는 과정

출처: Rennie(2000)의 설명을 바탕으로 저자가 구성

치는 일이 발생할 수 있다. 오히려 연구자가 현장에서 감정을 느끼는 것은 자연스럽고 불가피한 일이다. 패튼은 이를 인간이라는 변수가 질적 연구와 분석에서 갖는 가장 큰 장점이자 동시에 근본적인 약점이라고 지적하며, 이를 과학적 연구의 양날의 검으로 표현했다(Patton, 2015, p. 522).

연구자는 인지적 공감(cognitive empathy)과 연민(sympathy)을 명확히 구분할 필요가 있다. 스몰과 칼라코는 『더 단단한 질적 연구를 위한 안내서』에서 연민이란 "타인이 겪는 어려움에 대한 동정이나 슬픔의 감정"(Small & Calarco, 2022, p. 61)이라고 정의한다. 그들은 연민에 지나치게 기대는 연구는 성공적인 결과를 이끌어 내지 못한다고 경고한다. 연민에 기반한 연구는 참여자를 안쓰럽게 여기며 그들의 입장을 대변하려는 태도로 이어질 수 있기 때문이다.

반면, 공감(empathy)은 연민과 다르다. 공감은 상대방이 세상을 어떻게 바라보는지, 왜 그렇게 바라보는지, 그리고 그러한 행동을 하게 된 동기를 이끌어 내고 이해하려는 태도를 의미한다. 스몰과 칼라코(Small & Calarco, 2022)는 이를 "타인이 겪는 곤란을 그가 이해하는 방식 그대로 이해하는 것"(p. 61)으로 정의하며, 이를 인지적 공감(cognitive empathy)이라고 부른다. 제대로 공감하려면 참여자가 말하는 이야기뿐만 아니라, 그 이야기의 맥락, 배경, 그리고 그들이 느끼는 감정까지 주의 깊게 듣고 이해하려는 노력이 필요하다.

상대방을 공감하는 것과 그들의 행동에 동의하는 것은 별개의 문제다. 연구자는 때로 음주운전자, 인종차별주의자, 동물을 학대하는 사람, 혹은 친구를 외톨이로 만든 학생 등 사회적으로 부정적으로 여겨지는 행동을 한 사람들이 왜 그런 행동을 했는지, 어떠한 이유와 동기에서 그런 행동이 나왔는지, 그리고 그 행동이 어떠한 과정을 거쳐 진행되었는지를 들어야 할 때가 있다. 이 과정에서 연구자는 가치판단을 멈추고, 참여자의 경험을 최대한 정확히 이해해 독자에게 전달하는 것에 집중한다. 이러한 접근은 인간에 대한 이해를 확장하고 복잡한 사회적 현상에 대한 깊은 통찰을 제공하는 계기가 되기도 한다.

인지적 공감을 바탕으로 인터뷰를 진행하면, 단순히 연구 문제에 대한 참여자 개인의 생각을 아는 것을 넘어, 참여자들 사이에서 이 주제가 어떻게 받아들여지는지, 그리고 이들 간의 서로 다른 생각이 어떻게 연결되고 관련되는지를 종합적으로 파악할 수 있다. 따라서 질적 연구자의 역할은 단순히 참여자들의 답변을 정리해서 유사하거나 때로는 상반된 주장을 확인하는 것에 그치지 않는다. 연구 문제를 둘러싼 다양한 주체들의 입장, 상호관계, 이해충돌 등과 같은 사회적 맥락을 이해하는 수준까지 확장할 필요가 있다. 이러한 접근은 질적 연구의 깊이를 더하고, 보다 종합적인 이해를 가능하게 한다.

인터뷰를 잘하기 위한 팁

인터뷰 기술을 향상시키려면 여러 번 연습하는 것이 중요하다. 그렇다면 실제로 많은 연구를 해 본 경험이 있는 질적 연구자들은 무엇이 가장 중요하다고 말할까? 로울스톤 교수(Roulston, 2022, p. 266-270)는 동료 질적 연구자들과의 대화를 통해 얻은 팁을 제시했는데, 그중 몇 가지를 다음과 같이 정리해 봤다.

- 철저한 준비: 열린 인터뷰를 하더라도 사전에 질문을 준비

하고, 이를 여러 번 읽어보며 연습한다.

- 탄탄한 연구 설계: 연구 목적을 이해하고, 이에 적합한 자료를 수집하기 위해 노력한다. 주제에 대해 잘 아는 사람과 사전에 대화를 나누는 것도 유익하다.
- 경청과 진정성: 참여자에게 배우려는 태도를 유지한다. 참여자의 경험 속으로 들어가려면 질문의 수를 줄이고, 느슨하고 넓으며 유연한 질문을 던져야 한다. 궁금증에 캐묻거나 대화를 통제하려 하지 않는다.
- 참여자의 말에서 질문 생성: 참여자가 한 말 속에서 새로운 질문을 만들어 나간다.
- 초보 연구자의 흔한 실수 피하기: 참여자의 말 속에서 연구자가 원하는 답을 찾으려 하거나, 자신의 생각을 참여자의 말로 확인하려는 잘못된 기대를 버린다. 연구자가 얻을 수 있는 것은 참여자의 경험이며, 답은 이를 분석하고 해석하는 과정에서 드러난다.
- 완전한 이해의 한계 인정: 인터뷰를 통해 상대방의 생각을 완전히 파악하는 것은 불가능하다는 점을 수용한다.
- 자기 연구에 맞는 접근 선택: 다른 연구자들에게 효과적이었던 인터뷰 노하우가 자신의 연구에 반드시 적합하지 않을 수 있다. 경청이 중요하지만, 상황에 따라 연구자가 더 많이 말하며 참여자와 관계를 맺거나 인터뷰의 방향을 설정해야 할 수도 있다.

마지막으로, 연구자가 인터뷰에 쏟는 열정만큼의 적극성을 참여자에게 기대해서는 안 된다. 일부 참여자는 인터뷰에 적극적으로 임하지만, 동의는 했음에도 불구하고 질문에 성의 없이 대답하거나 협조적이지 않은 태도를 보이는 경우도 있다. 또한, 일정상의 이유로 인터뷰 약속을 자주 변경하거나, 급기야 취소하는 참여자가 있을 수 있다. 이러한 상황을 미리 인지하고 준비한다면, 연구 과정에서 발생할 수 있는 예상치 못한 어려움을 더 쉽게 극복할 수 있을 것이다.

주제에 대한 다양한 의견을 충분히 듣는다.

질적 연구에서는 최소 참여자 수에 대한 합의된 기준이 없다. 이는 연구 방식에 따라 크게 달라질 수 있기 때문이다. 예를 들어, 소수의 사람을 대상으로 심도 있는 인터뷰를 여러 번 진행할 수도 있고, 단기간에 수십 명의 사람과 짧은 면담을 진행할 수도 있다. 참여자 수는 연구 질문, 자료 수집 상황, 그리고 분석 방식에 따라 영향을 받는다. 이상적으로는 포화(saturation)에 도달하면 자료 수집을 멈춘다. 이는 인터뷰를 계속 진행해도 더 이상 새로운 이야기가 나오지 않는다는 연구자의 주관적 판단에 따라 결정된다.

일부 연구자들은 연구팀이 수집한 자료를 직접 분석해 가면서 최소 몇 명을 인터뷰해야 포화에 이르는지를 확인하기도 하는데 이들이 제시하는 참여자 수도 조금씩 차이가 난다.

> "자료 분석 결과, 연구진은 처음 12개의 인터뷰에서 포화가 발생했음을 확인했다. 또한, 상위 테마를 구성하기 위한 기본 요소들은 이미 초기 6개의 인터뷰에서부터 나타나기 시작했다."
> (Guest et. al., 2006, p.59)

"비교적 동질적인 그룹의 경우, 공통 주제를 파악하는 데 16개
이하의 인터뷰만으로도 충분했다. 그러나 모든 사례를 포괄하
는 상위 테마를 도출하기 위해 자료의 포화 상태에 도달하려
면, 20~40개의 인터뷰와 같은 더 큰 표본 크기가 필요했다."
(Hagaman & Wutich, 2017, p.23-24)

"25건의 심층 인터뷰를 검토한 결과, 9개의 인터뷰에서 코드의
포화에 도달하여 각 테마별 이슈의 범위를 파악할 수 있었다.
그러나 의미에 대한 풍부한 이해를 위한 의미의 포화에 도달하
려면 16~24개의 인터뷰가 필요했다. 따라서 코드의 포화는 연
구자가 "모든 것을 다 들었다"고 판단할 수 있는 지점이지만,
"모든 것을 이해"하기 위해서는 의미의 포화에 도달하는 과정이
추가적으로 필요하다." (Hennink, Kaiser, & Marconi, 2017,
p.591)

여기서 코드의 포화와 의미의 포화를 구분한 헤닝크 등(Hennink
등, 2017)의 연구를 바탕으로 정리해 보면 9명 이상의 참여자를 인
터뷰하면 기본적인 테마를 도출하는 것은 가능하지만, 테마별로
다양한 이야기를 충분히 듣고 의미를 풍부하게 이해하려면 더 많
은 인터뷰가 필요하다고 볼 수 있다. 물론, 연구 목적과 설계도 포
화와 표집 크기에 중요한 영향을 미친다. 인터뷰 질문의 구성, 연
구자의 인터뷰 기술과 태도, 참여자와의 신뢰관계, 그리고 기타 환
경적 요인 등이 인터뷰 자료의 질을 좌우한다. 만약 인터뷰가 제대
로 이루어지지 않으면 분석이 부실해질 수 있으며, 이 경우 추가
인터뷰가 필요할 수 있다.
　　포화와 관련해서 다음의 표를 참고한다(Hennink, Hutter, & Bailey,
2020, chap. 6, p.11).

질적 연구 이해 논문 초보자를 위한 가이드

표 3. 포화와 표집 크기에 영향을 미치는 요인들

포화에 영향을 미치는 요인	상대적으로 적은 표집 크기로 일찍 포화에 이르는 경우	포화가 오래 걸리므로 표집 크기가 더 커야 하는 경우
연구 목적	참여자들이 주제에 대해 어떠한 다양한 생각을 가지고 있는지 들어 봄(예. 설문 도구를 만들 때)	복잡한 현상을 이해하거나 이론을 개발함
참여자	동질성 집단 또는 좁게 정의된 연구 대상	다양성을 고려한 참여자 표집
표집 전략	귀납적 표집 과정(단, 자료 수집 중 새로운 내용이 발견된다면 표집 크기가 커질 수 있음)	특정 기준에 부합하는 참여자만을 모집하는 경우라면, 이 기준에 해당하면서 다양한 특징을 가진 참여자를 모집하기 위해 더 많은 표집이 필요할 수 있음
자료의 질	적은 자료에서도 풍부하고 세부적인 통찰을 얻을 수 있을 때 (경험이 풍부한 연구자의 경우)	맥락에 대한 정보가 부족하고 자료에 대한 이해가 피상적일 경우(경험이 적은 연구자일 수 있음)
파악할 이슈	명확하고 구체적인 내용을 파악하는 경우	복잡하거나 다양한 측면으로 해석이 가능한 이슈를 연구하는 경우
포화의 목적	오직 핵심 이슈에 대해서만 포화에 이르면 되는 경우	자료 속 모든 이슈에 대해 폭넓게 포화에 이르고자 하는 경우

9

기타 자료 수집

THE HERMIT

랜턴을 들고 멈춰 선 한 사람. 희미한 불빛 아래에서 주변을 신중히 둘러보며 무언가 중요한 것을 찾고 있는 듯하다. 그의 시선은 조심스럽고도 집중되어 있으며, 주변의 작은 흔적이나 소리에도 귀를 기울이는 모습이다. 그는 어둠 속에서 어떤 단서를 발견하려는 것일까?

Key Points • 다양한 자료 수집에 열린 태도

문서나 시각자료를 활용한다.

질적 연구는 인터뷰와 관찰 이외에도 각종 문서를 분석에 활용한다.

- 이메일, 편지, 일기, 일정, 노트, 자서전, 전기, 의료기록
- 공적 메모, 회의록, 발표문, 사건기록, 제안서, 진행보고서, 내부기록
- 신문기사, 각종 연구결과

수집된 자료가 많을 경우, 엑셀 등의 도구를 활용해 표로 정리해 두는 것이 효율적이다. 이렇게 정리된 자료는 분석 과정을 체계적으로 관리하는 데 유용하다. 또한, 문헌 분석을 미리 수행할 경우, 그 결과를 바탕으로 인터뷰나 관찰 질문을 구성할 수 있다. 이는 연구의 초점을 명확히 하고, 보다 깊이 있는 자료 수집을 가능하게 한다.

그림, 예술품, 전단지, 만화, 사진, 낙서와 같은 시각자료는 질적 연구에서 높은 활용도를 가진다. 특히, 사진이나 그림 등을 활용해 참여자와 대화를 나누는 방식(이를 사진 유도(Photo-elicitation) 또는 시각적 유도(Visual elicitation) 인터뷰라고 한다)은 참여자가 언어로 표현하기 어려운 복잡한 감정을 설명하는 데 도움을 줄 수 있다. 또한, 참여자가 직접 찍어온 일상의 사진을 통해 관찰을 대신하여 그들의 삶을 들여다볼 수 있다는 장점도 있다.

권문배(2007)의 연구는 복지관에서 제공하는 노인 여가활동 프로그램에 참여한 경험을 다루며, 일반적인 인터뷰와 사진 유도 기법을 활용한 인터뷰에서 어르신들의 답변이 어떻게 달라지는지를

보여준다. 연구자는 먼저 일반적인 인터뷰 방식으로 어르신들에게 질문을 던졌다. 이후 여러 장의 사진을 보여드리며, 참여자가 원하는 사진을 선택한 뒤 해당 사진을 바탕으로 이야기를 나눌 수 있도록 사진 유도 기법을 적용했다. 이를 통해 두 방식의 차이를 비교하고, 사진 유도 기법이 답변의 내용과 깊이에 미친 영향을 분석했다.

연구자: "어르신… 복지관에서 개설한 프로그램 중에서 어떤 어떤 수업에 참여하세요?"

어르신: "음… 고전무용하고 포크댄스…그리고 또 머 있더라? … 아이구, 하두 많아서 기억이 안나네… 잠깐만요… 엉… 전통매듭…, 체조도 하고 일본어교실… 그런 것…"

연구자: "이 중에서 어떤 수업에 참여하시는 게 제일 좋으세요?"

어르신: "다 좋아… 다 재미있지…"

연구자: "그래도 좀 더 재미있는 수업이 없으세요?

어르신: "근데 나이가 들어 그런가 그냥 앉아서 공부하는 것보다 춤추고 뛰는 게 더 신나지…."

다음은, 연구팀이 찍어온 수십 장의 사진을 보여드리며 진행한 사진유도면담 시의 답변이다.

연구자: "어르신 여기 사진 나왔는데 한번 쭉 보세요.."

(이러한 요청에 참여자는 흥미를 보이며 사진을 넘겨보았다. 사진을 넘겨보다 한 사진에 관심을 보이며 이야기를 먼저 주도해 나갔다.)

어르신: "아니 포크댄스 하는데 여자들이 더 많으니깐… 서로 남자 안하고 여자만 하겠다고들 그래서 이젠 선생님이 아예 그래서 돌아가며 시키지… 사람들이 한 번 여자 했으면 좀 양보좀 해야지… 남자 할아버지들은 바둑, 당구 … 이런 건 많이 하는데… 참 그래도 할아버지들

많이 하니까 거기 끼어서 당구하는 할머니들도 요새는
많아졌지…. 바둑은 머리아퍼서 못하구… 그래도 당구
는 재미있나 봐…"
(다시 사진을 넘기셨다가 하나 사진에서 멈추셨다.)
어르신: "… 여기 이 일본어 선생님 자원봉사 하시는데…너무
훌륭하셔…" (중략) (권문배, 2007, p. 610)

위와 같이 사진을 보며 대화할 때, 참여자의 답변이 더 길고
다양해지는 경향이 나타난다. 사진이나 이미지를 연구에 활용할
때 이러한 효과를 극대화하려면, 연구자가 다양한 사진을 미리 준
비하거나 참여자의 사진을 활용한다. 대학원 수업 때 실습해 보니,
검색해 온 사진보다는 참여자가 직접 찍은, 자신의 삶의 경험이 담
겨 있는 사진을 가져왔을 때, 개인적으로 의미 있는 이야기를 나눌
가능성이 높아지는 것을 확인할 수 있었다. 포토보이스(photovoice)는
이와 같이 참여자들에게 자신의 경험을 사진으로 기록하게 한 뒤,
해당 사진에 대해 함께 대화를 나누는 방식을 실행연구와 접목시
킨 방법론의 하나다. 이 외에도 사진이나 이미지를 유연하게 활용
하며 다양한 질적 연구에 적용함으로써, 참여자의 깊이 있는 경험
과 독특한 시각을 효과적으로 탐구할 수 있다.

비네트(vignette)를 활용한다.

비네트란 짧은 시나리오를 의미하며, 실제 사실을 바탕으로
구성하거나 가상의 시나리오를 활용할 수 있다. 비네트의 장점은
참여자가 연구 주제와 관련된 직접적인 경험이 없어도 연구 질문

에 답할 수 있도록 돕는다는 점이다. 또한, 비네트는 참여자가 "만약 이러한 상황이 발생한다면?"이라는 가정을 통해 답변하기 때문에, 논의하기 어려운 주제(예. 직장 내 성희롱, 학부모 갑질 등)를 보다 안전하고 간접적인 방식으로 다룰 수 있다.

연구자는 처음부터 비네트를 사용하여 인터뷰를 진행할 수도 있고, 일반 인터뷰를 먼저 진행한 뒤 비네트를 추가로 활용해 참여자의 생각을 더 깊이 탐구할 수도 있다. 다음은 비네트를 제시한 다음 인터뷰 질문을 구성한 예다.

> "한나는 15세로, 중등교육자격 시험을 준비하고 있습니다. 지난 몇 달 동안 한나는 체중에 과도하게 집착하며, 매일 섭취하는 음식을 극단적으로 줄이기 시작했습니다. 일상적으로 식사를 거르거나, 어떤 날은 아주 적은 양만 먹는 모습을 보였습니다. 이와 더불어 한나는 엄격한 운동과 식이요법을 병행하며 매일 체육관에 가거나 규칙적으로 수영을 하고 있습니다. 이러한 식습관과 극심한 운동으로 인해 한나의 체중은 급격히 감소했고, 이를 걱정한 가족들은 병원 방문을 권유했습니다. 진료 결과, 한나는 거식증(Anorexia Nervosa)이라는 진단을 받았습니다."
> 다음의 질문에 최대한 자세히 답변해 주세요.
> (1) 한나는 어떤 사람일 것 같나요? (예. 한나의 가족, 사회적 배경, 개인적 성격이나 취향, 습관, 사회생활 등)
> (2) 한나의 외모를 상상해 본다면 어떨 것 같나요?
> (3) 한나가 왜 적게 먹고 과도하게 운동을 하게 된 것 같나요? 이러한 행동의 원인은 무엇일까요?
> (4) 한나는 어떤 기분일 것 같나요?
> (5) 한나의 체중 감소, 식습관, 그리고 운동 습관에 대해 한나

의 가족은 어떤 기분을 느낄까요?

(6) 한나의 체중 감소, 식습관, 그리고 운동 습관에 대해 한나
의 친구들은 어떻게 반응할 것 같나요?

(7) 일반적으로 사람들이 한나를 어떻게 볼 것 같나요?

(8) 한나가 도움이 필요하다고 생각하나요? 만일 그렇다면, 한
나에게는 어떤 도움이 필요할까요?

(9) 앞으로 두 달 뒤 한나에게는 어떤 일이 벌어질 거라고 상
상할 수 있을까요?

(10) 앞으로 1년 뒤 한나에게는 어떤 일이 벌어질 거라고 상
상할 수 있을까요?" (Braun, Clarke, Gray, 2017, p.80)

비네트에 사용된 시나리오가 참여자에게 자연스럽고 그럴듯하
게 느껴질수록, 참여자들이 반응하기가 더 수월하다. 예를 들어,
참여자들은 다음과 같은 반응을 보일 수 있다.

"맞아요, 이런 경우가 있죠. 그럴 수도 있겠네요."

"저도 그런 이야기를 들은 적이 있어요. 그런데 저는 여기에 대
해 사람들의 생각과 좀 다른 의견을 가지고 있어요."

이처럼 비네트는 참여자들이 자신의 생각과 경험을 자연스럽
게 풀어내는 데 도움을 줄 수 있다. 비네트를 구성할 때, 앞선 인
터뷰 참여자들의 이야기를 합성하고 변형하여 새로운 시나리오를
만들어 활용하는 방법도 효과적이다. 또한, 비네트에 이미지나 사
진을 포함하여 시각적 유도(visual elicitation)를 병행하면 참여자들이
더욱 생동감 있게 반응하도록 도울 수 있다.

질적 설문을 활용한다.

질적 설문은 주로 열린 질문으로만 구성되거나, 일부 선택형 문항과 열린 질문을 조합하여 구성된다. 브라운 등(Braun, Clarke, Gray, 2017)은 질적 설문이 인터뷰에 비해 가볍고 빠르게 진행될 수 있다는 점에서 편리하다고 강조한다. 질적 설문은 단시간에 여러 명에게 배포하고 답변을 받을 수 있어, 좀 더 많은 참여자의 이야기를 들어보는 데 용이하다. 또한, 설문지가 많을수록 다양한 측면에서 데이터를 분석할 수 있어 연구의 폭을 넓히는 데 기여한다는 장점이 있다.

다음은 남성이 자신의 신체에 대해 가지는 주관적인 감정이 옷차림에 미치는 영향을 질적 설문을 통해 탐구한 연구 사례이다.

> "참여자들에게는 연구 참여를 위한 자료가 포함된 패키지가 제공되었다. 이 패키지에는 연구에 대한 설명서, 동의서, 인구학적 정보를 기록하는 양식, 그리고 의복과 신체 이미지에 관한 설문지가 포함되었다. 설명서에는 연구 목적, 참여 방식, 수집된 자료의 사용 방식, 참여 철회 방법, 그리고 민감한 주제인 만큼 관련된 상담 서비스에 대한 세부 정보가 명시되었다. 의복과 신체 이미지 설문지는 다음 네 가지 질문으로 구성되었다. 옷을 구입하거나 입을 때 스스로의 몸에 대해 느끼는 감정이 어느 정도 영향을 미치는가? 옷을 입는 방식이 몸의 특정 측면을 감추기 위한 것인가? 옷을 입는 방식이 몸의 특정 측면을 강조하기 위한 것인가? 연구진이 알아야 할 내용이 있거나 혹은 빠졌다고 생각하는 질문이 있는가? 참여자들에게는 답변을 작성하기 전에 충분히 질문에 대해 생각하고, 가능하면 구체적인 예시를 포함해 작성해 달라고 요청했다. 답변을 작성할

수 있는 충분한 여백이 제공되었으며, 작성이 완료된 양식은 봉투에 넣어 봉한 뒤 연구진에게 반납하도록 했다." (Frith & Gleeson, 2004, p.42)

　　다만, 질적 설문은 대면 인터뷰와 달리 부실하거나 짧은 응답을 받을 가능성이 높다. 또한, 설문만으로는 참여자의 감정이나 뉘앙스를 자세히 파악하기 어려워, 심층 분석에는 한계가 있을 수 있다. 많은 수의 질적 설문을 받는다면, 이것만으로 독립적인 연구를 수행하기에 충분할 수 있겠으나, 설문 응답 수가 적을 경우, 인터뷰와 같은 다른 자료 수집 방법의 보조자료로 활용하는 것이 효과적이다.

자료 수집과정에서 메모를 작성한다.

　　연구과정에서 기록을 남기는 중요성은 예전부터 강조되어 왔다. 유명한 학자들의 일상 속에서도 메모 습관은 잘 나타난다. 다음은 방대한 양의 저서를 남긴 다산 정약용에 관한 일화다.

> 다산 자신은 그야말로 끊임없이 메모하고 생각하고 정리했던 메모광이요 정리광이었다. … 그 메모가 밑거름이 되어 수많은 저작으로 발전할 수 있었다. … 특히나 경전 공부에서 이 메모의 힘은 아주 중요했다. 수많은 비슷비슷한 학설과 주장에 치여서 정신을 차릴 수 없을 때는 차라리 눈을 감고 침잠했다고 적고 있다. 그러면 어느 순간 깨달음이 오면서 마음에서 의심이 가시는 순간과 만나게 되는데, 그런 순간을 놓치지 않고 메모했다(정민, 2006, p. 154-155).

질적 연구에서도 메모는 중요한 검증 자료로 활용된다. 메모를 작성하는 방식에는 정해진 규칙이 없으며, 날짜를 기록하고 판단을 유보한 채 떠오르는 아이디어를 자유롭게 적어 나가는 것이 핵심이다. 마치 대화하듯이 글을 써 보는 것도 좋은 방법이다. 샤마즈(Charmaz, 2013, p. 178)는 "절친한 친구에게 쓴 편지처럼 쓰고, 단조로운 학술 논문 투로 쓸 필요는 없다"고 강조한다. 메모 작성의 유용성은 다음과 같이 요약될 수 있다(Charmaz, 2013).

- 잠시 멈춰서 자료에 대해 생각해 보는 시간을 가진다.
- 분석과정에 도움이 된다.
- 현장에 가서 확인할 아이디어를 얻게 된다.
- 자료수집의 틈새를 발견할 수 있다.
- 써 내려간 메모를 가지고 글쓰기와 연결시킬 수 있다.
- 연구자 자신의 생각이 어떻게 변화했는지 알게 된다.
- 추후 연구 주제를 발견하기도 한다.

10

연구자 성찰

WHEEL OF FORTUNE

운명의 수레바퀴는 '모든 것은 변한다'는 사실만이 변하지 않는 진리임을 보여준다. 변화에 대처하는 최선의 방법은 그 흐름을 이해하고, 억지로 거스르지 않은 채 자연스럽게 함께 흘러가는 것이다.

Key Points • 자신의 위치와 역할을 성찰하기
• 방향을 점검하기

연구자의 위치를 드러낸다.

질적 연구가 양적 연구와 비교하여 두드러지는 요소 중 하나는 "연구자가 연구하려는 대상과의 관계에 대해 요약한 글"(Preissle, 2008, p. 844), 즉 '연구자의 주관성 진술(subjective statements)'이다. 이는 연구자의 위치를 드러내는 의미에서 positionality 또는 positioning 이라고도 불린다. 주관성 진술의 목적은 연구와 관련된 개인적 경험이나 배경을 투명하게 밝히는 데 있다. 이를 통해, 연구자가 왜 이 주제에 관심을 갖게 되었는지, 어떠한 편견이 연구에 개입될 수 있는지, 그리고 연구자로서 자신의 장점과 한계는 무엇인지에 대해 진정성 있는 모습을 보여주는 것이다.

연구자의 주관성 인식은 질적 연구에서 매우 중요하다. 아이디어를 찾고, 자료를 수집하고, 이를 분석하는 연구의 모든 단계가 연구자가 처한 특정 위치와 주관성에 영향을 받기 때문이다(Bourke, 2014). 그럼에도 불구하고, 자신의 관점을 명확히 밝히지 않고 마치 객관적인 사실만을 보고하듯 표현하는 것은 질적 연구의 본질과 맞지 않는다. 연구자의 주관적 입장을 명시하는 것은 질적 연구의 투명성과 진정성을 높이는 중요한 요소다.

이러한 접근은 질적 연구에 익숙하지 않은 독자들에게는 다소 어색하게 느껴질 수 있고, 연구 결과의 신뢰성을 의심하게 만들 위험이 있다. 그러나 프라이슬리(Preissle, 2008)가 지적했듯, 주관성에 대해 아무런 언급을 하지 않는 것은 오히려 질적 연구를 이해하는 독자들로 하여금 연구에서 중요한 부분이 누락된 것 같은 의구심을 불러일으킬 수 있다.

연구자가 스스로 인식하지 못했던 주관성은 자료 수집, 분석,

성찰의 단계에서 새롭게 드러나기도 한다. 대학원에서 인터뷰 실습을 진행하다 보면, 많은 학생들이 성찰 과정을 통해 자신이 참여자에게 특정한 답을 이끌어 내려고 애썼음을 깨닫고 이를 시인하곤 한다. 이는 그 이슈가 연구자 본인에게 중요한 주제였기 때문이다. 이러한 주관성을 인정하거나 인식하지 못한 상태에서 연구를 진행할 경우, 결과가 연구자의 개인적인 편향에 의해 치우칠 가능성이 높다. 예를 들면 아래와 같다(Schwandt, 2015).

- 이전부터 관심을 가지고 있던 특정 집단이나 참여자들을 옹호한다.
- 미리 머릿속에 있는 이론적 틀에 자료를 꿰어 맞춘다.
- 연구 전부터 갖고 있던 가설을 검증하는 데에 자료를 이용한다.

따라서 처음부터 연구 주제에 대한 자신의 사전 생각을 어느 정도 파악하고 연구를 시작하자는 것이 이 장의 핵심이다. 그런데 '편견을 드러내면 오히려 이를 더 강화시키는 것이 아닐까?'라는 우려가 있을 수 있다. 그러나 편견이 정말 그렇게 나쁜 것인지 생각해 볼 필요가 있다.

연구자의 주관적 경험은 통찰력과 연결된다.

우리의 편견이나 선입관은 과도한 자극이 주어지는 세상에서 익숙한 정보를 신속히 처리하도록 돕는다. 예를 들어, 매일 만나는 앞집 사람을 볼 때마다 그가 안심할 대상인지, 위험한 사람인지 다시 판단하는 것은 매우 비효율적이다. 일단 '안심할 대상'이라는 집단에 넣어 두면, 이에 대해 따로 고민할 필요가 없어진다. 이렇게 개인의 편견과 선입관이 형성된다. 더 나아가, 우리는 특정 사회와 역사적 배경 속에서 태어나기 때문에, 개인적인 수준을 넘어선 전통이라는 더 큰 영향력, 즉 더 강력한 선입견에서 벗어나기 어려운 것이 현실이다(Gadamer, 2012).

하지만 우리의 주관적 경험과 통찰은 밀접하게 연결되어 있다. 살아오며 겪은 경험들은 우리 안에 축적되어 경험치를 형성한다. 드레이퍼스와 드레이퍼스(Dreyfus & Dreyfus, 1986)의 전문가 발달 과정은 이 관계를 잘 보여준다. 어떠한 직종에 갓 입문한 초보자는 업무를 주어진 매뉴얼대로 처리하는 데 머무르며 융통성과 응용능력이 부족하다. 그러다가 경험이 쌓이면 어느 정도 능숙해지는 단계를 거친다. 오랜 연륜을 쌓으면 그중 일부가 전문가라는 소리를 듣는다. 슬쩍 지나치면서도 지금 어떤 일이 벌어지는지, 어떻게 대처해야 할지 딱 짚어낼 수 있는 경지에 오르는 것이다. 회사에 갓 입사한 대졸 신입사원보다 온갖 부서와 프로젝트 팀에서 수십 년간 성공과 실패경험을 쌓아 온 매니저가 현장에서 벌어지는 사건의 조짐을 더 직관적으로 포착할 수 있는 것과 마찬가지다.

드레이퍼스와 드레이퍼스는 전문가가 되기 위해서 반드시 필요한 것이 바로 직관력이라고 말한다. 직관력은 수많은 개별 사례를 접하고 여기서 얻은 배움이 축적되어야만 발휘된다. 다수의 사례 연구를 진행한 벤트 플루비야(Flyvbjerg, 2011) 교수는 드레이퍼스와 드레이퍼스의 전문가 이론을 근거로 들며 사회과학에서 변수가 아닌 다양한 사례를 연구하는 것이 중요하다고 역설한다. 다양한 개별 사례에 대한 연구가 쌓여야 사회과학이 발전하고 현실에 도움이 되는 실질적인 개선책을 찾을 수 있기 때문이다.

이처럼, 연구자의 주관적 경험은 질적 연구자에게 직관력과 통찰로 작용할 수 있다. 예를 들어, 근거이론 방법을 사용하는 연구자는 현장에서 수집된 자료를 바탕으로, 적절한 범위 내에서 타당성을 갖춘 이론을 만들어야 한다. 이 과정에서, 방대한 자료 속에서 이론을 만드는 데 도움이 되는 핵심 요소를 포착하는 능력이 필요하다. 글레이저(Glaser, 1978)는 이를 연구자의 '이론적 민감성'이라고 하였다. 이론적 민감성은 연구자의 풍부한 전문적 경험에서 비롯된다. 변기용 교수는 "이론적 편견과 이론적 민감성은 동전의 양면과 같다. 편견은 통찰력이라고 말할 수 있다. 오랜 기간 현장에서 완전한 참여자로 있으면서 느꼈던 것이 이론적 민감성이 되어준다"라고 설명한다(2024.12.21, 한국근거이론학회 월례회의 중 대화).

그렇다면 슈완트(Schwandt, 2015)의 표현대로, 연구자가 해야 할 일은 성찰과 구분이다. 연구자는 자신이 예단하거나 속단했던 부분에 대해 왜 그런 판단을 했는지 돌아보고, 이러한 선입견 중에서 어떤 것이 타인을 이해하는 데 도움이 되었는지, 반대로 어떤 편견이 새로운 이해를 가로막았는지를 구분하려는 노력이 필요하다. 자신의 가정을 명확히 드러내고 이를 관찰하면, 편견에 무의식적으로 휘둘리는 것을 어느 정도 제어할 수 있다.

주관성 진술은 고정 불변한 것이 아니다. 시간이 흐름에 따라 연구자의 생각과 관점이 자연스럽게 변화하기 때문이다. 따라서 주기적으로 자신의 주관성 진술을 검토하고 필요에 따라 수정하는 것이 중요하다. 또한, 주관성을 기술할 때 자신에 대한 개인적 이야기를 장황하게 적을 필요는 없다. 독자가 궁금해 하는 것은 연구 주제와 직결된 연구자의 경험이다. 연구자가 어떤 삶을 살아왔는

지, 어떤 사람이 되고 싶은지는 연구의 맥락에서 부차적인 요소일
뿐이다.

성찰적 태도를 유지한다.

연구자의 "젠더, 인종, 소속, 나이, 성적 경향, 국적, 개인적
경험, 언어전통, 신념, 편견, 이론적, 정치적, 이데올로기적 입장,
그리고 참여자에 대한 감정적 반응"(Berger, 2015, p. 220)은 연구 결과
에 큰 영향을 미칠 수 있다. 예를 들어, 동일한 종교적 건축물이나
상징 앞에서의 행동도 연구자의 종교적 입장에 따라 전혀 다르게
해석될 수 있다. 어떤 연구자에게는 단순한 장난으로 보일 수 있지
만, 다른 연구자에게는 종교 모독으로 받아들여질 수 있다(Small &
Calarco, 2022).

이처럼 연구자는 "자신의 과거 경험, 관점, 역할이 타인과의
상호작용에 어떤 영향을 미치는지, 또한 특정 상호작용이나 맥락
을 해석하는 데 어떠한 영향을 미칠지"(Tracy, 2020, p. 2)를 지속적으
로 돌아보아야 한다. 이러한 과정을 자기 성찰(self-reflexivity)이라고
하며, 이는 연구의 신뢰성과 깊이를 높이는 데 필수적인 요소다.

트레이시(Tracy, 2020, p. 119)가 제안하는 연구자 정체성 검토 목
록에 스스로 답을 해 보자.

- 인구통계학적 특징(예. 나이, 인종, 성적 경향성, 젠더 정체성 등)
- 사회적 속성(예. 종교, 사회 계급, 교육 수준, 신체, 외모 등)
- 다른 사람은 나의 성격을 어떻게 묘사할까?(예. 수줍음, 활기, 특
  이한, 신경 예민 등)

- 사람들이 내 모습이나 분위기에 대해 어떤 평가를 할까?
  (예. 잘 교육받음, 거만함, 순박함, 엘리트 주의 등)
- 내가 없을 때 나에 대해 뭐라고 할까?(믿을만한 친구나 가족, 동료의 생각 참고)
- 나를 드러내는 이러한 특징들은 특정 연구 맥락에서 어떠한 영향을 미칠 것인가?
  - 이러한 특징들로 인해 참여자들이 나에게 어떻게 반응할 가능성이 있는가?
  - 참여자에게서 특정 정보를 얻는 과정에서 어떤 도움과 제한점이 있을 것인가?
  - 이러한 특징들이 내가 세상을 인식하고 해석하는 방식에 어떤 영향을 미칠 것인가?
  - 연구를 진행하며 이러한 특징의 장점을 최대한 활용하고, 한계를 줄이기 위해 어떤 노력을 할 수 있는가?

연구자의 위치와 성찰이 드러난 예

다음은 드라마 작가들의 정체성과 노동의 단면을 탐색한 김미숙과 이기형(2013)의 연구다. 드라마 작가로 활동해 온 경험이 있는 저자 한 명이 자신의 주관성을 다음과 같이 진술한다.

> "… 이 연구의 경우 의도된 참여관찰은 아니지만, 연구진 중 한 명이 이미 현역 드라마 작가로 십수 년간 활동해 왔기 때문에, 방송 현장에 대한 경험과 기획과 제작을 둘러싼 관행들, 그리고 드라마 작가들의 생활과 노동에 관해서는 사전에 일정한 참

여관찰을 해 왔다고 간주해도 무방할 것이다. 과정적으로는 이 연구의 공동연구자가 연구대상의 집단에 포함되어 있다는 측면이 장점인 동시에 단점으로도 작용될 수 있다는 점을 인지하면서, 드라마 제작 영역의 내부자로서 섭외한 작가집단과의 일련의 심층인터뷰를 통한 공감과 비교 그리고 자료축적과 관찰의 작업을 수행하였다. 한편 축적된 자료의 정리와 해석은 작가로서의 이력을 가진 연구자와 드라마를 포함한 영상문화에 대한 지속적인 분석을 수행해 온 문화연구자 2인 간의 긴밀한 논의와 대화를 통해서 진행하였다." (김미숙 & 이기형, 2013, p. 19-20)

다음은 동일 연구에서 연구자의 위치(참여자와 유사한 직업적 배경을 공유)로 인해 인터뷰를 할 때 어떠한 장단점이 있었는지를 보여준다.

"B작가: 드라마를 쓰다 보면 안 나가는 회가 있잖아요? 연구자: 네. 그런 회가 있죠. B작가: 제가 그게 9회에서 딱 걸린 거예요. 연구자: 이런…그래 어떻게 하셨어요?" 이러한 대화는 아마도 드라마를 써 보지 않은 사람과는 주고받기가 어려울 것이다. 왜 특별한 회에서 드라마의 진도가 나가지 않는지, 그것이 얼마나 고통스러운 과정인지, 매주 2개씩 대본을 '까먹고' 있는데, 드라마는 막혀서 진행이 되지 않는 고뇌는 겪어본 사람이 아니면 알기가 매우 어렵기 때문이다. 반구조화된 심층인터뷰를 하다 보면 인터뷰의 분위기가 고양되어, 형식적인 답변, 딱딱한 말투, 혹은 머뭇거리며 피해가는 대답이 일부 나오기도 했지만, 시간이 지나면서 전반적으로 서로 공감하고 논점을 이어가는 분위기가 형성되어 기대 이상의 답변을 얻을 수 있었다고 판단한다." (김미숙 & 이기형, 2013, p. 21, 각주)

"그럼에도 불구하고 "다 알면서 뭐 물어보세요?"라는 식의 답변
이 인터뷰의 초기에 나오기도 했는데, 그럴 때마다 연구자는
거듭 문외한 혹은 외부의 분석자가 질문한다고 생각해 달라고
요청하면서 능동적인 반응과 상세한 답변을 끌어내고자 노력했
다. 연구자가 이렇게 의식적으로라도 일정한 '거리'를 유지하려
고 했던 것은 연구자가 연구대상들과 같은 업종에 종사하기 때
문에 공감의 측면에서는 실제적으로 거리가 지켜지기 쉽지 않
았고, 무엇보다도 당연히 똑같을 것이라고 생각하는 부분에 대
한 연구자가 지니고 있을지 모르는 선입견이나 예단된 편견을
걸러내고 싶었기 때문이다." (김미숙 & 이기형, 2013, p. 22)

다음의 예는 엘리트 기관에서의 채용과정을 참여관찰과 인터
뷰로 연구한 리베라 교수의 책의 일부다. 저자는 자신의 삶의 과정
과 정체성이 자료수집과정에서 참여자들에게 어떻게 다양하게 받
아들여졌는지, 자신 역시 자신의 위치를 참여자와의 라포형성에
어떻게 활용하였는지를 자세히 밝히고 있다.

"질적 연구는 연구자의 정체성과 긴밀하게 뒤얽히는 사회적 시
도다. 따라서 이 연구를 수행하는 데 있어 내 자신의 정체성과
개인적 이력이 자산으로 작용한 일부 경우를 인정하는 것은 중
요한 일이다. 나는 노동계층과 상류계층의 양쪽 세계에 다리를
걸친 상태에서 자랐다. 이민자이자 싱글맘이었던 어머니는 보
수가 낮은 다양한 일을 하면서 나를 키웠지만, 나는 11살 때부
터 엘리트 교육기관에서 대부분의 시간을 보냈다. 이들 세계에
노출되면서 나는 각각의 세계에서 전형적인 상호작용 스타일과
코드에 익숙해졌다. 유사성이 호감과 신뢰의 핵심적인 토대인
만큼 내가 가진 배경은 유리하게 작용했다. 나는 다양한 배경

을 가진 연구 대상자들이 겪은 삶의 측면과 유사한 내 삶의 측
면들을 강조할 수 있었다.

내 인터뷰 대상자 중 많은 사람들이 나에 대한 확인으로 대화
를 시작했다. 나는 너무나 많은 사람들이 내가 어디서 자랐는
지 묻는다는 사실에 놀랐다. 그들은 내가 어느 도시 출신인지
만이 아니라 그 도시의 어떤 특정한 동네 출신인지도 알고 싶
어 했다. (내가 자란 로스앤젤레스의 지역에는 매우 부유한 사
람들이 사는 구역과 중하층 사람들이 모여 사는 구역이 모두
있다는 점에서 운이 좋았다. 나는 인터뷰 대상자의 특성에 따
라 한쪽 아니면 다른 쪽 구역을 강조할 수 있었다.) 아이비리
그 학교에서 받은 학사 및 석사 학위와 명망 있는 고교를 다녔
다는 사실은 '내부자가 될 자격'이라는 매우 유용한 망토를 제
공해 주었다. 4장에서 설명하겠지만, 엘리트 전문서비스 회사에
서 출신 학교의 명성은 강력하게 신뢰할 수 있는 사회적-지적-
도덕적 가치의 지표로 여겨진다. 게다가 내가 이런 류의 회사
에서 근무해 본 이력이 있기 때문에 연구 참여자 중 많은 수
가 나를 캠퍼스 채용의 현실과 어려움에 익숙한 산업 내 내부
자로 대했다. 내가 다닌 학교들이나 과거 직장을 언급하면서,
평가자들은 종종 "당신도 알고 있겠지만", "당신도 이해하겠지
만", "당신도 우리와 같으니까"와 같은 말들을 했다.

그리고 나는 인종적으로 혼합된 배경을 가지고 있기도 하다.
반은 푸에르토리코인이고 반은 동부 유럽인이다. 게다가 나는
흔한 스페인어 성을 가지고 있다. 내가 인터뷰한 소수인종 출
신의 많은 사람들은 동류의식을 강조하면서 내 성이나 혈통을
언급했다. 내 인종 정체성이 백인 평가자들에게는 불편함이나
사회적 바람직성 편향을 불러일으켰을 수도 있지만, 그 정도는
그다지 심각하지 않았다고 믿는다. 아마도 내 피부색이 밝은

편이었기 때문일 수도 있다. 나는 인종적으로 모호하게 보인다는 말을 들어왔다. 프랑스계부터 필리핀계까지, 내가 속한 인종에 대한 추측은 다양했다. 아마도 많은 백인 평가자들은 일부러 내 이름을 '리베라' 대신 유럽 상류층이 사는 해안 지역의 이름인 '리비에라'로 발음했던 것인지도 모른다.

내부자가 되는 데는 이점이 있다. 동류의식이 없었다면 나는 내 인터뷰 대상자들이 민감한 데이터의 많은 부분을 그렇게 편안하게 공개했을지 의문스럽다. 물론 중요한 주의사항도 있다. 특히 평가자들이 종종 "당신도 그게 어떤 건지 알겠지만"이라고 말할 때마다 나는 해당 용어나 언급 대상이 의미하는 바를 설명해 달라고 아주 조심스럽게 요청해야 했다." (Rivery, 2020, p. 43-45)

11

분석 준비

JUSTICE

한 손에는 칼을, 다른 한 손에는 저울을. 선택을 앞둔 정의의 여신의 진지함이 분위기에서 전해진다. 신중해야 하지만 타이밍도 놓쳐선 안 된다.

Key Points • 늦기 전에 분석 시작하기

기본적인 분석방법을 이해한다.

질적분석이란 수집한 자료를 "분류하고 해석해서 그 안에 명확하게 또는 암묵적으로 포함된 의미의 여러 측면과 구조를 파악하는 작업"(Flick, 2014, p.5)을 뜻한다. 좀 더 쉽게 말하면 "자료를 연구 결과로 바꾸는 것"(LeCompte, 2000, p. 146)이기도 하다. 질적 연구가 복잡한 현실을 보여준다 하더라도 인터뷰 내용을 그대로 독자에게 제시할 수는 없다. 수집한 많은 자료를 체계적으로 줄이고 정리해서 새롭게 재구성하는 과정이 반드시 필요하다.

자료 분석은 연구 접근 방법에 따라 방식이 달라질 수 있다. 예를 들어, 근거이론 연구(Glaser & Strauss, 1987)에서는 자료 수집과 분석이 동시에 이루어지며, 이를 위해 지속적 비교(constant comparison)와 이론적 표집(theoretical sampling) 같은 핵심 개념을 이해하고 적용해야 탄탄한 결과를 도출할 수 있다. 다만, 특정 학자의 방법이나 틀을 지나치게 경직되게 따르는 것은 오히려 창의적인 분석을 방해할 수 있으므로 연구의 목적과 맥락에 맞게 유연하게 활용하는 것이 중요하다(Patton, 2015). 초보 연구자에게는 몇 가지 단계로 제시된 분석 방법을 그대로 따르는 것도, 유연하게 활용하는 것도 모두 어려운 일이다. 그러므로 연구를 시작하기 전에 본인이 선택한 방법론의 철학과 이론적 배경을 깊이 이해하고, 연구 설계와 분석, 글쓰기까지 체계적으로 학습하려는 자세가 필요하다. 또한, 해당 방법론을 실제로 적용해 본 선배나 동료들에게 조언을 구하는 것도 중요한 과정이다.

물론 어떤 방법론을 선택하든 기본적인 분석 기술은 필수적이다. 예를 들어, 수집한 자료에 적절하게 코드를 부여하며 주요 내용을 추리고, 이를 상위 코드로 묶고 새롭게 조합하여 연구 결과에 대한 전체적인 설명과 해석을 제시할 수 있어야 한다(Braun & Clarke, 2022; Elliott & Timulak, 2021; Thorne, 2016). 기본적인 분석방법을 익히면 특정 방법론적 접근 방법으로 자료를 분석할 때도 도움을 받을 수 있다.

자료를 수집하면 바로 문서화한다.

　수집된 자료는 인터뷰 내용, 연구자의 메모, 현장 노트, 현장에서 찍은 사진 등 모두 분석의 대상이 된다. 연구자의 상황에 따라 여러 번의 인터뷰를 마칠 때까지 분석할 시간이 부족할 수 있지만, 가능한 한 일찍 분석을 시작한다. 이렇게 하면 연구 설계에서 부족한 부분을 미리 발견하거나 분석 결과를 바탕으로 인터뷰 질문을 보완할 수 있는 기회가 생긴다. 또한, 나중에 방대한 양의 자료에 압도당하지 않으므로 심리적 부담도 줄어든다.

　인터뷰 후에는 가능한 한 빨리 녹음 내용을 워드나 한글 파일로 변환한다. 이 과정을 전사(transcription)라고 부른다. 어플(예. 네이버 클로버노트)을 사용하면 녹음 파일을 문서로 변환할 때 편리하다(녹음이 잘못되는 경우를 고려하여 보조적인 녹음기를 가져가는 것도 바람직하다). 변환된 텍스트는 다시 한 줄 한 줄 읽으며 잘못 번역된 부분이나 오타를 수정하고, 애매한 부분은 녹음 내용을 다시 들으면서 교정해야 자료가 완성된다. 이 과정은 시간이 많이 소요될 수 있지만, 인터뷰에서 나눈 대화와 당시의 분위기를 확인하는 중요한 작업이기 때문에 반드시 필요한 과정이다.

　전사의 정도는 연구 목적에 따라 달라진다. 예를 들어, 참여자들의 생생한 주관적 경험과 감정 상태를 포착해야 하는 연구에서는 웃음, 흐느낌, 침묵 같은 비언어적 표현을 가능한 한 그대로 괄호 안에 넣어 기록하는 것이 좋다. 이렇게 하면 인터뷰 당시의 상황을 더 생동감 있게 떠올릴 수 있고, 참여자가 한 말이나 행동의 의미를 분석하는 데도 도움이 된다. 그러나 과도하게 넣은 '(~초 침묵)'이나 '음~'과 같은 비언어적 내용이 오히려 분석에 방해가 될 수 있다는 점도 유의한다.

참여자가 한 말의 내용만 분석하려는 경우에는(예. 평가 연구) 비언어적 표현을 생략해도 무방하다. 또한 인터뷰 녹음 전체를 전사할 수도 있지만, 연구 목적과 관련성이 없는 부분은 처음부터 제외하거나 간략히 요약하고, 중요한 부분만 자세히 전사하는 방법도 가능하다. 단, 인터뷰 당시의 상황과 분위기, 개별 참여자의 특징을 따로 적어둔다. 이러한 배경 정보는 분석할 때 참여자의 발언이나 행동의 맥락을 이해하는 데 도움이 된다.

참여자가 문법에 맞지 않게 이야기할 때도 종종 발생한다. 이런 경우, 인터뷰에서 나온 말을 인용문의 형태로 논문에 제시할 때는 내용의 변화가 없는 선에서 최소한의 문법적 수정을 할 수 있다. 이때 중요한 점은 연구 참여자가 자신이 발언한 내용을 읽었을 때 무안함을 느끼지 않도록 신경 쓰는 것이다(Carlson, 2010; Seidman, 2009).

연구 질문을 재확인한다.

독서 모임에서 같은 소설을 읽고 감상평을 나누면 사람마다 달리 느끼는 것이 자연스러운 것처럼, 동일한 자료를 놓고도 연구자마다 관심을 두는 측면이 다를 수 있다. 그렇다고 해서 연구자가 본인의 개인적인 편의나 의견만을 반영하여 마음대로 분석을 진행하는 것은 아니다. 질적 연구자는 연구 문제와 구체적인 연구 질문을 항상 염두에 두고 분석의 방향을 잡아야 한다. 연구 질문을 포스트잇에 적어 모니터에 붙이거나 눈에 잘 띄는 곳에 놓고, 분석 중간중간 자주 검토하는 방식으로 연구의 방향을 유지하는 것이 중요하다.

어떤 인터뷰를 가장 먼저 분석할지는 연구자의 선택에 달려 있다. 첫 번째 인터뷰를 가장 먼저 분석해야 할 의무는 없다. 가장 풍부한 이야기가 나온 인터뷰나, 빠르게 분석해 보고 싶은 인터뷰부터 시작할 수 있다. 이런 경우, 분석을 통해 다양한 통찰이나 흥미로운 정보가 많이 나올 가능성이 높다. 이후에는 점차 다른 자료나 인터뷰로 분석을 확장해 나가는 방식으로 진행한다.

질적자료분석 소프트웨어 사용은 연구자의 선택사항이다.

연구자마다 선호하는 분석 도구가 다 다르다. 자료를 종이에 프린트해서 형광펜과 연필을 사용해 분석하는 방법이 편한 연구자도 있을 것이다. 워드나 한글, 혹은 엑셀을 쓰는 경우도 있다. 필자는 적은 분량의 자료를 간단히 분석할 때 포스트잇을 활용하기도 한다. 포스트잇 하나에 코드를 하나씩 적어 큰 책상이나 벽에 붙여 놓고 이리저리 옮기며 분석하는 방식은 의외로 재미있고, 자료를 시각적으로 정리할 수 있어 유용한 방법이 될 수 있다. 상위 코드나 테마에는 크기나 색이 다른 포스트 잇을 쓰는 것이 좋다.

최근에는 질적 분석을 도와주는 컴퓨터 소프트웨어(CAQDAS:

computer assisted qualitative data analysis)를 쓰는 연구자가 느는 추세다
(예. MAXQDA, Atlas.ti, NVivo). 내가 생각하는 소프트웨어 활용의 장점
은 다음과 같다.

- 코딩 작업에 도움이 된다: 코드를 쉽게 만들어 붙일 수 있
  고, 코드명도 쉽게 수정할 수 있어 편리하다.
- 중간에 멈추어도 작업을 이어갈 수 있다: 분석을 하다가 중
  간에 멈춰도 지금까지의 메모나 코드 목록이 남아 있어, 나
  중에 다시 프로그램을 열고 작업을 이어갈 수 있다.
- 버전 관리가 용이하다: 분석이 마음에 들지 않으면 작업을
  version1으로 저장해 두고 처음부터 다시 시작할 수 있으며,
  필요하면 예전 버전으로 돌아갈 수 있다.
- 분석 과정이 기록으로 남는다: 지금까지의 분석 과정을 저
  장한 다음 동일한 소프트웨어를 사용하는 사람과 이메일로
  주고받을 수 있어, 상호 검증이 가능하다.
- 다양한 자료를 체계적으로 보관할 수 있다: 전사 자료, 현장
  노트, 사진이나 그림 등 다양한 자료를 한곳에 보관하면서
  분석할 수 있어 효율적인 데이터 관리가 가능하다.
- 체계적인 참여자 비교가 가능하다: 참여자들이 특정 이슈에
  어떻게 반응하는지를 비교하는 데 유용하다.
- 생각을 메모로 남기기에 용이하다: 분석 중간에 떠오른 생
  각을 메모로 남기기에 편리하여, 추후 분석에 중요한 참고
  자료로 활용할 수 있다.

반면 이런 경우에는 굳이 소프트웨어가 필요하지 않다.

- 자료가 복잡하고 깊이가 있다: 이런 자료는 종이에 프린트 해서 읽고 사색하면서 천천히 분석하는 방법이 더 적합할 수 있다. 이 방식은 창의적인 분석을 할 때 유용하다.
- 졸업 후 질적 연구를 계속할 계획이 없다: 일회성 연구나 한정적인 연구를 진행하는 경우라면, 소프트웨어를 사는 것 이 경제적으로 부담이 될 수 있다.
- 소프트웨어 사용법을 배울 시간이 없다: 당장 논문을 써야 하는 상황이라면, 소프트웨어 사용법을 익히는 시간도 아쉬울 것이다. 물론 사람마다 사용법을 익히는 시간은 다르다.
- 질적 분석에 익숙하지 않다: 질적 분석 방법에 대해 잘 모르고 있다면, 기초적인 개념부터 배우고 실습하는 것이 필요하다. 소프트웨어가 분석을 대신해 주지 않는다는 사실을 알게 되면 실망할 수도 있다.

소프트웨어는 작가의 작업실과 같다. 작가 모드로 들어가서 글쓰기에 집중할 수 있도록 마련해 둔 자신만의 공간이다. 그러나 멋진 작업실만 갖췄다고 좋은 작품이 나오는 것은 아니다. 글은 작가의 깊은 생각에서 나온다. 마찬가지로, 프로그램이 연구자를 대신해서 새로운 아이디어나 분석 결과를 만들어 내는 것은 아니기 때문에, 단순히 소프트웨어를 사용할 줄 알면 분석을 잘할 수 있다고 기대하는 것은 잘못된 생각이다.

12

코딩하기

THE HANGED MAN

나무에 한 쪽 발목이 묶인 채 거꾸로 매달려 있는 사람. 불편한 자세지만 왠지 차분해 보인다. 어쩌면 이 사람은 자발적으로 발을 묶었을 지도 모른다. 그는 무엇을 생각하고 있을까? 중요한 것은 지금은 잠시 멈춰야 할 시간이라는 점이다.

Key Points
- 급하게 분석하지 말기
- 천천히 자료를 이해해가기

자료를 여러 번 읽는다.

자료 분석을 시작하기 전에, 곧장 코딩에 들어가지 않고 자료를 전체적으로 여러 번 읽어보는 것이 중요하다. 이 시간을 통해 자료의 주요 내용과 전체적인 맥락을 잘 이해하고 기억할 수 있기 때문이다. 분석을 하다 보면, 방대한 자료에서 불필요하거나 중복되는 내용이 제거되면서 점차 자료가 축소된다. 그래서 처음에 자료를 충분히 읽지 않으면 참여자가 어떤 맥락에서 그러한 발언을 했는지 떠올리기 어려워질 수 있다.

처음에 많이 읽으며 큰 맥락을 이해하는 것은 나중에 구체적인 자료의 일부분을 이해하는 데 도움을 준다. 이렇게 알게 된 새로운 통찰은 다시 연구자의 배경 지식에 통합되어 전체적인 이해가 확장된다. 이렇게 전체와 부분을 오가는 과정 속에서 점차 이해가 깊어지는 것을 '해석학적 순환(Hermeneutic circle)'(Gadamer, 1975, 1989)이라

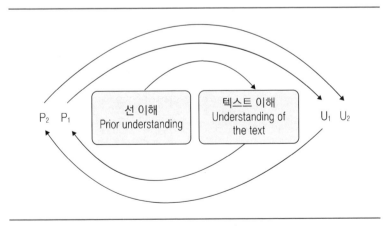

그림 7. 해석학적 순환

출처: Danner(2006)의 그림을 Kuckartz(2014, p19)가 자신의 책에서 인용

고 한다.

전사 자료를 읽으면서 떠오르는 생각은 바로 메모해 둔다. 메모 작성은 분석 과정에서 중요한 역할을 한다. 자료를 읽은 후 사례별로 간략하게 요약을 해 두는 것도 유용하다. A4 용지 반 페이지에서 한 페이지 정도로 내용을 요약하면, 참여자가 한 말을 연구자의 언어로 정리하면서 생각도 명확해지고, 나중에 사례 요약이나 참여자 프로파일 형태로 논문에 포함할 수 있다. 이렇게 요약된 사례는 나중에 교차 표를 만들어 참여자나 사례 별로 비교하고 패턴을 분석하는 데에도 도움이 된다.

코드, 범주, 테마 등의 용어를 이해하고 일관되게 쓰되 용어에 집착하지 않는다.

전체적인 내용을 파악했다면 이제 자료를 천천히 다시 읽으며 코딩을 시작한다. 연구 질문과 관련성이 보이는 부분을 발견하면, 여백에 연구자의 말로 짧게 요약해 두는데 이것을 코드(code)를 붙인다고 말한다. 해당 부분이 연구와 어떻게 연결되는지 자신의 말로 정리하는 것이다. 물론 연구 질문과 직결된 내용만을 보는 것은 아니다. 인터뷰나 관찰에서 나오는 다양한 내용에 대해 폭넓게 이해하려고 노력한다. 예상치 못한 내용에도 관심을 기울이면, 연구 주제에 대한 이해가 확장되고, 흥미롭고 새로운 연구 결과를 도출할 수 있다.

분석 초기에는 많은 부분이 모호하고, 연구 방향이 명확하지 않을 수도 있다. 코딩은 단순히 자료를 요약하는 것이 아니라, 아이디어를 찾고 발전시키는 과정이다. 처음에는 감이 잡히지 않거

나 불안할 수 있지만, 그런 불확실성은 자연스러운 부분이다. 세이
드만(Seidman, 2009)의 다음 조언을 참고한다.

> "읽으면서 당신에게 관심이 있는 것에 표시하세요. 어떤 구절에
> 대해 깊이 생각하지 마세요. 그 구절이 주의를 끈다면 표시하
> 세요. 독자로서 당신 자신을 믿으세요. 이것은 정답을 찾는 과
> 정이 아니에요. 일단은 당신의 주의를 끄는 내용을 최대한 포
> 함하도록 하세요." (Seidman, 2009, 247).

연구자가 붙이는 요약을 코드라고 부르지만, 비슷한 작업을
하면서도 범주(category), 테마(theme), 개념(concept) 등의 다른 용어를
사용하는 연구도 많다. 이러한 용어의 차이는 초보 연구자에게 혼
란을 준다. 사실 이들 용어는 모두 자료를 분석하고 정리하는 과정
에서 사용되는 개념으로, 기본적으로는 유사한 목적을 가진다. 질
적 연구자인 트레이시(Tracy, 2020)는 이렇게 설명한다.

> "수년간 여러 분야 연구를 살펴본 결과 질적 연구자들이 code
> (Saldana, 2016), category(Lindlof & Taylor, 2019), theme
> (Ryan & Bernard, 2003), coding category(Maxwell &
> Chmiel, 2014), unit(Lincoln & Guba, 1985), chunk(Miles,
> Huberman, & Saldana, 2014), concept(Gioia et al., 2013)
> 등 다양한 용어를 일관된 구분 없이 사용하고 있다고 확실히
> 말할 수 있다. 우리는 모두 자신만의 선택을 할 수 있다. 그리
> 고 어떤 용어는 특정 분야에서 확실히 더 많이 사용된다. 가
> 령 현상학자들은 "theme"(Orbe, 2009), 근거이론 연구자들
> 은 "categories"(Charmaz, 2014) 또는 "concepts"(Strauss &

> Corbin, 1998)이라는 용어를 주로 사용한다. 대다수의 연구자는
> 참여자의 말을 있는 그대로 기술할 때는 "code"라는 용어를, 그리
> 고 보다 이론적인 명칭을 붙일 때는 "themes" 또는 "categories"
> 라는 용어를 사용한다(물론 이것도 상황에 따라 다르다). 어떠한
> 선택을 하든, 자신이 해당 용어를 사용하는 방식을 분명히 하고
> 참고 문헌을 밝히는 게 중요하다."(Tracy, 2020, p.213-214)

코드와 범주, 테마는 사실상 분석에서 사용되는 용어일 뿐, 그 차이는 정도에 불과하다. 코드와 범주를 예로 들어 보자. 참여자의 말을 연구자의 말로 간단히 요약할 때 코드를 붙인다고 한다. 그런데 만일 비슷한 이야기를 한 다른 참여자의 말에 새롭게 코드를 만들어 붙이는 대신 기존에 만든 코드를 붙인다면 이것은 코딩이기도 하지만 이미 개념적으로 유사한 내용끼리 묶으며 자료를 분류하는 범주화 작업을 하고 있는 것이다.

테마도 마찬가지다. 보통 테마는 연구 질문과 관련된 핵심적인 아이디어다. 테마들을 연결하면 연구 전체에 대한 설명과 해석의 뼈대가 만들어진다. 분석 초기에는 무엇이 중요한 지 불확실하다가 분석의 후반부에 들어서 테마가 구성되고 정교화되는 게 일반적이다. 하지만 분석 초기에 코드를 붙일 때부터 이미 잠정적이나마 테마에 대한 아이디어가 시작될 수도 있다. 만일 첫 인터뷰 자료에서 만들어진 특정 코드가 끝까지 살아남아 최종 테마 중 하나로 제시된다면, 이것을 어디까지 코드라고 부르고, 어디서부터 테마라고 말해야 할까?

트레이시의 설명은 바로 이런 상황을 보여주는 것이다. 따라서 용어에 집착하기보다는 분석의 흐름을 이해하고, 자신이 사용

하는 용어를 일관되게 사용하면 된다. 코드, 범주, 테마 등의 용어는 모두 자료에서 새로운 발견을 하기 위한 도구일 뿐이어서 연구자마다 그 도구를 조금씩 다르게 쓸 수 있다. 이 책에서는 간단하게 코드와 테마라는 용어를 사용할 예정이다.

코딩은 수집한 자료에서 정보를 만들어 내는 과정이다.

땅 속에서 뽑아낸 원유는 바로 사용할 수 없다. 다단계의 정제 과정을 거쳐야 가솔린이나 디젤, 항공유와 같은 다양한 석유제품이 생산된다. 마찬가지로 수집한 자료는 가공되지 않은 자료(raw data)다. 여기서 중요한 내용을 찾아 의미를 부여하면 자료는 정보(information)로 바뀐다. 정보는 새롭게 조합되어 지식(knowledge)을 형성한다. 많은 정보가 있어야 새로운 지식이 만들어 질 수 있기 때문에 연구자는 수집된 자료에서 가능한 다양하고 양질의 정보를 생산해야 한다.

김정운(2014) 교수는 정보와 지식 간의 관계를 단순하고 쉽게 정의 내린다. 그에 따르면 감각에 들어오는 것은 일단 '자극'의 수준에 머문다. 여기에 의미를 부여하는 행위인 해석을 통해 '자극'이 '정보'가 되며, '정보'들이 모여 '지식'이 된다.

> "… '지식 knowledge'은 정보와 정보의 관계다. 엄청나게 실용적인 정의다. … 새로운 지식이란 '정보와 정보의 관계가 달라지는 것'을 의미한다. 한번 구성된 지식은 또 다른 지식과 연결되어 '메타지식'을 구성한다. … 전문가들끼리의 이야기는 이 메타지식에 근거하고 있다. 그래서 어려운 거다. 공부한다는 것은 이 메타지식의 습득을 뜻한다." (김정운, 2014, p. 30-31).

　질적 연구에서 원자료는 단순히 '자극'에 불과하다. 연구자가
이 자료에 코드를 붙이며 의미를 부여하면 '정보'가 된다. 그런 다
음, 코드들을 비교하면서 개념적으로 유사한 코드들끼리 묶고 상
위의 코드명을 붙이면 전체적인 코드 수는 많이 줄어드는 대신 정
보력이 높아진 메타 정보(지식)로 발전한다. 정보력이 높아져 지식
이 된 코드들을 새롭게 조합하면 메타지식인 테마들이 구성되는
것이다.

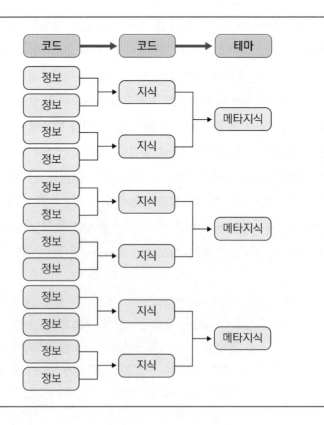

질적 연구자는 수집한 자료를 바탕으로 이러한 메타지식을 창
출해야 하며, 이는 단순한 자료 정리를 넘어선 지적인 작업이다.
최근에는 인공지능(AI)에게 분석 작업을 맡길 수 있는지에 대한 질
문도 많다. 물론 AI는 자료 정리와 요약을 효과적으로 수행할 수
있지만, 창의적이고 주관적인 작업은 여전히 연구자의 고유한 역
량과 통찰에 크게 의존한다.

귀납적 코딩, 연역적 코딩, 또는 절충식 코딩

분석할 때 귀납적으로 할지 연역적으로 할지를 미리 결정한
다. 연역적 분석은 연구의 틀이 되는 이론이나 학문적 개념을 중심
으로, 사전에 코드를 일정 부분 만들어 놓은 뒤 시작하는 방식이다
(top-down). 이 방법은 평가 항목이 명확하게 제시된 평가 연구, 기
존 이론을 기반으로 하는 연구, 또는 대규모 프로젝트에 적합하다.
갈만(Galman, 2013)은 장난감 정리 방법을 예로 이 과정을 설명

그림 8. 연역적으로 미리 코드를 만들어 놓음

출처: Galman, 2013, p.25

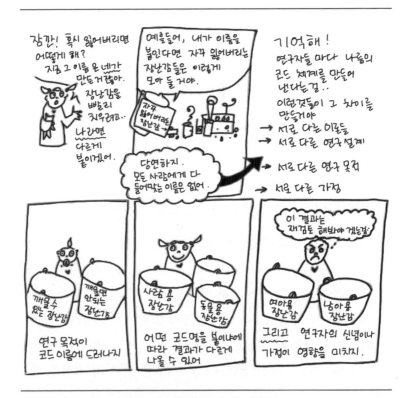

그림 9. 귀납적으로 코드를 만들어 감

출처: Galman, 2013, p.26

한다. 집에 장난감이 한가득 있다고 가정해 보자. 정리를 위해 미리 상자를 준비하고 각 상자에 미리 생각한 이름을 붙여둔다. 그런 다음, 장난감을 하나씩 확인하며 적절한 상자에 넣는 과정을 거친다. 이 과정은 연역적 질적 분석과 유사하다.

반면, 귀납적 방식은 연구자의 기존 지식이나 관심을 잠시 내려놓고, 구체적인 참여자의 경험에서부터 시작한다(bottom-up). 귀납적 분석은 현장 자료의 복잡성을 충실히 반영하면서 새로운 이해를 찾아가는 탐색적 연구에 적합하다(Charmaz, 2013).

귀납적 분석과 연역적 분석 사이에서 실용적인 절충을 할 수도 있다. 이 방식은 연구자가 주제에 대한 전문 지식이나 문헌, 연구 질문 등을 바탕으로 잠정적인 코드를 설정하고 시작하지만, 자료에서 새롭게 나타나는 코드들을 추가하며 지속적으로 수정하고 확장하는 방식이다. 이 방식에서 중요한 점은 자료와 이론을 유연하게 오가며 코드 구조를 수정하고 확장하는 것이다. 미리 만들어 둔 코드는 알려진 지식을 반영하지만, 그 코드에 얽매여서 분석을 끝내면 연구 결과가 상식 수준에 머물게 되며, 독자에게 새로운 발견을 제시하기 어려워질 수 있다. 따라서 미리 만들어 둔 코드를 넘어서, 자료에서 새롭게 드러나는 의미와 패턴을 발견하고 이를 반영하는 것이 중요하다(Barbour, 2013).

소수의 사례를 다루고 연구자가 혼자 수행하는 전형적인 질적 연구에서는 귀납적으로 시작하는 코딩이 효과적일 수 있다. 반면, 대규모 프로젝트에서 다양한 참여자 집단으로부터 인터뷰 및 기타 자료를 수집하는 경우에는 자료를 여러 개로 나누어 개별적으로 분석하고, 그 결과를 여러 학술지에 분산하여 게재하는 것이 더 효율적일 수 있다. 일부 참여자 집단에서 발견된 특이한 사례를 별도의 연구로 출판하는 경우도 이에 해당한다. 이 방식에서는 우선 자료를 읽으며 핵심 키워드를 중심으로 대략적인 코드(색인(indexing))를 부여해 개별 참여자와 전체 사례에 대한 개괄적인 이해를 형성한다. 이후 특정 연구에서 집중적으로 분석할 주요 코드를 선정한 뒤, 해당 코드에 대해 보다 정교한 분석을 수행하는 것이 효과적이다(Deterding & Waters, 2021).

귀납적 코딩과정의 예

　　다음의 예에서 저자는 '내성적 유아'에 대한 인식에서 성별에 따른 차이를 주목하며, 특히 '내성적인' 남아들에게서 문제시되는 사회적 특성들이 또래놀이와 관계 내에서 어떤 역할을 하는지 살펴보았다. 이를 통해 성별에 따른 사회성과 관련된 성규범적 문화 신념과 가치들에 대해 비판적인 관점에서 재고하였다. 이 연구는 미국 동남부의 한 어린이집에서 만 4세 유아반의 담임교사와 유아들, 특히 내성적인 이유로 사회성이 부족하다고 여겨진 2명의 남아를 관심 유아로 선정하여 진행되었다. 다음은 귀납적인 분석과정에 대한 자세한 기술이다.

　　"참여관찰과 비구조적, 반구조적 면담을 통해 자료들을 수집해 가는 동시에 수집된 자료들은 분석되어졌으며, 체계적인 자료 분석은 연구의 중반에 속하는 담임교사와의 두 번째 면담을 앞 둔 시점부터 이루어졌다. 초반의 자료 분석은 1차 코딩의 단계로 참여유아들의 사회적인 특성(수줍음, 내성적임, 단독놀이, 조용함, 수동적임, 나약함, 상호작용이 없음, 활발함, 리더임, 주도적임, 우호적임 등), 교사의 중재(말로 표현하기, 사과하게 하기, 조용히 시키기, 좋은 태도로 상호작용하게 하기 등), 사회적 유능성에 대한 교사의 가치(자신의 감정을 말로 표현하기, 좋은 태도 보이기 등), 또래문화 내에서 유아들의 사회적 유능성에 대한 가치(몸을 통한 상호작용, 다른 유아의 놀이에 따르기, 놀이의 흐름 지키기, 재미있는 제안하기 등)들과 관련된 코드들이 생성되었다. 연구의 중반 단계로 흐르면서 상세범주들이 유목화되고 비교 분석되는 과정을 통하여 유아의 사회성을 인식하는 데 있어서의 성별에 따른 차이들이 발견되기 시작하였고, 이를 통해 또 다른 분석코드들이 도출되었다. 예를 들어, 성별에 따라 수줍고 내성적인 유아들을 묘사하는 구체적인 단어들과 같은 세부적인 분석코드들(주장을 내세우지 못함, 나약함 등)이 추가되었다. 이러한 코드들은 성인의 관점을 흔드는 비판적 관점에서 유아들의 놀이상황에서의 전후맥락과 함께 분석됨으로써 또래문화 내에서 관심유아들의 사회적 성향이 어떠한 역할을 하는지를 중심으로 분석되었고 새로운 상세 코드들(주의깊음, 세심함, 또래에의 관심, 조화로움, 유머, 감수성, 놀이집단에의 기여 등)이 추가되었다. 동시에 세부 코드들은 분류되고 범주화됨으로써 사회성과 관련된 성인중심의 일반적 문화와 유아들의 또래문화 간의 가치충돌(teacher's value vs children's value), 관심유아들의 사회적 특성들이 갖는 긍정적 측면들, 사회성 인식에서의 성별적 양상, 교사의 사회적 중재에서의 성별적 양상과 같은 더 큰 범주의 2차 코드들이 생성되었다. 이 같은 코드와 범주들은 각 관심유아들의 주요한 사회적 특성들을 중심으로 분류되어 사례별로 분석되어졌다. 분석의 과정에서 유아들의 사회적 양상과 관계적 차원에서의 해석들을 연구참여자인 교사와의 면담, 특히 반구조화된 면담 중에 수집된 비디오자료와 함께 공유함으로써 해석의 신뢰성을 확보하고자 하였으며, 자료 분석 결과에 대한 타당성을 위하여 연구자 외 1인의 유아교육전문가의 자문을 구하였다." (손은애, 2019, p. 988-989)

연역적 코딩과정의 예

다음의 예는 내용 분석을 통해 널리 읽히는 유명 동화책 속에서 성적 고정관념을 연상시키는 부분이 얼마나 드러나는지 살펴본

연구다. 저자인 테일러(Taylor, 2009) 교수는 학생들에게 닥터 수스
(Dr. Seuss)라는 잘 알려진 동화책을 분석하도록 하였으며, 분석은
전통적인 젠더 역할 고정관념을 바탕으로 이루어졌다. 학생들은
먼저 동화책을 읽고 귀납적으로 내용을 이해한 다음 주어진 코딩
틀을 사용하여 조별로 연역적 분석을 실습하였다. 코딩 틀은 다음
과 같이 구성된다.

여성의 전통적 성별 특성 (Feminine Traits):	남성의 전통적 성별 특성 (Masculine Traits):
복종적(Submissive)	지배적(Dominant)
의존적(Dependent)	독립적(Independent)
지적이지 않음(Unintelligent)	지적(Intelligent)
감정적(Emotional)	이성적(Rational)
수용적(Receptive)	단호함(Assertive)
직관적(Intuitive)	분석적(Analytical)
약함(Weak)	강함(Strong)
겁이 많음(Timid)	용감함(Brave)
만족적(Content)	야망이 있음(Ambitious)
수동적(Passive)	활동적(Active)
협조적(Cooperative)	경쟁적(Competitive)
민감함(Sensitive)	둔감함(Insensitive)
성적 대상화(Sex Object)	성적으로 공격적 　(Sexually Aggressive)
외모로 매력적(Attractive due to 　physical appearance)	성과로 매력적(Attractive due to 　achievement)

출처: Taylor, 2009, p. 11

학생들은 코딩 프레임을 사용하여 예를 들어 다음과 같은 질
문을 바탕으로 성별 고정관념을 분석하였다.

● 등장인물이 주로 복종적인가, 아니면 지배적인가?

- 특정 성별의 등장인물이 이야기 속에서 더 자주 수동적으로 행동하는가, 아니면 활동적으로 행동하는가?
- 여성 캐릭터가 주로 외모에 의해 매력을 발산하는가, 남성 캐릭터는 성과로 매력을 발산하는가?
- 이야기 속에서 색상이나 이미지가 성별과 관련된 상징을 사용하고 있는가?(예. 핑크색은 여성, 파란색은 남성을 나타냄)

예를 들어 학생들이 선택한 동화책에서 여성 캐릭터가 집안일을 하거나 가정을 돌보는 장면이 반복적으로 나타나는지 확인하거나 남성 캐릭터가 위험한 상황에서 리더로 등장하거나 용감하게 행동하는 장면이 나오면 위의 코딩 틀에서 해당하는 단어를 코드로 붙이는 방식이다.

코딩 시 이론을 활용한 예

다음은 분석과정에 연구자의 이론적 틀이 어떻게 활용될 수 있는가를 보여주는 좋은 예다. 대덕연구개발특구에 근무하는 여성 과학기술인들을 심층 인터뷰하고 이들의 인지부조화 경험 및 대응 전략을 알아 본 주혜진의 연구에서 저자는 분석 과정에서 이론적 틀을 어떻게 활용하고 있는지 다음과 같이 기술한다.

> "분석의 다음 단계로 주제어와 묶어진 범주들을 추상화했는데, 이 추상화의 과정에서 사회심리학이론 중 인지부조화론이 활용되었다. 인지부조화론에서 쓰이는 용어인 "인지부조화 대응/해소 전략"의 방법과 "자아개념과 인지부조화 간 관계"에 주목하

여 자료를 분석할 수 있었다. 인터뷰에 나타난 심리적 경험(긴
장감)은 흔히 "스트레스" "불쾌감" "분노" "unhappy" 등으로 명
명될 수 있다. 이렇게 개인의 감정은 다양한 단어로 표현될 수
있지만, 여기서는 이를 원치 않는 감정, 예상하지 않은 감정이
란 의미로 '심리적 긴장'이라는 용어를 쓴다. 이론적 추상화가
가능하기 때문이다.

심리적 긴장은 다양한 원인에서 발생할 수 있지만, 이 논문에
서는 '여성이라는 성별 정체성과 과학기술분야에 종사한다는
것에 대한 태도 사이에서 발생하는 부조화' 때문에 발생한 것
으로 파악한다. 직업과 성을 연관시키는 고정관념은 이미 사회
심리학뿐 아닌 교육학 분야에서도 오랜 화두였고, 이번 인터뷰
에서도 여성들은 성과 직업에 대한 태도 사이에서 갈등하는 모
습을 많이 보여주었다. 이는 인터뷰 자료 분석결과 중 중심현
상들에 나타나 있다.

또한 이 연구의 분석과정에서 주목한 것은 성별 정체성과 직업
에 대한 태도 사이에서 발생한 심리적 긴장(인지부조화)을 해
소하는 방법이다. 심리적 긴장의 해소가 자아개념 및 자존감
등과 연관이 있음을 발견하고, 이를 인지부조화 이론이 설명해
낼 수 있음을 서술했다. 긴장감 해소 전략의 특성을 파악하여
개인적 차원의 해소전략은 결국 여성과학기술인 지원 법률 및
정책이 인적 자원 개발과 활용의 측면에 머물게 하는 한계를
가져왔다고 보았다." (주혜진, 2014, p. 258)

코드 수가 중요한 게 아니라 분석에 유용한 코드인가가 중요
하다.

질적 연구에서 최종 코드 수에 대한 특정 기준은 없다. 사실

코드 수 자체가 중요한 것은 아니다. 코드를 붙이는 주된 목적은 무질서 속에서 중요하다고 여겨지는 내용을 추리고 간략히 정리하여 이후 작업을 수월하게 하기 위한 실용적인 목적이다. 마치 책을 읽을 때, 어떤 사람은 처음부터 순서대로 읽어야 만족하고, 또 다른 사람은 원하는 목차부터 골라 읽기를 선호하는 것처럼, 연구자에 따라 자료에 코드를 붙이는 방식도 다를 수 있다. 일부 연구자는 자료에 촘촘하게 코드를 붙이는 반면, 다른 연구자는 그렇게 하지 않을 수도 있다. 따라서, 같은 인터뷰 자료를 분석하더라도 사람마다 만들어 내는 코드 수는 달라지며 이는 자연스러운 일이다.

　따라서 나는 논문의 방법론 장에서 "인터뷰 자료를 전사했더니 총 몇 페이지에 달했고, 코드 수는 몇 십~몇 백 개였다"는 정보를 제공하는 것이 연구 결과와는 큰 상관이 없다고 생각한다. 전사 자료의 페이지 수는 글자 크기, 줄 간격, 여백 등에 따라 얼마든지 달라질 수 있기 때문에, 그 자체로 연구의 질을 판단할 수 없다. 물론, 이러한 정보를 제공함으로써 독자들에게 자료 수집과 분석을 엄격하게 진행했다는 인상을 줄 수는 있지만, 분석이 잘 이루어졌다는 것과는 별개의 문제다. 분석의 질은 코드 수나 페이지 수와 같은 양적인 지표보다는, 그 과정에서 나타난 통찰력과 의미 있는 해석에 의해 결정된다.

　'코드를 몇 개 만들어야 하나?'라는 질문보다는 '분석에 유용한 코드를 잘 만들고 있는지'(Hennink, Hutter & Bailey, 2020, p.219)에 더 신경을 써야 한다. 일단, 내용이 없는 공허한 코드는 피한다. 흔한 예로는 "~에 대한 부정적 경험", "~에 대한 긍정적 경험"과 같은 코드가 있다. 이런 식으로 긍정과 부정으로 나누면 두 가지 문제가 발생한다. 첫째, 사람들의 경험은 긍정과 부정으로 깔끔히 나누어

지지 않는 경우가 많다. 어떤 자료는 두 가지 카테고리 모두에 모호하게 걸쳐 있을 수 있다. 둘째, 이런 방식으로 자료를 정리해 놓고 이것이 자료에서 도출된 테마라고 잘못 제시하는 게 문제다. 이와 같이 접근하면 분석이 피상적으로 끝나게 된다.

그렇다면 유용한 코드란 어떻게 다른가?『논문쓰기의 기술』의 저자 우에노 지즈코(2020)는 코드를 붙일 때 단어가 아니라 단어의 집합인 문장(담론)으로 요약하라고 강조한다. 그 이유는 나중에 맥락을 제거하고 코드만 봐도 자료의 내용이 떠오를 수 있어야 하기 때문이다. 예를 들어, "불안"과 같이 단어로만 된 코드보다는 "인터뷰 시 추가질문을 어떻게 할지 몰라 불안함을 느낌"이라고 했을 때 상황을 떠올리기가 수월하다.

다음은 귀납적으로 코드를 붙이고 있는 예다. 참여자A는 질적 연구로 박사학위 논문을 쓰고 졸업했다. 아래 내용은 참여자A가 논문을 쓰는 당시 인터뷰로 자료수집을 했던 경험을 보여준다.

참여자A: 아~ 제가 진~짜 강의 열심히 들었거든요. 메모도 하고 그렇게 했는데. 진짜 현실은… 똑같은 강의를 듣고도 그걸 제대로 수행을 할 수 있는 사람이 있는 반면 저는 역량이 부족해서 현실에서는 못한 부분들이 많으니까 그게 다 너무 아쉬워요.	논문 쓰기 전 열심히 들은 방법론 강의 강의는 들었으나 실전에서 제대로 못함 (인터뷰) 역량이 부족해서 논문에 아쉬운 부분이 많음
인터뷰어: 지금 다시 돌아보면 어떤 이유에서 그랬던 거 같아요?	
참여자A: 제가 물론 질문지대로만 다 한 건 아니고요. 대답하는 거에 따라서 또 추가 질문들을 계속 했거든요. 그리고	인터뷰 시 추가 질문을 계속 함

제가 이 주제와 관련된 선행 연구들, 질적 연구는 최대한 제가 찾을 수 있는 거는 다 찾아서 봤고. 그런데 제가 원한 연구는 없었어요. 제가 여러 조직에서 진짜 빨리 그만두거든요. (중략) 요즘 세대도 1년 만에 그만두는 사람이 정말 많잖아요?	연구의 필요성이 충분했다고 생각 개인적 경험에서 나온 연구 주제 요즘 세대와 관련있는 시기 적절한 연구 주제

인터뷰어: 네.

참여자A: 그래서 사실은 그 현상을 알고 싶었는데. 다른 이런 연구들을 보면 제가 궁금한 내용들을 담고 있지 않았어요. 제가 실제로 대기업 다니는 친구들을 만났으니까 이 친구들한테 그걸 다 물어보고 싶었던 거예요. "너는 뭐가 어렵고, 그래서 어떻게 하고 있고, 앞으로의 계획은 어떻고" 이런 것 좀 보려고 했던 거 같은데. 인터뷰 스킬도 부족하고. 정말 어떤 중요한 부분을 캐치해 내는 그런 게 질적 연구자한텐 너무 중요한 거 같아요.

	궁금했던 현장의 목소리를 자세히 들어보고 싶었음 인터뷰하면서 중요한 부분을 캐치해 내지 못함

인터뷰어: 그러니까 연구하고 싶은 열정도 있고 목표도 좀 있는데, 인터뷰를 해서 뭔가 거기서 중요한 걸 물어보고 분석해 내고 이런 게 조금 힘드셨나요?

참여자A: 그러니까 두 가지인데, 제가 분석 잘못한 거. 분석도 너무 어려워서 초반에 헤맸던 것도 있는데, 제 느낌에 가장 중요한 건 인터뷰 단계에서 답변에 대해서 내가 민감하게 그 의미를 캐치해서 '아, 이 사람이 이런 답변을 했으면 질문을 이렇게 돌려서, 아니면 바꿔서 이런 질문을 해서 이 사람의 얘기를 더 들어봐야 되겠구나' 하는, 제가 이런 게 안 되는 거 같아요.

	분석 초반에 어려워 헤맴 답변의 핵심을 포착해서 심층 탐색하는 게 중요했으나 잘 안 됨

　필자는 이러한 방식으로 코드를 붙였으나 연구자에 따라, 또 방법론에 따라 다른 방식으로도 얼마든지 코드를 붙일 수 있다. 다시 말하지만 코딩은 자료를 분석적으로 이해하기 위한 실용적 단계다. 더 자세하게 이해하고 싶은 인터뷰의 내용이나 복잡한 자료에는 보다 꼼꼼하게 코드를 붙일 수도 있고, 어떤 인터뷰에서는 몇 단락이나 페이지 전체에 하나의 코드를 붙일 수도 있다.

　어떠한 방식을 사용하든 분석에 유용한 코드를 잘 만들고 있다면, 그 과정에서 점차 연구주제에 대해 이해가 깊어 진다는 주관적 느낌을 받는다. '아하~이런 내용이 반복되는구나', '오~이것은 예전에 생각하지 못했던 부분인데 새롭게 알 수 있구나!' 하는 생각이 든다면 제대로 가고 있는 것이다. 물론 이 과정까지 가기 위해 여러 번 코드를 수정하고 자료를 다시 읽어 보는 단계를 거치는 게 일반적이다.

　어떤 코드는 그 아래로 하위 코드를 만들어서 정리하는 것이 더 효율적일 때가 있다. 깁스(Gibbs, 2022)는 이렇게 하면 코드 수는 과도하게 많아지지 않으면서도, 자연스럽게 위계적으로 자료를 정리할 수 있다고 말한다. 이 방식은 코드를 짜임새 있게 구성하게 해주며, 자료 전체의 내용을 한눈에 보기 쉽게 만들어 준다. 또한, 이후 수집한 자료에 코드를 적용할 때, 기존의 어떤 코드를 붙일지, 아니면 새로운 코드를 만들어야 할지 쉽게 판단할 수 있어 분석 속도가 빨라진다.

코드를 비교하고 묶는다.

몇 개의 인터뷰에서 나오는 코드화 된 정보의 양은 100개가 넘을 때도 있다. 계속 새로운 코드를 만들어 내면 나중에 방대한 코드를 정리해야 해서 부담스럽다. 따라서 적절한 시점에 코드들을 하나하나 비교하면서 직관적으로 유사한 것끼리 묶고, 이 코드들의 공통점이 잘 드러나도록 새롭게 코드명을 붙인다. 자연스럽게 앞선 코드들보다는 추상도가 높은 이름이 생성된다. 코드화 된 정보들이 쌓여 좀 더 큰 메타 정보, 또는 지식이 되어가는 과정이다.

많은 수의 코드를 유사한 개념끼리 묶는 과정을 거치면 보통 20~30개의 코드로 정리된다. 이는 많은 정보로부터 수십 개의 지식이 생산된 것이라 볼 수 있다. 이렇게 코드수가 줄어들면, 나중 단계의 인터뷰 자료를 분석할 때에는 분석의 속도가 빨라진다. 유사한 내용에는 기존의 코드를 붙이고, 앞서 나오지 않았던 내용에만 새로운 코드를 생성하면 된다.

이 과정에서 어디에도 묶이지 않는 코드는 억지로 묶으려 하지 말고 그대로 두는 것이 좋다. 이러한 코드들은 나중에 다른 정보와 결합하여 새로운 지식을 생성할 가능성을 가지고 있기 때문이다. 분석의 후반부까지 진행했음에도 특정 코드가 다른 자료와 관련성이 없거나 독자적인 중요성이 없어 보인다면, 연구 결과를 제시할 때 과감히 제외하는 것이 바람직하다. 이는 독자에게 핵심 메시지를 잘 전달하기 위한 중요한 단계다. 질적 분석에서는 선택과 집중이 필수적이다. 연구자는 분석 과정에서 본질적으로 중요한 정보에 집중하고, 부차적인 정보를 과감히 배제함으로써 유기적으로 연결되며 설득력 있는 연구 결과를 도출해야 한다.

중간에 연구 질문이나 방법론이 바뀔 수도 있다.

자료 수집과 분석 과정에서 연구의 방향이 점차 더 명확해지는 경우가 있다. 이럴 때는 지도교수와 상의하여 연구 질문을 수정하거나 방향을 재설정하는 것도 좋은 방법이다. 질적 연구는 구체적인 주제를 다룰 때 현실에 도움이 되는 결과로 이어지기 때문에, 초기에는 다소 넓게 연구 질문을 설정했더라도 이 시점에서 범위를 좁히는 것이 바람직하다. 자료 수집을 통해 나온 이야기가 다양하다면, 일부는 다음 번 연구에서 다루기로 마음먹고, 당장의 연구 주제에 집중하는 것이 중요하다.

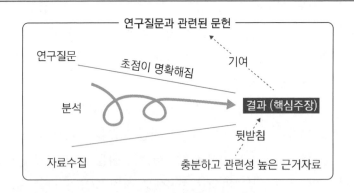

그림 10. 질적 연구 과정

간혹 연구를 진행하다가 방법론이 바뀌기도 한다. 예를 들어, 근거이론 연구를 하려고 시작했지만, 일부 참여자의 삶의 경험이 흥미로워서 이 연구를 내러티브 탐구로 해볼까 하는 생각이 들 수도 있다. 연구자 본인은 원하지 않지만, 자료가 쌓이고 분석이 진

행되면서 자연스럽게 그 방향으로 흐르는 경우도 있다. 때로 지도
교수나 논문 심사위원들이 방법론 수정을 권하기도 한다.

　이럴 때, 너무 두려워하지 말고 흐름을 따라가는 것이 편하다
는 점을 기억한다. 연구는 예기치 않게 새로운 방향으로 발전할 수
있기 때문에, 이를 수용하고 적응하는 것이 중요하다. 만약 여전히
처음 선택한 방법론을 유지하고 싶다면, 해당 방법론에 맞는 자료
수집을 추가하며 방향을 재조정하려 노력한다.

13

테마구성

DEATH

꽃이 져야 열매가 맺듯, 죽음과 새로움이 함께 하는 게 자연의 섭리다. 언뜻 보면 으스스한 죽음카드는 무언가의 본질이 드러나려고 하는 중요한 시기를 암시한다.

Key Points • 테마 구성하기

거리를 두고 넓은 시각에서 바라본다.

코딩은 그래도 할 수 있었지만, 그 다음 단계에서 막막해 하는 학생들이 많다. "어떻게 테마를 구성하는지 잘 모르겠다"거나 "연구에서 통찰을 찾는 게 무엇인지 감이 안 온다"고 말한다. 코딩은 참여자의 경험에 가깝게 다가가는 과정이다. 참여자의 말이나 행동에서 연구질문과 관련된 구체적인 정보를 얻고 유사한 정보끼리 연결해서 지식(메타정보)을 얻었다.

반면 테마(주요 통찰)는 참여자의 경험으로부터 거리를 두고 그것을 넓은 시각에서 바라볼 때 눈에 보인다. 이는 단순히 세부적인 내용을 나열하는 것을 넘어, 큰 그림을 그려내는 과정이다. 나무만 보지 않고 숲과 나무를 번갈아 본다. 숲을 볼 때는 전체적인 패턴이나 의미를 발견하고, 나무를 볼 때는 그 패턴이 각 세부 사항에서 어떻게 드러나는지 살펴보는 것이다.

메모 작성은 테마구성의 핵심이다.

이 시점부터는 컴퓨터 모니터만 보는 건 도움이 되지 않는다. 산책도 하고, 전공책이나 또는 전공과는 상관없는 다른 책도 읽고, 종이에 아이디어를 끄적거리고, 그냥 곰곰이 생각하며 앉아있는 것도 도움이 된다.

생각을 깊게 하기 위해 필수적인 작업이 메모 작성이다. 메모를 적을 때에는 코딩할 때처럼 맨 위에 제목을 붙인다. 그 자체로 의미를 이해할 수 있으면서 자신의 생각을 잘 보여주는 제목이 좋다. 이렇게 제목을 달아두면 나중에 메모를 다시 볼 때, 그 메모가

출처: Galman, 2013, p.39

어떤 내용인지 한눈에 파악할 수 있다. 비슷한 메모들은 모아서 한 곳에 정리해 둔다. 시간이 지나면서 메모가 쌓이면, 그 메모들 간에 새로운 연결을 시도해 본다. 이렇게 연결된 메모들은 연구 결과로 제시할 테마(메타 지식)를 도출하는 데 큰 역할을 한다.

　　그렇다면 메모에는 어떤 내용을 적을까? 무엇이든 적을 수 있지만 다음의 분석적 질문을 던지고 떠오르는 생각을 메모로 남기면 통찰을 얻는 데 도움을 줄 수 있다.

- 참여자들에게서 <u>자주 반복</u>되는 말이나 행동은 무엇인가?
- 왜 참여자 사이에(또는 참여자가 아까 한 말과 나중에 한 말 사이에), 또는 A라는 장소와 B라는 장소에서 벌어진 일 사이에 <u>차이</u>가 존재할까?
- 어떠한 <u>상황</u>에서 이런 일이 일어나는 걸까?
- <u>왜</u> 이런 일이 발생했을까? 그 <u>이유</u>가 비슷한 것들이 있나?
- 혹시 이런 일들이 어떤 <u>순서</u>대로 발생하는 건 아닐까?
- <u>서로 다른 자료</u>에서 유사하게 또는 서로 다르게 드러나는

부분은 무엇일까?

- 이런 일은 왜 <u>예상</u>과 다를까? 예상했으나 자료에서 나오지 않은 이야기는 무엇인가? 그 이유는 왜일까?
- 다른 자료와 잘 <u>맞지 않는</u> 자료들은 어떻게 설명해야 할까?
- 이러한 현상을 어떠한 <u>이론</u>이나 <u>개념</u>으로 설명할 수 있을까? 또 다른 이론은 없을까? 기존 이론으로 설명되지 않는 부분은 어떻게 해석하면 좋을까?

참고로, 메모를 남기고 이것을 모아 다시 새로운 지식으로 편집하는 것은 연구에서도, 일상에서도 매우 중요하다. 다음은 최재천 교수와 김정운 교수의 대화의 일부다.

최재천 교수: '독일 사람들은 주로 카드를 쓰고 한국학생들은 주로 노트를 쓴다'. 참 독특한 관찰이었는데 왜 독일 사람들은 카드를 좋아하고 한국 사람들은 어쩌다가 노트를 더 선호할까요?

김정운 교수: 제가 박사 과정에서 그걸 깨달은 거예요. 저는 노트필기를 열심히 하는데 독일 애들은 다 카드에다 쓰는 거예요. (최재천 교수: 진짜 요런 조그마한 포스트잇 같은) 네, 카드에다가. 공부는 내가 훨씬 더 잘하는데, 예를 들면 이런 책 한 권 다 외워 가지고… 정신병리학 이런 거 시험 보잖아요. 외우는 건 우리나라 사람들이 세계 최고니까 (최재천 교수: 그렇죠) 저는 이만한 책을 하나 다 외워버렸어요. 공부는 내가 훨씬 더 잘하는 것 같은데 나중에 세미나 이런 데서 발표

하는 걸 들어보면 (독일 학생들은) 제가 생각
못하는 얘기들을 막 하는 거예요. 아니 무슨 차
이가 나는 거야? 봤더니 얘네들이 공부할 때 카
드를 써요. 근데 어떻게 쓰냐면 중요한 내용이
있잖아요? 그럼 그 중요한 내용을 쓰고 그 위에
다가 이걸 자기가 왜 중요하다고 생각하는지를
메타언어로 쓰더라고요. 나중에 그 집에 가서 보
니까 그런 카드가 막 수천 장씩 있는 거예요. 논
문 쓸 때 되니까 얘네들이 키워드를 가지고 짝
카드를 뽑아서 늘어놓고 논문을 쓰는 거예요.

최재천 교수: (말하자면) 지금 chat GPT가 할 수 있는 일을…

김정운 교수: 나는 공부는 많이 했는데 찾을 수가 없어요, 어디
있는지… 그때 내가 '이거다! 이거' 그래서 제가
카드를 쓰기 시작했고.. 카드의 장점이 뭐냐? 편
집하는 거예요. 그래서 위대한 사상가들이 공부했
던 흔적들을 찾아보면 다 제텔카스텐(Zettelkasten
메모상자)이 남아있고 그걸로 위대한 사고를 할
수 있었다..

최재천 교수: 저도 슬쩍 묻어갈랍니다. 제가 노트를 안 쓰거든
요. 이면지를 씁니다. 이걸 쌓아 놨다가 다른 방
법으로도 재활용하지만 제가 제일 많이 활용하
는 방법은 이면지에다가 메모를 해요. 그리고 파
일에다가 꽂아 놓죠

김정운 교수: 파일에 꽂아놓는 것이 제일 중요하죠.

최재천 교수: 파일에 이렇게 꽂아놓고 파일 제목에 따라서 제
가 쓴 이면지가 다 다른 데로 가는 거죠. 노트는
(필기해 놓은 정보를) 내가 또 찾아야 되는 거예
요. 이게 너무 불편하고 환원이 안 되는 거니까

그래서 저는 일찌감치 노트를 버렸어요.

김정운 교수: 탁월한 사람들은 다 그렇게 써요.

최재천 교수: (웃으며) 그 얘기 들으려고 한 말은 아닌데.. ㅎㅎ

(출처: YouTube 최재천의 아마존, 2023. Jul 27)

코드들을 시각적으로 연결하며 테마지도를 그려 본다.

코드들을 한 페이지 위에서 이리저리 이동해 보면서 이들 사이의 논리적인 관계를 검토하는 것은 자료 안에 포함된 의미의 여러 측면과 구조를 파악하고 설명하는 데 매우 효과적이다. 브라운과 클락(Braun & Clarke, 2022)은 테마분석에 대한 책에서 아이를 낳지 않는 여성들의 경험을 연구하면서 저자들이 그렸던 테마 지도를 다음과 같이 소개하고 있다. 초기의 다소 복잡해 보이는 테마 지도는, 수정을 거치며 보다 정리된 모습을 보인다.

시각적으로 테마지도를 작성하는 것은 연구자의 생각과 분석 결과를 정리하는 효과적인 방법이다. 그리고 테마 지도를 그리는 과정에서 코드가 지속적으로 수정되는 것은 자연스러운 분석 과정이다.

테마 지도를 효과적으로 설계하는 가장 좋은 방법은 처음에는 종이에 연필로 여러 버전을 자유롭게 스케치해 보는 것이다. 다양한 시도를 통해 최적의 모델을 구상한 뒤, 이를 파워포인트, 마인드맵 도구, 또는 질적 자료 분석 소프트웨어의 기능을 활용해 정리하여 논문에 포함한다. 학위논문의 경우 연구 결과가 길어지는 경향이 있으므로 시각적 표현을 통해 핵심 내용을 정리하는 것이 필요하며, 학술지에 투고할 경우에는 지면 제약으로 포함하지 못한 결

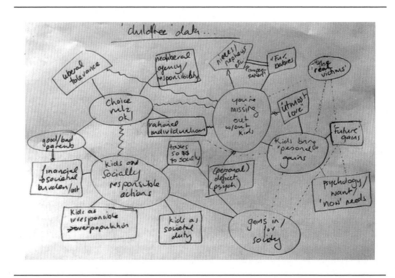

(초기 단계, p. 86)

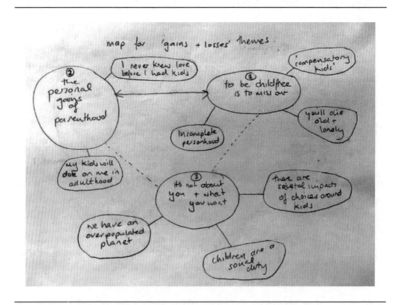

(중간 단계, p. 102)

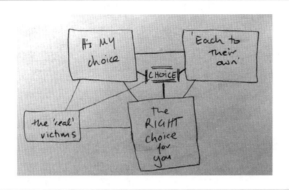

(마무리 단계, p. 103)

과를 별도로 시각화해 보여주는 것도 유용하다(Elliott & Timulak, 2021).

테마 지도는 한눈에 파악할 수 있도록 간결하고 명료하게 구성해야 한다. 완성된 모델은 주변 지인들에게 보여주어, 그림만 보고도 제시된 내용을 쉽게 이해할 수 있는지 검토하는 단계를 거치는 것이 좋다. 연구자는 이미 결과에 익숙하고 그림 작업을 통해 도식에 익숙해지기 때문에, 그 그림의 한계나 설명이 부족한 부분을 스스로 인지하지 못할 가능성이 있기 때문이다.

테마 검토하기

테마를 확정하기 전에 여러 번 검토하는 과정을 거쳐야 한다. 잠정적인 테마와 인용문을 비교하고, 전체 자료를 다시 읽어 보며 테마가 연구 질문에 의미 있는 답을 제공하는지, 수집한 자료와 잘 맞는지를 재확인하는 과정은 매우 중요한 단계다.

또한, 각 테마가 서로 구별되면서도 연결되어 하나의 큰 이야기를 구성하는지 점검한다. 결국 분석이란 코딩 과정에서 맥락에서 떨어져 나온 정보들이 테마 구성과정에서 새롭게 연결되면서 구조를 갖춘 논리적이고 설득력 있는 설명과 해석으로 탈바꿈하는 과정이라고 볼 수 있다.

테마는 책의 목차와 같다.

지금까지 테마 지도를 그리고 메모를 작성하며 지식들을 연결해서 메타지식으로 재구성하였다. 이제는 새롭게 알아낸 통찰을 연구 결과에서 어떠한 순서로 전달하는 게 효과적일지 고려할 차례다. 테마는 결국 연구 자료에 대한 이야기이므로, 그 제시 방식은 결과 글쓰기와 밀접하게 연결된다. 도출한 테마를 넣어 글을 쓰면서 지속해서 수정을 거치는 방식이 가장 효과적이다. 물론 글을 쓰면서 코드나 테마가 수정되기도 한다.

테마를 제시하는 순서는 여러 방식으로 결정할 수 있다. 예를 들어, 가장 중요한 테마부터 덜 중요한 테마 순으로 제시할 수 있고, 시간상 순서대로 또는 논리적으로 자연스럽게 연결되는 순서로 배열할 수도 있다. 또 다른 방법으로는 독자가 이해하기 쉬운 테마부터 시작하면서 더 복잡하고 논의가 많은 테마를 나중에 다루는 방식도 있다.

테마명은 독자들이 쉽게 이해할 수 있으면서도 핵심 아이디어가 들어 있도록 작성한다. 테마는 책의 목차와 유사하다. 긴 질적 연구결과를 읽어야 하는 독자에게 적절한 길잡이가 된다.

예를 들어, 북한의 전통적인 부부관이 '고난의 행군' 이후 사회변화 속에서 어떻게 달라졌는가를 연구한 박민철과 도지인의 연구(2020)에서는 다음과 같은 세 개의 테마를 제시한다.

1. 가부장적 부부관의 전승과 변용: '사회주의 여성상'과 '가부장적 가족주의' 사이에서
2. 사회주의 체제 속 부부관의 변화양상: 사회주의 대가정론의 균열, 결혼(이혼)관의 변화, 물신주의에 대한 비판
3. 북한이탈주민의 부부관: 사회주의 혁명동지에서 자본주의 적응의 일상동료로

다음의 예는 도시와 농촌 환경에서 청소년의 흡연 태도와 행동을 비교한 연구다. 저자들은 다섯 개의 테마를 보고한다(Rothwell & Lamarque, 2011).

- 담배의 사교성: 시작과 접근
- 선호하는 담배와 연관된 정체성과 이미지
- 간접 흡연 노출에 대한 사회적 규범
- 습관인가, 중독인가?
- 금연하기

다음의 예는 고등학생의 학교시험 체험에 대한 현상학적 연구다(신현정, 2020). 저자는 1년 6개월간, 한 고등학생의 시험관련 체험에 대한 자료를 수집한 뒤 네 개의 테마로 제시한다.

- '울음', 그리고 '웃음'
- '무념'과 '상념' 사이

- '차단' 속에서 '연결'을 찾는
- '확인'하고 '재확인'하고도

다음의 예는 개정 누리과정에 따른 자유로운 자연친화적 놀이 속에서 유아들의 놀이양상과 교사의 개인적인 삶과 일상이 어떻게 관계하는지를 들뢰즈의 철학적 관점에 의거하여 살펴본 연구다(유승연, 2024). 저자는 두 개의 큰 테마 아래에 각각 네 개와 두 개의 하위 테마를 다음과 같이 제시한다.

- A 교사의 유목민적 생애 이야기
  - "역할연기"보다 "존재"의 의미
  - 좋은 부모 되기 위해 늦깎이 학생으로 유아교육과 진학
  - 영어 뮤지컬 교사 되기
  - 유치원 교사가 되기
- A반 교사의 행위적 실재론(agential realism) 이야기
  - 교육현장에서의 우연성의 만남
  - 액자를 통한 프레임으로 인한 새로운 공간의 생성과 다양화

14

심층 분석

TEMPERANCE

의식과 무의식의 균형을 상징하듯 한 발은 물 속에, 다른 한 발은 땅을 딛고 있는 천사. 양 손에 잔을 들고 조심스럽게 물을 따른다. 서두르는 감정을 절제하는 중용과 인내의 태도가 필요하다.

Key Points • 결과를 심층적으로 이해하기
• 급하게 분석을 마무리하지 않기

표를 만들고 다양하게 비교한다.

질적 연구는 동일한 인터뷰 자료를 다루더라도 연구자의 전문
성과 전공 지식, 성찰 및 추론 능력에 따라 연구 결과가 풍부하거
나 빈약할 수 있다. 특히 초보 질적 연구자들은 참여자들이 이야기
한 내용을 단순히 표면적으로 요약하는 데 그치고, 이를 분석의 끝
으로 여기는 경향이 있다. 물론 현장에서 무슨 일이 벌어지고 있는
지를 세밀히 기술하는 것 자체도 유의미할 수 있다.

그러나 연구자는 여기서 한 발 더 나아가야 한다. 단순히 연
구 결과를 나열하는 데 그치지 않고, 연구한 사례들 간의 유사점뿐
만 아니라 차이점은 무엇인지, 그리고 예외적인 결과는 어떠한 의
미를 가지는지에 대해 고려하고 이를 결과에서 제시해야 한다. 이
러한 과정은 단순한 결과 설명을 넘어, 연구의 맥락과 복잡성을 드
러내고, 해당 연구가 학문적으로 독창적인 기여를 하고 있음을 입
증하는 데 도움이 된다.

표는 참여자들이 특정 이슈에 대해 어떻게 생각하는지를 체계
적으로 비교하여 새로운 통찰을 얻는 데 유용하다. 특정 이슈(또는
테마)에 대한 참여자들의 인용문을 표에 정리해 비교할 수도 있으
며, 체크 표시를 활용해 특정 이슈를 언급한 참여자의 수를 파악하
거나 패턴을 분석할 수도 있다.

	A라는 이슈에 대한 생각	B라는 이슈에 대한 생각	C라는 이슈에 대한 생각
참여자 1			
참여자 2			
참여자 3			
참여자 4			
...			

	A라는 이슈	B라는 이슈	C라는 이슈
참여자 1	O		O
참여자 2	O	O	
참여자 3		O	O
참여자 4	O		O
...			

참여자별로 비교하는 대신, 참여자 특성별로 비교하는 것도 새로운 통찰을 얻는 데 효과적인 방법이다. 성별이나 학력, 직업, 나이, 특정 경험의 유무 등을 바탕으로 참여자를 분류해서 차이점을 알아본다.

	A라는 이슈에 대한 생각	B라는 이슈에 대한 생각	C라는 이슈에 대한 생각
사범대			
예체능대			
자연과학대			
...			

	A라는 이슈에 대한 생각	B라는 이슈에 대한 생각	C라는 이슈에 대한 생각
임원			
팀장			
사원			
...			

필요하다면 간단한 수치로 제시한다.

연구자는 때로 빈도수와 같은 숫자를 활용해 연구 결과가 자료 전체에서 어떻게 나타나는지를 보여준다. 이는 양적 연구처럼 대표성을 주장하기 위한 것이 아니라, 연구 참여자 집단 내에서 특정 코드나 테마의 의미를 해석하는 데 도움을 주기 위해서이다.

다음 예시는 도심 지역 라틴계 청소년들이 성별에 따라 수업 참여를 어떻게 인식하는지를 문화기술지적으로 탐구한 팻첸(Patchen, 2006)의 연구이다. 연구자는 일부 자료를 수치화하고 표로 정리하여 독자가 연구 결과를 보다 쉽게 이해할 수 있도록 했다.

표 4. "수업에 참여하나요?"라는 질문에 대한 학생들의 반응(총 31명)

"수업에 참여하나요?"	참여한다	안 한다	상황 따라 따르다
여학생들	7	1	8
남학생들	9	1	4

출처: Patchen, 2006, p.2066

참여에 대한 정의	여학생들 (n=17)	남학생들 (n=14)
질문을 받으면 대답하기	9	4
시키는 일을 하기	6	5
자기의 생각이나 느낌 말하기	4	4
집중해서 듣기	4	1
소리 내어 읽기	3	2
선생님 돕기	2	2
프로젝트 참여하기	1	3
질문하기	2	0
숙제하기	1	2
옆에서 발표하기	1	1
조용히 있기	1	0
말하기	1	0
다른 학생의 본보기 되기	1	0
연결시키기	0	1
의견을 내기	0	1

출처: Patchen, 2006, p.2069

　　다만, 질적 연구에서는 의미가 중요하며, 수치화는 보조적인 역할에 그쳐야 한다. 특히, 참여자의 반응을 백분율로 나타낼 경우 주의가 필요하다. 백분율은 결과를 과장해서 해석하게 만들 위험이 있다. 예를 들어, 20명의 참여자를 대상으로 한 질적 연구에서 10%는 2명에 해당하지만, 500명을 대상으로 한 설문조사에서는 10%가 50명에 해당하는 큰 차이가 있다.

　　스몰과 칼라코(Small & Calarco, 2022)는 백분율로 결과를 제시하기 위해서는 모든 참여자가 동일한 질문을 동일한 방식과 순서로 응답해야 한다고 지적한다. 그러나 실제 질적 인터뷰의 경우, 참여자의 답변이나 인터뷰 상황에 따라 질문의 단어와 순서가 달라질 수 있다. 이러한 상황에서는 참여자들이 연구자의 질문을 유사하게 해석했는지 확인하기 어려우며, 대화의 맥락에 따라 질문 자체가 다르게 해석될 가능성이 높아진다.

　　또한, 열린 질문은 다양한 반응을 유도하며, 이를 어떻게 묶어 해석할지는 연구자의 판단에 달려 있다. 패튼(Patton, 2017)은 "몇 명이 그렇게 말했는가?"라는 질문이 의미 중심의 연구에서는 방해가 될 수 있으며, 소수의 참여자를 대상으로 한 연구에서는 비밀 유지를 어렵게 만들 수 있다고 설명한다. 이런 경우, '몇몇', '보통', '일부,' '항상,' '드물게'와 같은 표현(Becker, 1970, p. 81–82)을 사용하는 것이 적절하다. 이러한 표현은 내적 일반화(Maxwell & Chmiel, 2014)를 도모하며, 이는 직접적인 인터뷰나 관찰에 포함되지 않은 사례, 상황, 기관 내의 다른 참여자들로 결과를 확장하는 것을 의미한다.

유형화를 해 본다.

유형화는 자료에서 패턴을 발견하는 강력한 도구로, 복잡한 정보를 보다 알기 쉽게 제시할 수 있다. 유형화는 참여자들의 발언에서 아이디어를 얻어 구성될 수 있으며, 이를 토착적 유형화(indigenous typologies, Patton, 2015, p. 546)라고 한다. 참여자들이 복잡한 현실을 몇 가지 주요 부분으로 나누어 설명할 경우, 분석을 통해 이러한 토착적 유형을 도출할 수 있다.

예를 들어, 마이클 패튼(Patton, 2015)은 고등학생 자퇴율 감소를 위한 평가 연구에서 교사들이 학생들을 두 가지 유형으로 분류하며 언급한 패턴이 나타난 사례를 토착적 유형의 예로 들고 있다.

- '만성 문제아 chronic': "늘 학교를 빠지고, 어떻게 해도 말이 통하지 않는 아이들", "딱 보면 알아요. 늘 그 애들이죠"
- '경계선에 있는 아이들 borderlines': "상당히 문제가 있는 쪽으로 치우쳐 있지만 만성 문제아처럼 늘 그러지는 않아요."(Patton, 2015, p. 546)

베이즐리(Bazeley, 2020)는 연구자들과 인터뷰를 한 뒤 이들이 소속된 기관의 연구 경향성과 연구자의 개인적 연구 관심사를 토대로 여섯 가지 유형을 제시했다.

질적 분석 결과를 유형화 하고 싶어도 명확한 패턴 관계가 형성되지 않거나 유형이 서로 뚜렷하게 구분되지 않는 경우가 있을 수 있다. 질적 연구에서의 유형은 통계적 유형이 아니라 참여자들의 말에서 포착되는 공통되면서도 정도의 차이가 있는 경험을 바

개인적 연구 몰입도	소속 기관의 연구 경향성	
	낮음	높음
낮음	연구하지 않는 연구자: 연구의 필요성을 느끼지 못하거나 연구할 기회를 얻지 못하는 경우	마지못해 연구하는 연구자: 연구를 의무적으로 수행하며 필수적인 최소한의 일만 하는 경우
보통	산만한 연구자: 항상 더 중요한 일이 있다고 생각해 연구에 집중하지 못하는 경우	보통의 연구자: 지역적으로 중요시되는 팀 프로젝트나 공동 연구에 참여하며 연구를 수행하는 경우
높음	중독된 또는 강박적 연구자: 연구에 지나치게 몰두하여 개인적인 삶을 희생하거나 어려움을 겪는 경우	연구에 집중하는 연구자: 개인적인 목표와 소속 기관의 목표가 조화를 이루어, 자신의 가능성을 실현하며 중요한 연구 성과를 내는 경우

출처: Bazeley, 2020, p. 403

탕으로 구성된 것이기 때문에, 이를 절대적 진리로 간주하기보다는 경향성을 중심으로 해석하는 것이 바람직하다.

결과를 이론으로 설명한다.

연구의 서론에서 이론적 틀을 명확히 설정했다면, 연구 결과를 선택한 이론적 틀과 연결시켜 다시 해석하는 과정이 필요하다. 예를 들어, 조직 내 코치들의 전문성 발달 과정을 연구하면서 자기효능감 이론을 이론적 틀로 적용했다고 가정해 보자. 이 경우, 연구자는 도출된 결과를 자기효능감 이론을 통해 해석하며, 이 이론이 코치들의 전문성 발달 과정을 이해하는 데 어떤 도움을 주는지 추가 설명을 더해야 한다. 또한, 이론적 틀로 설명되지 않는 부분에 대해서는 어떻게 해석하는 것이 적절한지 독자에게 제시할 필요가 있다.

만일 연구자가 도출한 결과가 기존 문헌에서 충분히 다뤄지지 않았다고 판단될 경우, 연구자는 자신의 연구 결과를 바탕으로 새로운 개념을 제시할 수도 있다. 예를 들어, 트레이시와 트레이시는 911 접수원들의 감정노동을 연구하였다. 기존 연구에서는 조직이 감정 표현을 강제하는 것이 감정 노동의 핵심으로 여겨졌으나, 이들은 911 접수원들이 발신자의 감정을 안정시키는 동시에 자신의 감정도 조절해야 한다는 점을 발견하였다. 이를 설명하기 위해 이중적 감정 관리(double-faced emotion management)라는 새로운 개념을 제시하였다.

> "앞서 설명한 바와 같이, 전화 상담원들은 공개적으로 관찰 가능한 (혹은 들을 수 있는) 배려하는 어조를 만드는 것 이상의 다양한 감정 노동에 참여했다. 먼저, 전화 상담원들은 발신자의 히스테리나 분노의 감정에 주파수를 맞추면서 동시에 자기 내부에서 느껴지는 짜증, 혐오감, 재미 등의 감정을 관리했다. 다시 말해, 전화 상담원들은 자신과 발신자 두 사람의 감정을 동시에 관리해야 했다. 우리는 이러한 유형의 감정 노동을 이중의 감정 관리(double-faced emotion management)라고 부른다. 이러한 이중적인 방향성은 특히 조언 제공 전략에서 뚜렷하게 드러났다. 상담원이 조언을 제공함으로써 발신자를 진정시키는 동시에, 자신이 느끼는 무력감도 줄일 수 있었기 때문이다. 이중적 감정 관리는 911 응급 상담 분야에만 국한된 기술이 아니다. 실제로 크루즈 승무원이나 마켓 점원조차 짜증을 유발하는 고객을 진정시키면서 자신의 짜증도 관리해야 할

수도 있다. 그럼에도 불구하고, 이중적 감정관리는 고객(환자나
시민)이 강한 감정을 경험하는 고스트레스 응급 직업군에서 필
요성이 특히 두드러진다." (Tracy & Tracy, 1998, p. 407)

분석 과정에서 연구자가 예상하지 못한 새로운 결과가 도출될
경우, 이를 설명할 수 있는 이론을 추가로 검색해 이론적 배경(문헌
고찰)을 수정하고, 이를 논의에서 결과 해석에 활용한다. 논문은 독
자를 고려하여 작성해야 하므로, 서론이나 이론적 배경에서 미리
소개하지 않은 이론이나 문헌을 논의에서 갑자기 언급하는 것은
가급적 피하는 것이 바람직하다. 이러한 이유로 서론과 이론적 배
경은 연구 결과가 나온 뒤 수정과 보완 과정을 거치는 경우가 일
반적이다.

결과의 일반화를 시도한다.

이론이란 "어떠한 현상을 기술하고, 나아가 왜 그러한지를 설
명하는 개념적 모델이나 이해"(Maxwell & Chmiel, 2014, p. 21)를 의미한
다. 이론은 여러 개념과 이들 간의 관계로 구성된다. 연구결과로
이론을 생성하는 것이 목적인 근거이론 연구를 하지 않는 경우라
도, 자신의 연구 결과를 보다 일반적인 관점에서 서술하려는 시도
를 통해 결과의 적용가능성을 높이는 것은 바람직한 일이다.

깁스(Gibbs, 2022)는 이론화가 연구 결과를 더 넓은 맥락으로 일
반화할 수 있게 한다는 점에서 단순한 서술과는 차이가 있다고 강
조한다. 이때, 연구가 수행된 특정 맥락적 조건과 해당 결과가 적
용될 수 있는 범위를 명확히 밝혀야 한다(Gibbs, 2022, p. 177).

또한 깁스는 사회학자인 하워드 베커(Becker, 2005)가 『학계의 술책』에서 소개한 버나드 벡(Bernard Beck)의 전략을 이론화 방법의 팁으로 언급한다. 하워드 베커는 노스웨스턴대학교에서 강의하던 시절, 옆방에서 대학원생들을 지도하던 버나드 벡 교수의 방식에서 많은 것을 배웠다고 밝히며, 특히 이 전략이 연구와 이론화에 큰 도움이 되었다고 강조한다.

"벡은 지도학생이 자료를 어느 정도 수집한 다음, 논문의 주제를 명확히 이해하려는 단계에서 도움을 요청할 때 이렇게 조언했다.

"네가 찾아낸 것을 나에게 말해 봐라. 단, 실제 사례의 특징이 드러날 만한 단어는 빼고 이야기해 봐라."

이 말을 내 학위논문을 예로 들어 설명해 보겠다. 나는 시카고 지역 교사들의 경력을 사례로 연구했으며, 이 연구의 결과는 『Becker(1970, p. 137-177)』에서 소개된 바 있다. 만약 내가 벡의 지도 학생이었고, 그에게 연구 결과를 어떻게 일반화해야 할지 도움을 요청했다면, 그는 아마도 '시카고 교사들에 대해 구체적으로 무엇을 발견했는가?'라고 물었을 것이다. 이에 나는 다음과 같이 결과를 설명했을 것이다.

"이 교사들은 높은 보수와 더 나은 처우를 제공하는 직위로 승진하거나 도시 내 다른 분야로 이직하기보다는, 시카고 학교 시스템 내에서 여러 학교로 이동하며 경력을 쌓아 갑니다. 이들이 학교 시스템 내에서 위치를 이동하는 이유는 자신들의 기대에 부합하는 학생, 학부모, 교장, 그리고 동료 교사와의 긍정적인 상호작용이 가능한 학교를 찾기 위해서입니다."

내가 벡에게 이렇게 답하면, 그는 자신의 기법을 활용해 이렇게 말할 것이다.

> "그렇다면 이제부터는 '교사,' '학교,' '학생,' '교장,' '시카고'
> 같은 단어를 빼고 다시 네 연구에 대해 이야기해 봐라."

이 질문에 답하기 위해 나는 구체적인 사례가 아닌, 보다 일반
적인 단어를 사용해야 한다. 하지만 과도하게 추상적인 단어를
사용해 결과를 모호하게 만드는 것은 피해야 한다. 예를 들어,
'정체성'이나 '합리적 선택'과 같은 추상적인 표현만으로는, 편
안한 업무 환경 간의 선택이 직업 전환으로 이어지는 과정에
대해 내가 발견한 뉘앙스를 충분히 전달하기 어렵다.

따라서 나는 아마도 이렇게 말할 것이다.

> '내 연구는 관료주의적 체계 내에서 사람들이 자신에게 영
> 향을 미치는 관련자들의 대우 방식과, 자신이 추구하는 목
> 표와 최대한 균형을 이룰 수 있는 잠재적인 직업적 위치 사
> 이에서 어떻게 선택을 하는지에 관한 것입니다.'" (Becker,
> 2005, p. 125-126)

이러한 일반화 방법이 실제 연구에서 어떻게 적용되는지 구체
적인 논문의 예를 통해 살펴보자. 윤견수 교수(2001)는 '약자의 설득
과정'이라는 흥미로운 주제를 다룬 연구에서, 한 하위직 지방 공무
원이 천문대 사업이라는 대규모 프로젝트를 유치하는 과정을 세부
적으로 묘사하며, 다양한 인용문과 자료를 통해 이를 뒷받침한다.
더 나아가, 이 연구 결과를 일반화하여 약자의 위치에 있는 사람이
다양한 이해관계자들을 어떻게 설득하고 조율하는지를 설명하는 이
론적 모델을 다음과 같이 제시하였다(윤견수, 2001, p. 153~157).

"V. 분석결과에 대한 해석: 설득과정에 대한 일반화

그 공무원의 설득행동을 일반화하기 위해서는 설득의 전 과정
을 동태적으로 재구성하고, 단계별로 그 공무원과 접촉했던 청
중의 모습을 구체적으로 그려본 후, 설득과정을 전반적으로 설
명해 줄 수 있는 모형이 필요하다. (중략)

지금까지의 분석을 토대로 할 때 그 공무원의 설득 과정을 <그
림 1>로 표현할 수 있다. (중략)

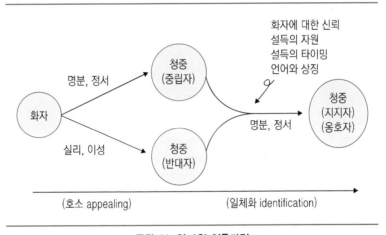

그림 11. 약자의 설득과정

출처: 윤견수, 2001, p. 153~157

　　이 모델은 약자의 입장에서 상대방을 설득해야 하는 다른 상
황에도 상당히 잘 적용된다. 이는 특정한 맥락적 조건에서 진행된
연구 결과가 일반화되고 있음을 보여준다.

15

잘못된 추론 피하기

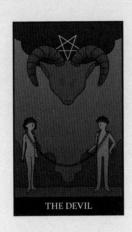

THE DEVIL

악마에 붙잡힌 걸까? 체념한 두 남녀. 하지만 자세히 보면 목에 걸린 쇠사슬이 느슨하다. 마음만 먹으면 벗어 던지고 나올 수 있음에도 스스로 묶여 있는 건 아닌지? 다시 한번 주변을 살펴보자.

Key Points ・자신이 원하는 답에 집착하지 않기
・성급한 테마 구성을 피하기

추론과정에서 확증 편향을 주의한다.

분석은 곧 추론의 과정이다. 추론이란 알려진 사실이나 증거를 바탕으로 결론이나 의견을 도출하는 행위를 의미한다. 그러나 인간은 전지적 시점으로 모든 것을 볼 수 없기 때문에, 추론은 빗나갈 가능성이 있다.

교육학자 존 듀이(Dewey, 2011)는 깊이 생각하지 않은 채 성급하게 의미를 부여하고 결론을 내리려는 습관을 버리고, 검증된 추론을 하는 능력을 길러야 한다고 강조했다. 이는 단순한 추측이나 개인적 의견에 의존하지 않고, 검증된 믿음을 추구하는 것이 지적 성숙함의 핵심임을 의미한다. 이를 위해서는 자신의 믿음과 일치하는 정보만을 신뢰하고 그렇지 않은 정보는 배제하려는 경향, 즉 확증 편향(Confirmation bias)을 경계하는 태도가 필요하다.

윌리엄스와 콜럼(Williams & Colomb, 2021, p. 651)은 추론 과정에서 발생할 수 있는 몇 가지 인지적 편향을 다음과 같이 소개한다.

- 어떤 것을 사실이라고 믿는 경우 근거를 왜곡한다.
- 지나친 확신과 바람을 가지고 자신의 판단이 맞다고 우긴다.
- 첫인상에 강하게 영향을 받는다.
- 추상적인 생각으로 결정을 내리고 객관적인 근거를 무시한다.
- 이슈를 지나치게 단순화해서 생각한다.

자료를 수집하고 분석하는 과정에서도 인지적 편향이 나타날 수 있다. 연구자는 자신이 기대하는 연구 결과가 나오길 바라는 마음에 자신의 생각과 일치하는 참여자의 말에는 과도한 의미를 부여하고, 반대되는 의견은 깊이 검토하지 않을 가능성이 있다. 또한, 자신이 가진 기존 신념을 확인하기 위해 자료를 수집하려는 경향을 보이기도 한다. 처음 떠오른 해석을 고집하거나, 여러 사람의 이야기를 지나치게 단순화해 보고하는 것 역시 모두 인지적 편향에 해당한다.

자신의 판단을 의심해 본다.

심리학자가 아니더라도, 우리는 모든 편견을 완전히 밝히는 것이 불가능하다는 사실을 알고 있다. 무의식적으로 작용하는 편견까지 완전히 인식하기란 어려울 것이다. 그러나 우리 안에서 편견이 작동하는 원리를 이해하는 것은 매우 중요하다. 이에 대해 심리학자 마리아 코니코바(Konnikova, 2013)는 다음과 같이 설명한다. 일반적으로 사람들은,

- 행복하고 편안할 때 세상을 더 쉽게 받아들인다(감정 휴리스틱).
- 주어진 시점에서 사용 가능한 정보, 다시 말해 잘 기억나는 정보가 맞는 것이라고 생각한다(가용성 휴리스틱).
- 자신이 생각한 이미지와 더 비슷할수록 객관적이라고 생각한다(대표성 휴리스틱).
- 첫인상에 영향을 많이 받는다(초두효과).

사람들은 날씨, 고정관념 등 다양한 요인에 영향을 받는다. 코니코바(Konnikova, 2013)는 세상을 일단 진실로 받아들이고 시작하는 뇌의 특성을 이해하고, 무엇이든 있는 그대로 단정하기보다는 항

상 의구심과 호기심을 가지고 자신의 판단을 의심해 보라고 제안한다. 이와 마찬가지로, 질적 연구자는 자신의 분석 결과를 지속적으로 재확인할 필요가 있다. 틈틈이 자료를 전체적으로 다시 읽으며, 코딩 과정에서 빠진 부분이 없는지, 중요한 부분을 제대로 포착했는지 점검해야 한다.

부정적 사례를 적극적으로 찾는다.

부정적 사례를 찾는 것은 연구의 타당도를 높이는 데 중요한 전략이다. 이는 의식적으로 자신의 분석 결과와 맞지 않는 근거를 탐색하고, 작은 단서라도 간과하지 않는 태도를 포함한다. 존 듀이(Dewey, 2011)에 따르면, 진화론을 제시한 찰스 다윈도 항상 부정적 증거를 찾아 이를 검토했다고 한다.

> "찰스 다윈은 자신이 선호하는 일반화에 반대되는 사례들을 아주 쉽게 지나칠 수 있다는 점을 알고 있었기 때문에 반대되는 사례들을 찾는 것을 습관으로 삼았을 뿐 아니라, 그가 감지하거나 생각해 낸 예외들을 적어 놓았다고 말했다. 적어 놓지 않으면 거의 확실히 잊어버리게 된다고 했다." (Dewey, 2011, p 104)

반대되는 증거를 찾으려는 노력은 분석 단계에만 국한되지 않는다. 연구 설계 단계에서부터 다양한 의견을 제시할 수 있는 사람들을 표집하는 것 역시 이러한 노력의 일환이다. 예를 들어, 특정 프로그램을 수강한 사람들 중 만족도가 높은 사람들만 인터뷰하거나, 병원 치료 후 증상이 호전된 환자들 만을 대상으로 연구를 진행하는 것은 설계 단계에서부터 치우친 표집에 해당한다. 이는 프로그램에 만족하지 못한 사람들, 치료 후에도 증상이 그대로이거나 더 악화된 사람들의 의견을 배제했기 때문이다. 이러한 연구는 분석이 아무리 철저하고 견고하더라도 이미 결과에 한계를 지닌다.

가끔 연구자들은 부정적인 증거를 제시할 경우 자신의 연구가 독자에게 부실하게 느껴지지 않을까 걱정하기도 한다. 이는 아마도 자신의 결론이 확실히 옳다고 주장해야만 신뢰를 얻을 수 있다고 믿기 때문일 것이다. 그러나 학문적 연구에서 확실성을 추구하는 것은 적절하지 않다. 『스냅』의 저자 매튜 헤르텐슈타인(Matthew Hertenstein)은 확실성이 아닌 개연성을 강조하며 다음과 같이 말한다.

> "특정 유형의 치료가 어떤 환자에게는 효과가 있지만 다른 환자에게는 그렇지 못하다는 것은 모두가 아는 사실이다. 수많은 학문 분야가 변수들 사이의 관계가 (확실성이 아니라) 개연성에 의존한다는 사실을 인정하고 있다." (Hertenstein, 2014, p.33)

『논증의 탄생』의 저자 윌리엄스와 콜럼(Williams & Colomb, 2021, p. 243)은 자신의 논증을 엄격하게 검토할 줄 아는 '현명하고 사려 깊은' 연구자가 되는 것을 에토스(Ethos)라고 정의하며, 논증과 윤리의 관련성을 강조한다. 에토스는 한 사람의 고유한 성품을 의미하며, 신뢰할 만한 사람인지 판단하는 데 중요한 영향을 미치는 요소다. 논문을 읽는 독자는 저자의 실제 인성을 직접적으로 알 수 없다. 그러나 단정적인 표현을 자제하고, 연구 결과의 한계와 불확실성을 솔직히 인정하는 태도를 보이는 연구자는 그 진정성을 독자에게 전달할 수 있다.

자료를 충분히 수집한다.

　　자료 수집을 서둘러 마무리하지 않고, 충분한 근거를 확보할 때까지 인터뷰나 관찰을 지속하는 것은 연구자의 잘못된 추론을 피하는 데 유용하다. 스몰과 칼라코(Small & Calarco, 2022)는 외집단 동질성 편향 문제를 피하기 위해 참여자와의 만남을 늘려야 한다고 제안한다. 외집단 동질성 편향 문제(out-group homogeneity bias)란 "자신이 속한 집단은 더 다양하고 다원적이라고 여기면서, 자신이 속하지 않은 집단은 단일하고 동질적이라고 생각하는 경향"(Small & Calarco, 2022, p. 97)을 말한다. 예를 들어, 낯선 나라를 처음 방문하면 그 나라 사람들이 모두 비슷하게 생기고, 비슷한 음식을 먹으며, 성격도 비슷하다고 느낄 수 있다. 그러나 그 지역에서 일정 기간 거주하다 보면, 그 나라 사람들 역시 서로 다르고 각자 고유한 특성을 지니고 있음을 깨닫게 된다.

　　질적 연구에서도 마찬가지다. "자신과 다른 인구 집단이나, 자신이 속한 환경과 다른 맥락을 연구하는 이들은 적어도 연구 초기에는 대상을 꽤 동질적인 덩어리로"(Small & Calarco, 2022, p. 98) 인식하는 경향이 있다. 이러한 상태로 끝나는 연구는 '모든 참여자는', '참여자들은~' 등의 표현을 하면서 인터뷰나 관찰에 응한 사람들을 마치 동질적인 집단처럼 기술하곤 한다. 그러나 이는 바람직하지 않은 접근 방식이다.

　　존 듀이(Dewey, 2011)는 겉으로는 일치해야 할 것처럼 보이지만 실제로는 일치하지 않는 사례들, 예외적인 사례들, 그리고 대부분의 측면에서는 일치하지만 어떤 핵심적인 점에서 차이가 나는 것들이 추론 과정에서 매우 중요하다고 강조한다. 참여자들 사이의 차이와 그러한 차이가 발생하는 조건을 충분히 탐색할 때, 현실에 실질적으로 도움이 되는 연구 결과를 제시할 수 있다. 앞서 14장 심층 분석에서 설명한 대로 표를 만들어 보는 작업은 참여자 사이의 차이를 발견하는 데 도움이 된다.

여러 사람의 의견을 들어 본다.

자료 수집과 분석 과정에서 여러 연구자가 함께 작업하거나, 혹은 혼자 연구를 진행하더라도 주변의 다양한 사람들의 의견을 적극적으로 활용하는 것은 연구자가 다양한 관점에서 사고하도록 돕는다.

부모의 사회경제적 지위에 따른 자녀 양육 방식의 차이를 장기간의 참여 관찰과 인터뷰를 통해 탐구한 아네트 라루(Annette Lareau)의 『불평등한 어린시절』에서는 책의 부록에서 자료 수집 과정을 상세히 소개하고 있다. 저자는 본인과 연구팀원들의 주관성이 자료 수집과 분석에 어떻게 영향을 미쳤는지, 그리고 이러한 차이가 최종적으로 어떻게 수렴되었는지를 몇 페이지에 걸쳐 기술한다. 다음은 해당 내용의 일부를 옮겨온 것이다.

> "연구 보조원들에게도 마찬가지로 개인적 경험이 중요하게 작용했다. 예를 들어, 현장 연구 내용을 기록한 그들의 자료를 읽으며 나는 연구원 각자의 어린 시절 양육방식에 따라 중요하다고 여기는 부분이 서로 다르다는 사실을 엿볼 수 있었다. 중산층에서 자란 현장 연구원의 경우, 부모가 자녀를 "때리겠다"고 위협하는 모습을 보면 분개했다. 그러나 노동자 계층 출신 현

장 연구원의 경우는 그런 모습엔 별로 신경을 쓰지 않는 반면,
중산층 아이들의 버릇없는 행동에 놀라움을 금치 못했다. 징징
거리며 떼를 쓰는 네 살배기 중산층 아이와 20분 동안 자동차
를 타고 이동하는 동안 이 현장 연구원은 두통과 울분이 끓어
오르는 것을 느꼈다. ("애를 그렇게 오냐오냐 키우다니, 그 엄
마 등짝을 한 대 때리며 정신 차리라고 말해주고 싶더군요. …
애가 위아래를 모르잖아요."라고 그 연구원은 말했다.) 그리고
시간이 지남에 따라 현장 연구원들은 연구원 나름대로 자신이
"가장 좋아하는" 가족이 생겼으며, 연구에 참여한 가족 역시 자
신들과 가장 잘 맞는 연구원에 대한 선호가 생겨났다.

그러나 전반적으로 봤을 때, 각기 다른 연구원들이라 해도 관
찰 사항에 대한 기록은 비슷했다. 아마도 각자의 성장 배경을
막론하고 모든 연구원에게 '충격적으로' 다가온 일들이 있었기
때문일 것이라 짐작한다. 따라서 나는 이 모든 연구원들의 관
찰 내용을 하나로 통합하는 데 특히 주의를 기울여야 했다. 이
를 위해 우리는 주 1회 전체 미팅을 가졌고, 특히 직접 가족을
방문해 현장 연구를 하는 연구팀의 경우는 그들끼리 주 1회 미
팅을 따로 가졌다. 나 역시 현장 방문 후에는 연구보조원들과
장시간 통화하며 의견을 주고받았다. 그리고 연구 기록에 주로
어떤 것을 중점적으로 적을지에 대해서도 대화를 나누곤 했다."
(Lareau, 2012, p. 465-466)

수도권에 있는 소규모 기독교 대학 학생들의 경험을 연구한
다음의 예에서도, 주저자의 관점을 보완하려는 노력이 잘 드러나
있다.

"본 연구결과의 타당성을 높이기 위해 연구진은 사례대학에 재

직 중인 주연구자와 함께 주연구자의 관점을 보완할 수 있는 대학직원 경험을 가진 대학원 박사과정학생 1명, 관련분야 전문가로서 이들을 지도하는 교수 1명으로 구성되었다. 주연구자는 질적 자료 수집 및 분석과정에 함께 참여한 보조연구자 및 지도교수와의 토의를 통해 분석 결과의 타당성을 검토하는 과정을 거쳤다. 특히 연구자 중 한 명인 교수는 본 연구 수행 중 자료의 수집과 분석과정에서 끊임없이 피드백을 제공함으로써, 자료 해석이 기독교인인 주연구자의 내부자적 관점에 얽매이지 않고 비기독교인, 타 대학 소속인 교수의 외부자적 관점에서 주연구자가 해석한 방식과 다른 방식으로 자료가 해석될 여지는 없는지에 대한 끊임없는 성찰의 기회를 제공하였다." (권경만, 박유민 & 변기용, 2022, p.10).

테마와 처음에 설정했던 영역을 혼동하지 않는다.

자주 발생하는 잘못된 분석 방식의 하나는 영역(domains)과 테마를 혼동하는 것이다. 여기서 말하는 영역은, 연구 설계 초기에 연구자가 구체적으로 탐색하고자 했던 측면, 연구자의 초점을 의미한다. 연구의 범위가 너무 넓으면 모든 것을 다 알기 어렵다. 따라서 연구자는 자신이 구체적으로 알고 싶은 영역을 정확하게 정의하고, 그 안에서 자료를 수집하고 분석해야 한다. 예를 들어, 조직을 연구하면서 직원들 간의 사회적 상호작용이나 감정 표현, 또는 직장 내 관계를 보고자 한다면 이것들이 구체적인 영역에 해당된다.

연구자는 이러한 영역을 큰 틀로 해서 인터뷰와 관찰 질문을 만든다. 이러한 질문에 대해 참여자들이 들려준 이야기, 연구자가 관찰하며 적은 현장노트 등을 분석한 결과로 나오는 게 테마다. 테마는 자료에서 자연스럽게 나타나는 구체적인 주요 결과이기 때문에 영역과 테마는 다른 개념임을 명확히 구분해야 한다.

예를 들어, 한 학기 동안 온라인 수업을 진행한 후, 학생들의 경험을 연구한다고 가정해 보자. 학생들의 경험이라고 하면 다소 막연하기 때문에 연구자는 초점을 명확히 해야 한다. 만일 온라인 수업에 대한 초기의 생각과 수업이 실제로 진행된 후 학생들의 생각이 어떻게 유사하고 다른지, 온라인 수업이 어떤 점에서 도움이 되었고, 어떤 점이 어려웠는지를 이해하고자 한다면, 연구자는 이와 관련된 인터뷰 질문을 작성했을 것이다.

인터뷰에서 학생들은 연구자에게 다양한 이야기를 들려준다. 테마는 이들이 해 준 구체적이고 다양한 이야기를 바탕으로 연구자가 새롭게 알게 된 내용 위주로 구성해야 한다. 즉, 연구자가 예상하거나 미리 설정한 답에 맞추려 하기보다는, 학생들의 경험을 심층적으로 이해하고, 그 경험에서 새롭게 드러나는 의미와 패턴을 자료를 통해 발견해야 한다. 예를 들어, 온라인 시험의 공정성 문제라든지, 자기주도적인 학습의 어려움 등이 테마로 제시될 수 있다.

반면 다음과 같은 식으로 테마를 제시하면 문제가 된다.

> "분석 결과 4개의 테마가 도출되었다. 테마는 다음과 같다. "학기 초의 생각", "온라인 수업 후 바뀐 점", "온라인 수업의 긍정적 측면", "온라인 수업의 부정적 측면"이다.

하지만 이것은 테마가 아니다! 이미 연구 전부터 연구자가 생각했던 영역일 뿐, 정보를 새롭게 재구성해 밝혀낸 지식 즉, 메타

지식이 아니다. 이런 답답한 상황을 여러 학자들이 지적해 왔고 (Bazeley, 2009), 엘리엇과 티뮬락(Elliott & Timulak,2021)은 독자들에게 제발 그러지 말라고 부탁한다.

> "중요한 이슈이므로 다시 반복하자면, 처음에 연구하겠다고 설정한 것(예를 들어 탐구 영역)을 마치 연구에서 찾아낸 결과인양 잘못 제시하는 실태를 우리는 수차례 목격해 왔다. (우리를 고통스럽게 하고 싶은 의도가 아니라면 제발 그렇게 하지 말아 달라)" (Elliott & Timulak,2021, p.58)

테마는 입체적이어야 한다.

피해야 할 또 한가지는 '부정적', '긍정적' 측면을 별도의 테마로 구성하는 것이다. 테마는 입체적이어야 한다. 이는 개념적으로 다양한 측면을 담고 있다는 의미다. 현실에서의 경험은 단순히 부정과 긍정으로 나눠지지 않는다. 동일한 사건에 대해 각기 다른 이해와 해석이 존재한다. 예를 들어, 어떤 경험은 한 사람에게는 긍정적일 수 있지만, 다른 사람에게는 부정적일 수 있다. 또한, 어떤 사건에 대해 일부분은 마음에 드는 부분이 있지만, 또 싫은 부분이 있을 수 있다. 이런 복잡한 현실의 모습을 하나의 테마 안에서 포괄적으로 다루는 것이 중요하다.

다음의 예시는 공공화장실에서 과거에 마약주사를 했거나 지금까지 하는 사람들을 대상으로 공공화장실의 푸른 조명(화장실 조명을 푸르스름하게 해서 마약중독자들이 주사를 시도할 때 혈관을 찾기 어렵게 함) 설치에 대한 의견을 알아보는 연구의 테마 중 일부다. 이 테마 안에는 참여자들의 때로 상반되는 의견이 모두 들어 있다. 또한 인용문에 의지하지 않은 채 저자들의 설명을 중심으로 테마를 기술하면서 때로 문장 속에 짧은 인용문을 넣거나 별도의 긴 인용문을 넣는 등 독자들에게 테마를 지루하지 않으면서 입체적으로 전달하기위해 노력한다.

"**테마**: 사생활과 긴급성 간 타협으로서의 화장실

… 마약을 주사할 때 선호하는 공간과 관련해, 우리는 특히 공공 화장실 사용에 대한 참여자의 생각을 이해하고자 하였다. 모든 참여자가 마약주사를 위해 공공 화장실을 이용했으나, 이중 절반 가량은 공공 화장실이 자신들이 선호하는 장소가 아니라고 했다. 흥미롭게도, 두 명의 참여자는 공공화장실이 상대적으로 프라이버시에 도움이 된다고 하였다.

"… 나만의 공간이죠. 들어가면 일단, 다른 사람은 아무도 들어올 수 없으니까. 무슨 말인지 알죠? 내가 그 안에서 나오기 전까지는 문제없어요." (다니엘, 뱅쿠버)

"아뇨, 공공화장실에서 마약을 하는 데 해가 될 건 없다고 봐요. 그냥 화장실에 들어갔다가 나가는 거니까요. 사람들이 지나다니는 골목이나 애들 앞에서 마약을 하는 것보다는 낫죠." (피에르, 뱅쿠버)

반대로, 3명의 참여자는 공공 화장실에서는 사생활이 없어서 "안전하지 않은" 느낌을 준다고 하였다. 예를 들어, 애보츠포드 지역에 사는 샘은 "공공화장실에서는 갇힌 느낌이 들어요. 거기서 나오면 나는 마약에 취해 있고 주변에는 사람들이 서 있잖아요."라고 하였다.

대부분의 참여자가 공공화장실의 접근성을 언급했지만 ("쉽고 편해요"(샘, 애보츠포드)), 보통은 급하게 주사 놓을 곳이 필요

할 때에 한정된다 ("..밖에 나왔는데 상태가 안 좋으면… 공공 화장실을 가겠죠."(마쥐, 애보츠포드)). 일부 소수의 참여자들의 인식을 바탕으로 볼 때, 공공화장실은 자신만의 사적인 장소가 없는, 가령 노숙인에게 중요한 장소로 보인다.

  "내 집이 없을 때, 뭐 가끔씩은 교회 화장실이나 카네기 [도서관] 화장실 같은 곳을 자주 가죠." (그래그, 뱅쿠버)

급한 주사 장소로서, 그리고 사적인 다른 대안적 공간이 없는 사람들에게 공공 화장실이 주는 의미에 대한 이해는 화장실 푸른 빛(blue lights)에 대한 참여자들의 반응을 해석하는 데 도움이 되었다." (Crabtree 외, 2013, p.4)

충분한 논의와 검토를 거쳐 테마를 확정 짓는다.

질적 자료 분석은 결코 쉬운 일이 아니다. 이는 단순 기법을 적용하는 것 이상을 의미하며, 깊이 있는 탐색과 검토가 필요하다. 테마 구성 과정은 자료의 의미를 진지하게 해석하고, 그 안에서 핵심적인 패턴과 통찰을 찾아내는 과정이기 때문에, 표면적으로 간단한 결과를 도출했다고 해서 끝내는 것은 부실한 연구로 이어질 수 있다. 그렇다면 부실한 테마란 무엇일까? 린다 핀리(Finlay, 2021, p. 109–110)는 잘된(good), 부실한(bad), 매우 부실한(ugly)의 테마분석을 이렇게 구분한다.

잘된 테마분석

- 연구자가 적극적으로 자료를 이해하려는 노력이 담긴 분석적 결과물이다.
- 성찰과 분석과정이 투명하게 드러난다.

부실한 테마분석

- 자료를 깊이 이해하지 못했고, 체계적이고 반복적으로 분석한 내용이 드러나지 않는다.
- 저자가 테마를 충분히 소화하지 못한 것 같다.
- 테마에서 드러나는 정보가 불충분하다. 테마에서 하고자 하는 말이 불분명하고 테마끼리 명확히 구분되지 않는다.
- 너무 많은 테마가 제시되는 경우도 있다(저자는 과거 8개의 테마와 그 아래에 각각 6~10개씩 되는 하위테마(총 63개의 테마)를 보고한 연구를 본 적이 있다면서, 그 연구는 채 분석되지 못한 자료의 쓰나미 속에서 중요한 통찰이 묻혀버렸다고 말한다).
- 증거로 적절한 인용문이 충분하게 제시되지 않았다.

매우 부실한 테마분석

- 참여자가 한 말을 거의 표면적으로만 이해하고 대충 묶어놓았거나 테마 구조가 복잡하고 정리되지 않았다.
- 지루하다. 흥미로운 통찰이 거의 없다.
- 뻔한 이야기를 어설픈 글쓰기로 늘어놓았다.

연구자는 자신이 구성한 테마가 왜, 어떻게 연구질문과 관련하여 중요한지, 본인의 말로 자세히 설명해야 한다. 단순히 이러이러한 테마가 도출되었다고 말하고 나서 인용문만 나열하는 것을 피한다.

16

타당도

THE TOWER

안전한 요새라 믿었던 탑이 무너지고 있다. 불안정한 설계와 작은 문제들을 방치한 결과다. 평소 다각도로 준비하는 태도가 필요하다.

Key Points • 연구의 질을 높이기 위한 전략 세우기

타당도의 문제는 단순하지 않다.

타당도(validity)란 '자료로부터 도출된 추론이 얼마나 신뢰할 만한가'를 나타낸다(Eisenhart & Howe, 1998, p. 644, Freeman 외, 2007, p. 27에서 재인용). 질적 연구자들은 오랫동안 연구의 질을 평가하는 방법에 대해 고민해 왔지만, 여전히 양적 연구에서와 같은 표준화된 기준은 존재하지 않는다.

거기에는 여러 이유가 있다. 타당도와 같은 기준을 설정하려면 연구 상황과 실행 방법을 철저히 표준화하고, 이를 쉽게 측정할 수 있는 변수로 만들어야 한다. 그러나 다양한 맥락에서 다양한 방법으로 참여자의 삶을 탐구하는 질적 연구에는 이러한 접근이 잘 맞지 않는다(Kuchartz, 2014). 게다가 질적 연구라는 범주 안에도 철학적, 이론적, 방법론적으로 매우 상이한 수많은 연구 방법이 존재한다. 이처럼 다양한 방법론을 하나의 기준으로 평가한다는 것은 결코 쉬운 일이 아니다. 질적 연구 방법 자체가 본질적으로 딱 떨어지는 구조를 가지지 않을뿐더러, 기준을 설정하고 이를 토대로 연구를 평가하려는 시도가 질적 연구자들의 창의적 사고를 제한할 수 있다는 우려도 있다(Freeman 외, 2007).

보통은 엄격한 기준과 창의성 사이에서 실용적인 절충을 이루는 접근이 일반적이다. 일부 질적 연구자들은 양적 연구의 타당도 기준을 질적 연구에 맞게 수정하여 새로운 용어를 사용하기도 한다(Lincoln & Guba, 1985). 예를 들어, 타당도(validity)는 연구 결과와 질이 얼마나 진실한가를 나타내는 신실성(trustworthiness)으로 재해석된다. 내적 타당도(internal validity)는 결과가 현실을 제대로 반영한다고 믿을 수 있는가를 뜻하는 신빙성(credibility)으로, 외적 타당도(generalizability)

는 특정 맥락에서 도출된 결론을 다른 상황에 적용할 수 있는지에 대한 전이 혹은 적용 가능성(transferability)으로 표현된다. 또한, 신뢰도(reliability)는 자료와 연구 결과의 일관성(consistency)이나 신뢰성(dependability)으로, 객관성(objectivity)은 결과나 해석이 연구자의 주관적 추측이 아니라 명확히 인식할 수 있는 근거에서 도출되었는지를 뜻하는 확인 가능성(confirmability)으로 설명된다.

트레이시의 여덟 가지 포괄적 측면

실제 논문을 작성할 때는 앞서 소개한 용어들을 명확히 구분하는 것이 쉽지 않다. 또한, 이러한 용어에 지나치게 집착하기보다는, 연구를 엄격하게 진행하기 위해 어떤 구체적인 방법을 사용했는지를 상세히 서술하는 것이 더 중요하다.

사라 트레이시(Tracy, 2010)가 제시한 여덟 개의 포괄적 측면은 초보 연구자들이 참고하기에 유용하다. 트레이시는 좋은 질적 연구를 위한 여덟 가지 기준(최종 목적)과, 이 목적을 달성하기 위한 실행 방법을 구분하여 다음과 같이 제시한다.

가치 있는 연구주제(Worthy topic)

관련성이 높고, 시의적절하며, 중요하고 흥미로운 주제를 선정한다.

- 연구가 전공 분야나 학술적 이론과 높은 관련성을 지닌다.
- 사회 현상이나 사건을 적절히 반영하며, 시의적절한 주제를 다룬다.

- 그동안 간과되었거나 잘못 이해되어 온 삶의 측면을 새롭게 조명한다.
- 기존에 당연시되어 온 가정이나 통념에 도전한다.

엄격하게 진행(Rich rigor)

연구가 성실하게 진행되었음을 보여주는 것이 중요하다. 이를 위해 충분한 시간과 노력을 투자하여 자료를 수집하고 분석했음을 명확히 밝힌다.

- 연구 대상과 맥락에 적합한 이론적 틀을 명확히 설정한다.
- 현장에서 자료를 수집하는 데 충분한 시간을 투자한다.
- 적절한 방식으로 현장 노트를 작성하고, 체계적으로 인터뷰를 진행하며, 자료를 철저히 분석한다.
- 주요 결과를 뒷받침할 만큼 충분하고 풍부한 자료를 수집한다.

진정성(Sincerity)

진솔하고 정직한 태도로 연구자의 역할과 도전 과제를 명확히 밝힌다.

- 연구자의 주관적 가치, 편견, 경향성에 대해 깊이 성찰한다.
- 연구자의 문화적 배경, 젠더, 역사, 그리고 개인적·전문적 경험이 연구 과정 전반에 어떻게 영향을 미치는지 성찰한다.
- 현장에서 연구자의 역할과 위치를 명시한다(예. 참여자와의 관계, 관찰 시 연구자의 참여 정도).

- 연구의 강점과 한계를 솔직히 기술한다.
- 연구방법과 과정에서의 도전 과제를 투명하고 정직하게 언급한다.

신뢰성(Credibility)

연구자가 현실을 최대한 진실되게 이해하려고 노력했음을 보여준다.

- 세부 사항과 겉으로 잘 드러나지 않는 암묵적인 지식을 자세히 설명하고 생생하게 기술한다.
- 연구자의 패러다임에 따라 다음 중 적절한 방법을 사용한다.
  - 후기실증주의나 실재론적 입장에서는 주로 삼각검증(trian-gulation)을 한다. 다양한 방법으로 수집한 여러 종류의 자료들을 교차 검증하면서 유사한 결과로 수렴되는지 검토한다.
  - 포스트모던 입장에서는 크리스털라이제이션(crystallization)을 선호한다. 다양한 방법으로 수집된 자료와 여러 이론을 활용하여 현실의 복잡성을 최대한 있는 그대로 드러내기 위해 노력한다.
- 연구 상황에 따라 여러 연구자가 함께 코딩하며 의견 불일치를 좁혀가는 방식으로 연구를 진행하거나, 혼자 분석하되 주변의 다양한 피드백을 수렴하는 방식으로 신뢰성을 확보할 수 있다.
- 참여자들의 다양한 관점을 반영하며, 그들의 의견이 일치하거나 불일치하는 지점을 명확히 드러낸다.

- 참여자와 잠정적인 연구 결과를 공유하고 대화를 나누며, 추가적인 의견을 고려하는 참여자 성찰(member reflection) 과정을 거친다.

공명(Resonance)

연구 결과가 독자에게 의미 있는 반향을 불러일으키고, 영향을 미칠 수 있도록 연구를 설계하고 표현하는 것을 목표로 한다.

- 연구가 진행된 맥락적 정보를 충분히 제공하여 독자가 결과를 자신의 상황에 적용할 수 있도록 한다. 이를 통해 적용 가능성(전이 가능성)을 높인다.
- 세부적인 묘사와 설명을 통해 독자가 연구 결과를 직관적으로 이해하고 자신의 경험에 자연스럽게 연관 지을 수 있도록 자연주의적 일반화를 시도한다.
- 실제 삶에서의 복잡성을 충실히 반영하도록 하며, 독자가 몰입감을 느끼고 마치 '연구 현장에 있는 듯한' 생생한 경험을 느낄 수 있게 한다.
- 연구 결과를 창의적이고 미학적인 형태로 재현하여 독자의 마음에 깊은 반향을 불러일으키도록 노력한다.

중요한 기여(Significant Contribution)

연구가 학문과 실천에 미치는 중요한 기여를 논의에서 명확히 제시한다.

- 이론적 기여: 기존 이론을 확장하거나 새로운 관점을 제시

함으로써 학문적 이해를 심화한다.

- 실천적 기여: 연구 결과가 현실의 문제 해결이나 정책 개선 등 실질적인 변화에 기여할 수 있음을 보여준다.
- 방법론적 기여: 연구에서 사용된 방법이 다른 연구자들에게 유용하거나 새로운 방식으로 활용될 수 있는 가능성을 제시한다.
- 발견적 기여: 기존에 간과되었거나 숨겨져 있던 측면을 새롭게 부각시키며 학문적 또는 실천적 논의에 신선한 시각을 제공한다.

윤리적 연구(Ethical)

연구가 처음부터 끝까지 윤리적인 과정을 준수하며 진행되었음을 명확히 제시한다.

- 인간 참여자를 대상으로 한 윤리적 연구 과정을 상세히 설명한다.
  - 연구가 참여자에게 해를 끼치지 않았음을 명확히 한다.
  - 참여자를 속이거나 오해를 유발하지 않았음을 밝힌다.
  - 서면 동의서를 받고, 참여자의 사생활과 익명성을 보장했음을 언급한다.
- 연구 과정에서 상황적·문화적 맥락에 따른 구체적인 연구 윤리를 준수했음을 설명한다.
- 참여자와의 관계적 윤리를 지키며, 신뢰와 존중을 기반으로 상호작용했음을 기술한다.
- 연구 종료 시의 윤리적 관행을 준수했음을 명시한다(예. 참여

자에게 연구 결과를 적절히 공유하거나, 참여자의 권리를 존중하며 연구를
마무리함).

의미 있는 일관성(Meaningful Coherence)

연구자가 설정한 목적을 적절한 방법과 과정을 통해 달성했음
을 보여준다.

- 이론적 틀, 연구 질문, 방법론, 연구 결과 간의 논리적 연결
  성을 강조한다.
- 문헌조사, 연구 질문, 연구 결과, 해석 간의 의미 있는 연결
  을 보여준다. 연구가 단순히 개별적인 요소의 나열이 아니
  라, 통합적인 논리적 흐름을 가지고 있음을 독자에게 전달
  한다.

타당도 기술의 예

다음 연구는 현장 관찰을 통해 폭력 범죄의 발생 특성과 처리
과정을 탐구한 보고서의 일부이다. 저자들은 충분한 기간 동안의
집중적인 관찰과 삼각검증(triangulation)을 활용하여 연구의 타당성을
확보하려는 전략을 사용하였다.

가. 충분한 기간 동안 집중적인 관찰

본 연구가 충분한 기간 동안 관찰을 했는지 여부는 확신하기
어렵다. 6개월 내에 끝내야 하는 연구에서 순수한 관찰기간만 5
주로 정한 것은 연구진으로서는 최선을 다한 것으로 볼 수 있

지만, 연구의 목적을 만족시킬 만큼의 긴 시간은 아니었던 것으로 판단이 된다. 애초에 연구진은 5주 정도의 시간 동안 연구진과 함께 4명의 연구보조원을 참여시켜 관찰을 한다면 넉넉한 사례수를 확보할 수 있을 것으로 생각했다. 하지만, 이런 판단은 오산이라는 점이 곧 드러났다. 먼저 폭력사건의 복잡성으로 인해 일단 1인 관찰에서 2인1조 관찰로 팀 구성을 바꾼 것이 관찰 사례수를 작게 만든 한 원인이 되었다. 더 중요한 문제는 방문한 지구대와 파출소에서 발생한 폭력사건 수 자체가 생각만큼 많지 않았다는 것이다. 농촌지역의 경찰서는 물론이고 대도시에서도 하루에 발생하는 폭력사건 수가 1-2건에 불과한 경우가 많았고, 월요일이나 화요일 등에는 한 건도 일어나지 않는 경우도 허다했다. 연구진에는 전·현직 경찰도 포함되어 있었고, 연구보조원들도 금방 경찰무전에 익숙해져 경찰관들과 같이 무전을 계속 듣고 있었으므로 경찰이 폭력사건을 숨겼다고 보기 어려웠고 결국 운으로 돌릴 수밖에 없는 상황이었다. 사실 경찰관들은 우리가 관찰하겠다고 와서 그런지 오늘따라 사건이 없다고 즐거워하는 모습까지 보였다. 이유가 어찌됐든 이번에 관찰한 사례가 20여 건에 불과했다는 것은 상당히 실망스럽다고 볼 수밖에 없었다. 다만 일반적으로 질적 연구에서는 많은 사례를 관찰하기보다는 적은 사례라도 집중적인 관찰을 통해 깊이있는 이해를 하는 것을 중요하게 생각하므로, 우리도 사례 수에 집착하지 않고 연구를 진행했다.

나. 삼각화

Lincoln과 Guba(1985) 등은 질적 연구의 신뢰수준을 담보하기 위한 삼각화의 구체적인 내용으로 연구방법의 통합, 연구자의 통합, 그리고 자료의 통합을 거론한다(김영천, 2010). 이번 연구는 삼각화를 통한 신뢰수준 담보가 비교적 잘 이뤄진 것으

로 생각된다. 먼저 연구진은 참여관찰 외에도, 심층면접, 그리
고 기록 검토 등 여러 방법을 통합적으로 사용했음은 전술한
바 있다. 참여관찰을 시행한 것은 다른 연구방법의 신뢰성을
높이는 데 직접 기여를 하였다. 예를 들어, 경찰관들은 연구진
이 이미 관찰을 통해 폭력의 실태를 어느 정도 알고 있다고 생
각하고 있어서 심층면접에 응할 때에도 보다 사실에 가깝게 답
하고 있다는 느낌을 받았다.

연구자의 통합은 연구진의 구성에서 어느 정도 달성했다. 연구
의 핵심인 참여관찰의 경우 한 명의 연구원이 단독으로 진행하
지 않고 2인1조를 구성하여 공동으로 진행하였고, 관찰보고서
의 작성도 두 명의 연구원이 각각 보고서를 작성한 후 상호 의
견이 다른 내용이 있었을 경우 토론을 통해 의견의 접근을 시
도하고 그렇지 않은 경우 최종적으로 각자의 의견을 같이 기재
하는 등 연구원 개인의 오류에 의한 신뢰도 하락을 방지하도록
애썼다.

마지막으로 연구진은 세 가지 연구방법을 통해 각각 수집한 자
료를 종합하여 연구결과를 도출하려고 애썼다. 다행스럽게도
각 연구 방법을 통해 수집한 내용들이 거의 일치하여 자료를
통합하는 과정은 비교적 수월하였다. 다음 장의 연구결과에서
는 각 자료의 내용을 연구의 문제별로 통합하여 함께 제시하도
록 하였다." (박형민, 황정인 & 탁종연, 2010, p. 184-185)

다음 예는 친밀한 파트너 관계에서의 폭력과 신앙의 문제를 이
해하기 위해 종교 지도자들과의 인터뷰를 진행한 레빗과 웨어(Levitt
& Ware, 2006)의 연구 일부분이다. 방법론에서 저자들은 다음과 같은
방식을 통해 연구의 신뢰도를 높이고자 하였음을 진술하고 있다.

"분석이 참여자의 경험을 얼마나 잘 표현했는지 확인하기 위해 세 가지 방식으로 신뢰성을 검토하였다. 먼저, 각 참여자와 인터뷰를 마친 뒤 피드백을 요청했다(예. "혹시 우리가 논의하지 않은 관련된 내용이 있나요?"). 모든 참여자가 나올 만한 얘기는 인터뷰에서 전부 다뤘다고 보고했다. 나중에 인터뷰 결과를 요약하고 다시 참여자들에게 피드백을 요청하였다. 8명의 리더들이 요약한 내용에 대해 매우 정확하게 생각한다고 응답하였다. 몇몇 참여자는 추가적인 설명을 덧붙였고, 이 내용을 연구팀이 구성하는 모델에 반영하였다. 이들의 피드백으로 모델이 변경된 것은 아니다. 이미 기술한 내용에 설명이 추가되거나, 적절한 맥락에서 이해가 되는지에 대한 확인이었다. 두 저자는 1년 동안 매주 함께 만나 분석을 수행하였다. 그런 다음 첫 번째 저자와 대부분의 인터뷰를 공동 진행했던 남성 인터뷰어로부터 추가적인 의견을 제안 받았다. 이렇게 합의를 도출해가는 과정을 통해 다음과 같은 방법으로 분석 과정의 엄밀성을 높였다(Elliott, Fischer, & Rennie, 1999 참조). 우선 분석에 다양한 관점을 사용할 수 있었다. 갈등 상황에서는 인터뷰와 분석 과정에 적극적으로 참여했던 제 1저자의 경험에 우선순위를 두었다. 의사 결정은 해석학적 틀과 일관된 방식으로 진행되었다." (Levitt & Ware, 2006, p. 1173-1174)

17

논의와 결론

THE STAR

한 동이의 물은 맑은 샘에 붓고, 다른 한 동이의 물로는 땅을 적시는 한 여성. 정신적인 측면과 현실적인 측면이 순환하며 조화롭게 만나는 모습이다. 뒤로는 깨달음을 상징하듯 밝은 별이 떠있다.

Key Points • 주요 발견을 다양한 논의로 연결하기

논의는 전문가와의 대화다.

논문은 혼자 읽기 위해 작성되는 것이 아니다. 개인적인 호기심에서 시작된 연구라 할지라도, 그 결과를 누군가와 공유할 때 비로소 의미를 가진다. 미국심리학회 논문 작성 매뉴얼(APA Publication Manual)에서도 이러한 표현이 포함되어 있다.

> "연구는 학자들이 자신의 연구 결과 또는 발견사항을 과학적 공동체와 공유할 때 완결된다." (American Psychological Association, 2022, p.27)

지금까지 참여자들의 경험을 이해했다면, 이제는 학술 공동체와 보다 심도 있는 논의를 나눌 차례다. 처음 논문을 쓰는 연구자는 논의의 중요성을 간과하거나 부담스러워 피한다. 추가적인 논의를 나눠야 하는지조차 인지하지 못한 채 결과만 쓰고 논의와 결론을 한두 페이지로 대충 요약한 채 논문을 마무리하는 대학원생도 적지 않다. 김용찬 교수(2020)는 이러한 문제를 '부실한 요리 품평회'에 비유하며 다음과 같이 지적한다.

> "논의에서 이렇게 할 말이 없을까라는 생각을 할 때가 있다. 재미없는 '결과에 대한 논의'는 마치 맛있는 음식이 차려진 멋진 식탁을 앞에 놓고도 입맛 잃은 사람처럼 젓가락질 몇 번 하고 식탁에서 일어나는 것과 다를 바 없다." (김용찬, 2020, p. 201)

김용찬 교수는 논의에서 함께 연구를 품평할 상대가 동료 연구자나 연구에서 다룬 주제와 관련된 전문가들이라고 말한다. 이들은,

"실제로 아는 사람이어도 좋고, 만난 적 없지만 이름만 아는 사람이어도 좋다. 그 분야의 대가여도 좋고, 이제 막 박사 학위를 받은 소장 학자여도 좋다. 가장 적절한 사람은 내 논문의 연구 문제와 가설을 도출하는 데 가장 중요하게 기여한(그래서 내가 인용한) 선행연구의 저자일 것이다." (김용찬, 2020, p.216)

이들과 함께 논의에서 나눠야 할 대화는 연구의 의미다.

연구의 의미를 밝힌다.

논의는 연구 결과와 구분되어야 한다. 연구 결과에서는 연구 질문에 맞춘 주요 테마를 중심으로 참여자들의 경험을 생생하게 보여 주었다면, 논의에서는 연구자의 시선을 넓힌다. 이제는 사회적, 문화적 배경을 포함하여 연구 결과를 종합적으로 이해하고, 이를 확장하는 시간이 되어야 한다.

또한, 논의에서는 연구를 통해 새롭게 얻은 통찰과 그 의미를 강조해서 드러내야 한다. 논문에서 자신의 의견이나 주장을 해서는 안 된다고 생각하거나, 유명 학자들만이 의견을 자유롭게 개진할 수 있다고 믿는 소극적인 태도는 바람직하지 않다. 논문뿐만 아니라 저널리즘에서도 사건의 의미를 밝히려는 태도는 중요하다. 문제는 많은 사람들이 이를 꺼린다는 점이다. 내러티브식 기사작성에 대한 책 『기막힌 이야기 기막힌 글쓰기』의 저자 최수묵은 이러한 소극적인 태도가 '의견'과 '의미'를 구별하지 못하는 데서 비롯된다고 지적한다.

"정보를 전달하는 일반 기사(흔히 이를 '스트레이트 기사'라고 부른다)는 가치판단을 자제하고 최대한 객관적이고 공정하게 사실을 전해야 한다. 문제는 '의견'과 '의미'를 구별하지 못할 때 생긴다. 모든 사건에는 나름의 의미가 있는 법인데, 이 의미를 의견과 혼동해 의미 자체를 전달하지 않게 되면 더 큰 문제를 낳는다. … 더구나 이야기의 의미 해석을 '사견私見'이라고 규정하는 것은 문제를 더욱 심각하게 만든다. … 언론이 그동안 의미전달을 외면했던 것은 스스로 의미를 추출할 능력이 부족했기 때문은 아닌지 되돌아볼 필요도 있다. 언론의 사명은 이야기의 의미를 정확히 파악해서 전달하는 것에 있지, 그 의미를 외면하거나 덮어버리는 데 있지 않다." (최수묵, 2011, p. 265)

"의사가 환자를 진찰해 질병을 알아내고 처방을 내리는 것처럼, 언론은 사회현상을 분석하고 대안을 제시해야 한다. 그것이 마땅한 임무이며, 그런 전문성은 독자가 언론에 적극적으로 요구하는 것이다. 환자가 의사를 믿고 수술대 위에 오르듯, 독자는 언론의 해석과 통찰력을 믿고 뉴스를 본다. 다시 말해 언론의 생명력은 '방관적인 가치중립'에 있는 것이 아니라 오히려 '책임감 있는 의미 해석'에 있어야 한다. 사건의 주제와 의미를 발굴해 내는 것은 '주관적 해석'이 아니라 언론의 본령이자 책무인 것이다."(최수묵, 2011, p. 260)

마찬가지로, 연구자는 자신의 전문성을 최대한 활용하여 연구 결과의 의미를 해석하고, 가능하면 구체적인 시사점을 제시하려는 노력이 필요하다.

논의에서 다룰 내용

이론적 의의

논의는 연구 결과를 반복하는 장이 아니다. 이미 연구 결과에서 수십 페이지에 걸쳐 다룬 내용을 논의에서 단순히 말만 바꿔 다시 서술하는 것은 독자를 지치게 할 뿐이다. 대신, 이 연구를 통해 기존의 이해와 비교했을 때 새롭게 알게 된 점이 무엇인지, 그리고 그 결과가 선행연구나 이론과 비교했을 때 어떤 점에서 중요한지를 중심으로 학문적 기여도를 논의해야 한다. 이를 위해 다음의 질문에 답을 시도할 수 있다.

- (이 연구를 하지 않았다면 몰랐을) 무엇을 새롭게 알아냈는가? 그것을 알아낸 것이 어떤 측면에서 의미가 있는가? 반면, 알아내지 못한 것은 무엇인가?
- 이 연구는 관심현상에 대한 기존의 설명 또는 이론에 어떠한 기여를 하는가? 기존 이론에 도전하는가, 더 정교한 설명을 제공하는가, 혹은 이를 지지하는가?
- 연구 결과를 기존 연구들과 비교할 때 유사점은 무엇이며, 차별화되는 지점은 어디인가?
- 연구결과에 대한 대안적 설명이 있는지 성찰해 보았는가? 있다면, 그 대안적 설명은 무엇인가?
- 연구의 강점과 한계는 무엇인가?

실천적 의의

연구는 실제 현장에서 유용하게 활용될 수 있어야 하며, 이를

위해 연구의 실질적인 기여를 고민하는 것이 중요하다. 다음 질문
에 대한 답변을 통해 연구의 실용적 가치를 강조할 수 있다.

- 연구결과는 어떻게 활용될 수 있는가? 연구 결과가 현실의
  문제를 해결하는 데 어떤 구체적인 도움을 줄 수 있는가?
- 추후 연구, 정책, 현장을 위한 시사점은 무엇인가?
- 연구결과가 적용 가능한 범위는 어디까지 인가? 연구가 진
  행된 맥락 외의 다른 상황에 적용할 경우, 독자가 주의해야
  할 점은 무엇인가?

방법론적 의의

연구에서 새로운 방법론적 시도를 강조하고자 한다면, 다음
질문에 대한 답을 통해 그 시도와 가치를 드러낼 수 있다.

- 자료수집과 관련해서 새로운 시도는 무엇이었는가? 어떠한
  부분에 도움이 되었는가? 그 과정에서 어떤 어려움이 있었
  는가?
- 자료 분석과 관련해서 어떠한 새로운 시도를 하였는가? 어
  떠한 부분에 도움이 되었는가? 그 과정에서 어떤 어려움이
  있었는가?

연구 과정에서 겪은 일화를 다른 연구자들과 공유하고자 할
때, 특히 윤리적 갈등이나 도전 과제를 다루고 싶다면, 다음 질문
을 참고할 수 있다.

- 연구 과정에서 윤리적 갈등이나 도전 과제가 있었는가?
- 이러한 갈등이 연구의 진행이나 결과에 어떤 영향을 미쳤는가?
- 후속 연구자들을 위해 제안하고 싶은 점은 무엇인가?
- 유사한 상황에서 윤리적 문제를 효과적으로 관리하기 위해 연구자가 배운 교훈은 무엇인가?

논의의 예

다음은 투자은행, 로펌, 컨설팅 회사와 같은 엘리트 기업에서 직원 채용 과정을 연구한 사례로, 저자는 이 연구를 통한 몇 가지 학술적 기여를 다음과 같이 제시한다.

> "문화와 사회·경제적 불평등에 대한 대부분의 연구는 공교육 시스템이라는 맥락에서 이루어진다. 이 책은 연구의 초점을 학생들이 노동시장에 진입할 때 엘리트 재생산이 어떻게 발생하는지를 밝히는 쪽으로 이동시켰다. 나는 노동시장 계층화의 문화적 차원에 특별히 주목하면서 왜, 그리고 어떻게 사회·경제적으로 혜택을 받은 학생들이 경제적 엘리트 일자리를 차지하는지 설명하는 핵심 메커니즘을 세부적으로 분석했다.
> 그 과정에서 이 책은 높은 지위를 나타내는 문화적 표지의 보유에 대한 금전적인 보상이 실제로 존재한다는 사실을 확인함으로써 문화와 불평등에 관한 연구의 진전에 기여한다. 사회학 분야에서 문화와 불평등에 관한 수많은 연구의 시작점이 된 문화적 재생산에 대한 부르디외의 이론은 의미 있는 금전적 보상으로 바꿀 수 있기 때문에 문화가 불평등의 측면에서 중요하다

는 생각을 그 근거로 한다. 하지만 학자들은 대개 개인에게 직
접적으로 경제적인 이해관계가 달려 있는 부분보다 교육 영역
에서 상위 지위를 나타내는 신호가 가지는 혜택을 들여다본다.
이 책은 적절한 문화적 신호를 보유한 취업 지원자들이 그렇지
못한 지원자들에 비해 두 배에서 네 배의 급여를 제공하는 일
자리를 가져갈 수 있음을 보여 줌으로써 문화가 노동시장에서
실질적 경제적 가치가 있는 자본의 한 형태라는 사실을 실증적
으로 보여 준다."(Rivery, 2020, p. 360-361)

다음 예는 연구 결과를 바탕으로 기존 이론적 모델의 타당성
을 재검토하며, 이에 대한 새로운 통찰을 제시한다.

"본 연구를 통해 발견한 흥미로운 사항은 "현재 한국 대학이
처한 환경을 감안할 때 Tinto의 학생통합모형이 여전히 타당한
가?"라는 의문이다. 앞서 언급했듯이 Tinto의 학생통합모형에
서 가장 중요한 개념은 "대학의 공식적·비공식적 체제, 혹은
학업적·사회적 체제에 대한 학생의 적응, 즉 (학문적·사회적)
통합(integration)"에 있다고 할 수 있다. '통합(integration)'
이란 "개인이 규범, 가치, 신념 등을 공유함으로써 사회집단이
나 집합체에 대한 소속감을 경험하게 되는 정도"를 뜻하며, 이
통합의 수준이 중도탈락을 결정한다는 것이다. 하지만 고등교
육의 보편화에 따라 대학 졸업장의 가치가 떨어지고, 한국의
취업시장에서는 아직까지도 졸업생의 역량보다는 출신학교의
서열상 위치를 보다 강조하는 상황에 있다. 이러한 여건 속에
서 중하위권 대학에 다니는 대학생들의 반응은 본 연구에서 나
타난 바와 같이 "어떻게 하면 좋은 교육을 받아 역량을 향상시
킬까?"라는 것보다는 "어떻게 하면 학비를 조달하면서, 혹은 쉽

게 자격증을 취득할 수 있을 것인가?"의 양상으로 나타날 수도
있다는 점이다. (중략) 그 이유는 아마도 Tinto(1975, 1993)의
모형들이 미국의 상황에서 주로 고등교육의 호황기인 1970년
대에서 90년대 초반에 개별대학에서 발생하는 중도탈락 현상
을 이해하기 위한 목적으로 만들어졌기 때문이 아닐까 추측해
볼 수 있다. 채용시장에서 출신대학의 서열 구조의 의미가 상
대적으로 덜 중요한 미국의 상황과 우리나라의 상황은 다를 수
밖에 없고, 그러한 견지에서 비롯된 미국에서 개발된 학생 중
도탈락 모형의 타당성은 한국의 맥락에서 지속적으로 재검증될
필요가 있다고 생각한다." (권경만, 박유민, 변기용, 2022, p.
22-23)

다음은 경찰서에서의 참여 관찰을 통해 폭력 범죄를 이해하려
는 연구에서, 방법론적 의의와 한계를 언급한 사례다.

"이번 연구는 경찰학 분야에서 보기 드물게 직접 일선 지구대
와 파출소를 방문하여 참여관찰을 실시한 연구라는 의의가 있
기는 하지만, 연구진의 경험이 보다 풍부했다면 더 나은 연구
가 될 수 있었을 것이라는 생각이 많이 든다는 점을 고백하지
않을 수 없다.
가장 큰 한계는 연구기간에 있다. 연구결과에 반영하지 않은
농촌지역에 대한 연구를 포함하면 5주가 넘는 기간 동안 연구
를 시행했지만, 그 기간은 일선 경찰관서에서 발견할 수 있는
폭력사건의 실태와 그 처리방식을 모두 살피기에 부족한 시간
이었다. 무엇보다 심도 있게 관찰한 폭력사건이 19건에 불과하
다는 것은 상당한 문제라고 할 수 있다. 또한 한 경찰관서에
6일 동안 관찰을 하였기 때문에 3부제로 근무하는 각 순찰팀

을 두 번 밖에는 보지 못하게 된 것도 아쉬움이 남는 대목이
다. 단기간에 다양한 경찰관서를 관찰하기 위해 고육지책으로
1주의 시간만을 배정했지만, 이렇게 몇 번 만나지 못할 때에는
연구진과 경찰관들 사이에 라포형성 등에 문제가 있을 수 있
다. 또한 연구진이 관찰한 시점이 한 여름 동안에 한정되었기
때문에 혹시 계절적 요인이 관찰내용에 반영되었는지 여부도
확신하기 어렵게 되었다. 통상 질적연구는 관찰내용을 내부자
의 시각에서 충분히 이해할 정도로 통상 6개월 이상 진행하는
것이 원칙인데, 이번연구의 기간은 여러 가지 측면에서 짧았다
는 비판을 피하기 어렵다.

연관된 문제로 연구원의 수도 좀 더 많아야 했다는 판단이 든
다. 물론 총 7명의 연구진이 일반적인 경찰학분야 연구에서 상
당히 많은 편에 속하지만, 단기간에 참여관찰에 의한 연구를
하기 위해서는 연구진의 수를 좀 더 늘려 관찰 사례수를 늘리
는 방법을 채택하는 것이 좋은 대안이 될 수 있을 것이다." (박
형민, 황정인, 탁종연, 2010, p. 227-228)

다음 연구는 어린이집에서의 참여 관찰과 인터뷰를 통해 '여
자애 같은 남아'에 대한 편견을 비판적으로 탐구한 사례다. 저자는
논의에서 연구가 진행된 맥락을 설명하며, 분석에서 충분히 고려
하지 못한 성별과 인종의 교차성을 언급한다. 이 부분은 이번 연구
에서 다루지 못한 한계이지만, 독자들이 연구를 다른 맥락에 적용
할 때 주의해야 할 사항으로 이해될 수 있다.

"본 연구는 미국 동남부의 한 작은 도시의 교회부설 어린이집
에서 이루어졌으며, 담임교사 또한 당시 60대 나이의 기독교인

백인여성으로, 미국 동남부 중산층의 백인 문화의 관점에 기초하여 이루어졌다. 이러한 연구의 맥락은 성별과 인종의 교차성이라는 화두를 던진다. 즉, 본 연구에서는 연구에 참여한 유아들의 인종적 특성과 유아들의 가정이 속한 문화공동체의 문화적 가치들까지 고려되지는 못하였다. 따라서 교사의 문화적 신념과 각 유아들이 속한 문화공동체에서의 신념과 가치들이 어떻게 부합되기도 그리고 상충되기도 하는지에 대해서까지 논의되지 못한 측면이 있다. 다시 말해, 본 연구에서는 담임교사가 개개인 유아들의 사회성을 인식하는 데 있어 성별적인 요소뿐만 아니라 각 유아들의 인종에 따르는 사회적 특성 혹은 사회적 역할에 대한 기대를 가질 수 있었을 것이라는 가능성을 완전히 배제할 수 없다. 그러므로 본 연구는 이와 관련하여 두 종류의 후속연구에 대한 제언을 하고자 한다. 하나는 여전히 유아의 사회성에 대한 사회문화적 관점에서 접근한 연구가 부족하므로, 유아의 사회성에서의 성별적인 측면을 한국을 포함한 보다 다양한 문화공동체 내에서, 그리고 보다 다양한 문화적 가치를 포함하여 연구하는 것이다. 다른 하나는 성별 외에 다양한 사회문화적 요소들, 이를테면 인종, 종교, 지역 등과 관련하여 유아의 사회성에 대한 개념과 인식을 이해하고자 하는 연구들이다. 또한 이러한 연구들은 매일매일의 일상에서 우리의 인식, 신념, 가치들이 어떻게 실천에 반영되고 영향을 주는지에 관심을 기울여야 할 것이다." (손은애, 2019, p. 1002)

결론을 쓰고 마무리한다.

드디어 논문의 마지막 부분, 결론을 작성할 시간이다. 길게 설명해야 할 내용은 이미 앞서 충분히 다뤘으니, 여기서는 논문 전체

를 포괄적으로 압축해서 한두 문단으로 간결하게 요약하며 마무리
한다. 결론에서 독자에게 질문을 던지며, 앞으로 탐구해야 할 주제
를 상기시킬 수도 있다.

다음은 유아의 혼자놀이를 주제로 한 현상학적 연구의 결론
부분이다.

"**결론** 그리고 다시 이어지는 질문은 무엇인가?
이 연구는 유아의 혼자놀이를 이해하기 위해 참여자 슈의 혼자
놀이 체험을 분석하고 해석함으로써 혼자놀이의 속성을 드러내
고자 하였다. 이와 같은 연구의 목적을 위해 이 연구는 현상학
적 접근을 시도하였으며 연구를 통해 발견한 것들은 다음과 같
다. 첫째, 참여자 슈의 혼자놀이의 체험적 공간은 자신의 놀이
에 따라 변형되고 창조되는 공간이다. 둘째, 참여자 슈의 혼자
놀이의 체험적 신체는 타인의 시선으로부터 자유로운 몸이다.
셋째, 참여자 슈의 혼자놀이의 체험적 시간은 연속적 흐름에
따라 차이와 재미를 생성하는 힘이다. 넷째, 참여자 슈의 혼자
놀이의 체험적 관계는 자신의 역사 안에 편재하는 관계들의 창
조적 미메시스다. 다섯째, 슈의 혼자놀이의 체험적 의미는 자유
와 몰입이다.
연구를 하면서 여기에서는 다 다루지 못했지만 앞으로 관심을
기울일 만한 질문들이 많았다. 아이들은 어떤 것을 놀이로, 어
떤 것을 놀이가 아닌 것으로 분류할까? 무엇이 놀이를 더욱 놀
이답게 하는가? 아이들이 타인과의 관계에 있어 멀고 가까움을
설정하는 기준은 무엇인가? 아이들에게 어디까지가 가족이고
어디까지가 남일까? 부모들이 타인이 되는 때는 언제인가? 아
이들의 놀이에서 더 비밀스러운 것은 무엇이며 무엇 때문에 더
욱 비밀스러운가? 이 중에서도 아이들에게 무엇을 근거로 놀이

와 놀이가 아닌 것을 구분하는지, 그 경계의 특징은 무엇인지
를 알아가는 것은 아이들의 놀이를 이해하는 데 있어 매우 결
정적인 물음이 될 것이다. 이 연구에서 슈는 외부에 의해 무엇
인가가 의무적으로 주어졌을 때, 하고 싶은 것이 아니라 "해야
하는" 것이 될 때 그것은 놀이가 아닌 것으로 분별하였다. 앞으
로 이러한 질문에 답을 찾아 나간다면 우리는 아이들의 놀이에
대해 더 많은 이해를 도모할 수 있을 것이다." (전가일, 2010,
p. 142-143)

일반적인 방식은 아니지만 다음의 연구에서는 결론에 참여자
의 인용문을 포함시켜, 내러티브 연구를 통해 변화하는 참여자의
모습을 인상적으로 보여주고 있다.

"나가며
우리는 선영의 내러티브를 통해 교사를 고립시키는 학교문화가
어떻게 교사를 힘들게 만드는지를 살펴보았다. 교사 개인에게
어려움이 전가되는 학교문화에서 교사가 교사로서 잘 살아가기
어렵다는 점도 보여주었다. 이선영 선생님의 내러티브는 단지
교사 한 명의 특수한 이야기에서 그치는 것이 아니다. 학교구
조와 문화가, 교육적 담론이 교사를 파편화하고 개별화하는 다
른 교육 현장에서도 또 다른 선영이 힘들어하고 있을 수 있다.
우리의 연구는 그동안 다소 처방적으로 이루어졌던 교사의 어
려움에 관한 제한된 논의의 간극을 보충했다는 점에서 의의가
있다. 특히 학교구조 및 문화가 교사의 어려움과 어떤 관련이
있는지를 밝힘으로써 추후 이론적, 정책적으로 교사를 이해하
는 데에 일조할 것으로 기대된다. 비록 한 명의 교사가 참여한
연구로, 여러 교사의 다양한 종류의 어려움을 포착하는 데는

한계가 있었지만, 선영의 내러티브에 내포된 구조적 요소를 밝
힘으로써 본 연구는 다른 사례로 전이될 가능성을 제시했다는
데 의의가 있다. 우리는 선영의 내러티브 탐구가 한국의 교사
를 이해하는 데 기여할 수 있기를 바라며, 다음 선영의 희망적
인 모습으로 연구의 제언을 갈음하고자 한다.

선영은 최근 새로운 학교에서 근무를 시작했다. 옮겨 간 학교
는 이전 학교들과는 다르게 새로운 선생님을 두 손 벌려 환영
해 주는 환대 문화가 형성되어있는 학교였다. 그동안 누군가에
게 어려움을 토로하는 것이 자기 자신의 치부를 드러내는 일이
라고 생각했던 선영은, 먼저 손 내밀어 주고 서로 이야기하는
문화에서는 적극적으로 도움을 요청할 수 있을 것 같다고 말한
다. 도움을 요청할 수 있다면, 적어도 나의 고민을 공유할 수 있
다면 교사는 고립되지 않을 수 있다. 서로에 대한 인정과 존중,
그리고 이를 토대에 둔 관계맺음(Frelin, 2015; Mohammadi,
2021)이 학교에 필요한 이유이다.

> **이규빈:** 새로운 학교에서 만약에 누군가 선생님한테 어려
> 움을 얘기를 해요. [그러면] 선생님도 [어려움에
> 관한] 얘기를 하실 것 같으세요?
> **이선영:** (잠깐의 고민 후에)...얘기할 것 같아요. 얘기할
> 것 같아요. 네!"

(이규빈, 김희연 & 유성상, 2023, p. 93-94)

18

학술적 글쓰기

THE MOON

어두컴컴한 밤길. 날은 언제 밝을 것인가? 마음만 불안하다. 두 마리 개가 컹컹 달을 보며 짖는 밤.

Key Points • 글쓰기 불안 극복하기

남의 글을 많이 읽는다고 저절로 내 글쓰기가 늘지는 않는다.

논문 작성은 대부분의 학생들에게 쉽지 않은 도전이다. 사회학자 하워드 베커(Becker, 2018)는 『학자의 글쓰기』에서 학부 시절 하루 만에 쓴 페이퍼로도 A+를 받았던 많은 대학원생들이 논문 작성 과정에서 어려움을 겪는다고 지적하며, 다음과 같이 말한다.

> "대학원생은 또한 학부 때보다 긴 보고서를 작성해야 한다. 기말 보고서를 단 한 번에 작성하는 데 숙달된 학생은 머릿속으로 긴 보고서를 쉽사리 쓸 수가 없다. 학생이 글쓰기에 대한 자신감을 잃어버리기 시작하는 시기가 바로 이때다." (Becker, 2018, p. 57)

나 역시 글을 써야 할 때마다 막막함을 느끼곤 했다. 그래서 기자나 작가처럼 글쓰기를 업으로 삼는 사람들의 조언을 많이 찾아 읽었다. 처음에는 '말하듯 쓰라'는 조언이 눈에 들어왔다. 이를 시도해 보니, 글이 꽉 막혀 시작조차 못 할 때 이를 돌파하는 데는 꽤 유용했다.

분석을 마친 테마와 인용문을 옆에 두고, 내가 알아낸 내용을 친구에게 설명하듯 평소 말투로 편하게 써 내려가기 시작했다. 그러다 보니 머릿속에서 두서없이 떠돌던 생각이 조금씩 정리되었다. 특히, 어떤 내용을 먼저 말해야 친구가 전체 이야기를 더 잘 이해할 수 있을지를 고민하며 말의 순서를 수정하다 보니, 자연스럽게 목차가 정리되었다.

물론 친구에게 말하듯 쓰는 것에는 한계가 있다. 논문은 학술적인 글쓰기이기 때문이다. 철학자이자 저술가인 탁석산(2005)은 말은 앞뒤가 조금씩 맞지 않아도 자연스럽게 흐를 수 있어 이해하는 데 문제가 없지만, 글은 논리적이고 일관된 구조를 가져야 한다고 강조한다. 글에서는 하고자 하는 말을 명확히 밝히고, 그에 대한 이유와 증거를 탄탄하게 제시하며, 나아가 예상되는 반대 의견에 대한 입장도 분명히 해야 설득력을 얻을 수 있다.

탁 교수는 '무조건 많이 읽고 써 보라'는 조언에 대해서도 회의적이다. 문학적 글쓰기가 아닌 이상, 남이 쓴 글을 많이 읽는 것만으로 글이 나아지지는 않는다는 것이 그의 생각이다. 실제로 석사나 박사 논문을 쓸 때, 다른 논문을 많이 읽는 것과 연구의 질이 좋은 것은 별개다. 오히려 연구 문제를 구체적으로 작성하고, 방법론을 제대로 이해하는 것이 논문의 완성도에 더 큰 영향을 미친다.

논문의 구조를 파악한다.

최윤아의 『뽑히는 글쓰기』는 기자를 꿈꾸는 사람들에게 필요한 글쓰기 노하우를 다룬다. 그리고 책의 조언은 논문을 쓸 때에도 상당히 유용하다. 그중 세 가지 중요한 노하우를 뽑아 보았다.

첫번째는 글의 구조를 파악하는 것의 중요성이다.

> "신문사에 막 입사한 수습기자가 가장 먼저 받는 교육이 '기사 암기'다. 처음엔 원고지 2~3매 분량의 스트레이트 기사(사건 사고의 개요를 간략하게 전달하는 기사)를 외운다.
> 신문사가 기사 암기 훈련을 시키는 이유는 기사의 구조에 익숙해지게 만들기 위해서다. 사건 사고 기사는 방화든, 살인 사건이든, 교통 사고든 이 형식을 크게 벗어나지 않는다. 그래서 스

트레이트 기사 한 개만 제대로 외워 두어도 어떤 정보를 어떤 순서로 배치해야 하는지 등 기사 구조에 대한 감을 잡는 데 도움이 된다. (최윤아, 2017, p. 31)

논문도 마찬가지다. 논문의 구조, 나아가 자신이 선택한 방법론에 맞는 논문의 구조를 파악하고 있는 사람의 글은 문장이 서툴러도 개선의 여지가 있다. 그러나 논문이란 글이 무엇인지, 각 장에 어떤 내용이 들어가는지 파악하지 못한 경우, 본인뿐만 아니라 지도교수와 심사위원 모두 논문 통과까지 상당한 어려움을 겪게 된다.

감정적 호소는 최대한 배제한다.

두 번째 노하우는 감정을 담은 어휘나 논리를 배제하는 것이다. 논문은 논리적이어야 하므로, 감정에 호소하는 표현은 부적절하다. 최윤아(2017, p. 70-71)는 이를 세 단계로 나누어 설명한다.

가장 기본적인 1단계는 연구자 본인의 감정을 직접적으로 드러내는 어휘를 삭제하는 것이다. 예를 들어, '착잡하다', '기대된다', '아쉽다', '씁쓸하다', '걱정된다', '안타깝다', '맥이 빠진다'와 같은 주관적 감정을 표현하는 어휘는 논문의 객관성을 해칠 수 있으므로 사용하지 않도록 주의해야 한다.

2단계는 겉보기에는 중립적인 표현처럼 보이지만 실제로는 감정을 담고 있는 문장을 제거하는 것이다. 이러한 표현은 생각보다 논문에서 자주 발견된다. 예를 들어, '답답한 노릇이다', '염려하지 않을 수 없다', '비판을 피하기 어렵다', '도저히 이해할 수 없다', '희망의 불씨를 살릴 수 있다'와 같은 문장은 감정을 간접적으로 드러내기 때문에 논문에 적합하지 않다.

3단계는 감정에 호소하는 논리까지 빼는 것이다. 저자가 제시하는 예를 하나 살펴보자.

> 대형마트가 생긴 이후 재래시장을 찾는 손님이 절반가량 줄었다고 한다. 재래시장 상인은 한 가정의 끼니를 책임지는 가장이다. 재래시장의 죽음은 결국 수많은 가장과 그가 끼니를 책임지는 식솔들의 죽음이다. 정부가 재래시장 상인의 생존권을 위해 대형마트의 영업시간을 조정해야 하는 이유다. (최윤아, 2017, p.72)

저자는 위 글에서 감정적인 표현이 드러나지 않지만, 결국 이 글의 핵심 메시지는 "재래시장 상인들도 먹고살아야 하지 않겠느냐. 정부가 나서달라"(최윤아, 2017, p.72)로 요약되며, 이는 '죽음'과 '생존권'이라는 주제를 통해 감정에 호소하고 있다고 설명한다.

두괄식으로 쓴다.

세 번째는 두괄식 글쓰기의 중요성이다. 두괄식은 글을 작성할 때 중심 주제나 핵심 메시지를 글의 첫머리에 제시하는 글쓰기 방식이다. 독자가 글의 주요 내용을 처음부터 파악할 수 있도록 내용을 배치하고, 뒤이어 구체적인 이유나 근거, 사례 등으로 이를 뒷받침한다.

최윤아(2017)는 다음과 같은 두괄식 글쓰기 훈련 방법을 제시한다.

　　　[주장] 정부의 대형마트 규제 정책은 재래시장을 살리는 데 실
　　　　　효성이 없다.
　　　[근거1] 정부는 한 달에 두 번 대형마트의 문을 닫도록 했지
　　　　　만, 소비자는 재래시장으로 발길을 돌리지 않았기 때문
　　　　　이다.
　　　[근거1-1 추가] 실제 지난 국감에서 대형마트 의무휴업일 시
　　　　　행 이후 재래시장 매출이 되레 감소했다는 사실이 알려
　　　　　지기도 했다.
　　　이런 방식으로 근거를 덧붙이며 분량을 늘려가는 훈련을 한
　　　다… 문단 순서를 '주장 + 근거1 → 근거2 → 근거3'식으로 전
　　　개하는 것이다. 단, 근거 간에도 역시 중요한 것, 설득력 높은
　　　것부터 앞쪽에 써야 한다." (최윤아, 2017, p.79-81)

　　두괄식 글쓰기를 하면 사회학자인 우에노 지즈코가 강조하듯,
"문단의 첫 줄을 연결하면 논문의 전체적 내용을 요약할 수 있을
정도로 논리적"(2020, p.229)인 글을 구성하는 데 도움이 된다.

독자의 반박을 예상하고 미리 언급한다.

　　논리적인 글이 되려면 자신이 제시하는 '이유, 근거, 논리, 심
지어 논증을 하는 필요성까지 모든 것을 독자가 의심할 것이라고
가정'(Williams & Colomb, 2021, p. 65)해 본다. 미리 독자의 반박을 예상
하고 이에 대한 일부 수용과 반박까지 고려해야, 독자들이 저자의
생각을 일방적인 주장으로 여기지 않게 된다. 이러한 방식으로 글
을 쓰다 보면 자연스럽게 독자를 배려하고 자신의 생각을 더욱 깊
게 탐구할 수 있다.

구체적인 예를 들어 보자. 다음은 세 개의 엘리트 회사에서 신입 직원을 어떻게 선발하는지를 탐구한 로런 리베라(Rivera, 2020) 교수의 연구이다. 저자는 사례 선정 과정을 설명하면서 독자의 반론(밑줄 친 부분)을 예상하고, 이에 대한 추가 설명을 덧붙여 논의를 전개한다.

> "나는 엘리트 일자리에 대한 접근기회를 연구하고 싶었기 때문에 대학이나 전문대학원을 갓 졸업한 신입사원으로서 가장 높은 급여를 받을 수 있는 일자리를 선택했다. 바로 일류 투자은행, 경영 컨설팅 회사, 로펌의 일자리들이다. 최근 졸업생들이 이들 기업 중 한 곳에 일자리를 얻으면 이들은 순식간에 가구당 소득을 기준으로 미국 내 최상위 10%에 속하게 된다. 이들 신규 직원들의 소득은 같은 대학 출신으로 다른 유형의 일자리를 얻은 졸업생보다 2배에서 4배 더 높다. 게다가 이런 유형의 회사에 채용이 되었던 전력은 기업은 물론, 정부나 비영리기관에서 고위급의 자리에 오르기 위한 선결조건이 된다. 따라서 역사적으로 미국의 상위계층이 독차지했던 이 일자리들은 미국의 경제 엘리트가 되기 위한 현대판 게이트웨이로 생각해도 무방하다.
>
> 투자은행과 컨설팅 회사, 로펌을 선택한 것이 일부 독자에게는 사과와 오렌지, 배를 서로 비교하는 것처럼 느껴질 수도 있을 것이다. 하지만 내부자의 입장에서 볼 때, 이 세 유형의 회사는 총괄해서 엘리트 전문 서비스 기업(elite professional service firms, EPS)이라고 불리는 동급기관들로서, 서로 밀접한 관계에서 일하며 함께 생존한다. 게다가 이들 회사의 직원과 입사 지원자들은 엘리트 전문서비스 기업을 고용 부문에서 높은 지위를 제공하는 하나의 응집된 범주로 여긴다. (중략)

이 세 유형의 회사들은 신입직원을 비슷한 지원자 풀에서 선발
한다. 일류 대학과 전문대학원에서는 학업 성과나 전공에 상관
없이 다수의 학생이 이 일자리에 지원한다. (중략)" (Rivery,
2020, p. 33~34)

　또 다른 예를 살펴보자. 다음의 글에서 전의령(2015) 교수는 한
국의 주류 이주·다문화 담론과 반다문화 담론을 연구할 필요성을
논의하면서, 예상되는 독자의 반박('새로운 질문이 아니다')을 먼저 언급
하고, 이에 대한 반박을 제시한다.

"이 글은 이주민이 한국에 들어온 지 이제 곧 30년이 되는 지
금, 그동안의 주류 이주·다문화 담론을 관통하는 주된 화두가
무엇이었는지를 다시금 묻고 동시에 이주민이 어떠한 유형의
타자로서 구성되어왔는지 논하고자 한다. <u>물론 이와 같은 질문
이 아주 새로운 것은 아니다.</u> 예를 들어, 한건수(2003)는 한국
의 이주 노동자들이 노동자가 아닌 "연수생 또는 불법체류자",
"기아를 피해 온 난민 또는 노예", 혹은 "부정한 존재 또는 오
염의 근원" 등으로 다양하게 재현되어 왔음을 지적한다. 또한
그에 앞서 함한희(1997)는 어떻게 한국의 인종적 위계(예를
들어, 외국인 노동자를 한국인보다 '열등한 인종'으로 보는 것)
와 가족주의가 외국인 노동자의 노동 착취를 정당화하는지 논
한 바 있다. 2000년대 중반에 들어서면서, 논의의 중심은 정
부, 미디어, 지원 단체들이 이주민을 '온정주의적 시혜'의 대상
으로 재현하고 타자화하는 것에 집중되는 양상을 보인다. 학계,
단체들을 중심으로 『아시아, 아시아』[4])와 같은 방송 프로그램
에서의 온정주의적 이주민 재현을 문제삼았다면, 이후 정부의
다문화 정책부터 이주민을 대하는 개개인의 태도에 이르기까지

실로 다양한 수준에서의 실천들이 이른바 반온정주의·반시혜
주의의 비판에서 자유로울 수 없게 되었다. 하지만, 우리는 종
종 '시혜의 대상이 아닌 동등한 상대로 이주민을 대해야 한다'
쯤의 결론으로 마무리되면서 성급히 자유주의적 통치담론으로
치닫기도 하는 반-온정주의 담론에서 의도적으로 거리두기를
할 필요가 있다." (전의령, 2015, p..283)

질적 연구로 논문을 쓸지 고민하는 대학원생 중에는 연구 결
과가 주관적이라고 비판받지 않을까 걱정하는 경우가 많다. 하지
만 이는 기우에 불과하다. 서론에서 결론까지 연구자의 주장은 모
두 탄탄한 이유와 근거로 뒷받침되어야 한다. 논문을 읽고 다른 학
자들이 납득할 수 있다면, 결과를 생생한 이야기로 보여주든, 시나
리오 형식으로 작성하든, 삽화를 넣든 주관적이라고 비판받을 이
유가 없다.

19

창의적 글쓰기

THE SUN

눈부시게 강렬한 태양. 말에 올라탄 아이의 표정만큼이나 연구자의 마음
도 가볍다. 모든 것이 궁금하기만 한 아이들의 마음으로 새로운 시도를
해 보면 어떨까?

Key Points • 연구 결과를 문학적이고 창의적인 방식으로 전달하기

질적 연구자는 스토리텔러다.

『끌리는 이야기는 어떻게 쓰는가?』의 저자 리사 크론(Cron, 2015)
은 우리의 뇌가 감정과 밀접하게 관련되어 있다는 점을 다양한 자
료를 통해 설명한다. 예를 들어, 미국 백인 사회의 인종차별적 행
동에 경종을 울렸고 성경 다음으로 많은 변화를 일으킨 책으로 언
급되는 하퍼 리의 소설 『앵무새 죽이기』가 사람들의 행동과 세계
관에 큰 영향을 미친 이유는 이 소설이 사람들의 생각을 바꿨기
때문이 아니라, 그들의 마음을 움직였기 때문이라고 말한다. 뇌는
자신에게 당장 도움이 되는 이야기에 몰입하고 감정이입을 하는
특징이 있기 때문에, 단순히 지식으로 설득하기보다는 관련된 스
토리를 함께 전달하는 것이 의사소통에 효과적이다.

질적 연구자 역시 스토리텔러가 될 필요가 있다. 양적 연구처
럼 수치나 그래프, 표를 이용해 간단히 연구 결과를 전달할 수 없
기 때문에, 바쁜 독자들이 장문의 글을 끝까지 읽도록 유도하려면
노력을 해야 한다. 쉽고 잘 읽히며, 연구 결과도 효과적으로 전달
할 수 있는 창의적인 글쓰기 방법을 시도해 본다(Caulley, 2008).

연구의 서론에서 참여자의 이야기를 미리 예시로 보여 주어서
독자들의 관심을 모으는 글쓰기 방식도 활용할 수 있다. 다음은 군
인들의 갑작스런 커리어 전환과정과 트라우마를 다룬 헤이니와 셰
퍼드(Haynie & Shepherd, 2011)의 연구의 첫 시작 부분이다.

> "아론은 항상 해병대원이 되는 것을 꿈꿔 왔다. 그는 18세에
> 입대했고, 자랑스럽게 유니폼을 입었다. 아론은 해병대의 이념
> 을 몸소 실천했으며, 그 결과로 빠른 승진이라는 보상을 받았
> 다. 24세에 전쟁에 참전하게 되었고, 25번째 생일을 얼마 남기

지 않은 시점에 아론은 도로변 폭탄의 희생자가 되었다. 병원
에서 깨어났을 때에는 심각한 부상을 입고 목숨이 위태로운 상
태였다. 아론은 바로 그 순간, 인류에 대한 믿음을 잃었다고 말
한다. 부상으로 인해 해병대원으로서의 경력이 끝났다는 현실
을 깨닫게 되면서 그의 트라우마는 더욱 악화되었다.

아론의 경험은 두려움과 무력감을 유발하며 생존에 대한 위협
으로 경험되는 충격적인 삶의 사건을 나타낸다(미국정신의학회
[APA], 1994). 아론의 사례와 같은 경험이 심리적으로 미치는
영향은 상당하다. 이러한 충격적인 사건은 개인이 가지고 있던
자아, 외부 세계, 그리고 이 둘 간의 관계에 대한 견고한 믿음
을 산산조각 낸다. (중략)" (Haynie & Shepherd, 2011,
p.501)

문학적인 글쓰기를 활용해 본다.

일찍이 교육 및 질적 연구 분야에 큰 기여를 했던 엘리엇 아
이즈너 교수는 1993년 미국심리학회 회의에서 소설 형식으로 쓴
글을 학위 논문으로 받아들여야 한다는 과감한 주장을 펼쳐 당시
큰 논란을 일으켰다(박승배, 2013). 아이즈너 교수의 주장은 연구의
궁극적 기능이 인간의 이해를 확장하는 것이고, 시나리오나 소설,
만화 등의 재현 방식이 연구 문제를 가장 잘 드러낼 수 있다면 그
러한 방식으로 논문을 써도 무방하다는 것이었다.

마찬가지로 크레스웰과 크레스웰(Creswell & Creswell Báez, 2024)은
풍부한 묘사가 포함된 문학 작품 일부를 가끔씩 질적 연구 수업을
듣는 학생들과 공유한다고 말한다. 필자 역시 개인적인 경험을 바
탕으로 자문화기술지(autoethnography) 연구를 하면서 독자에게 생생

하게 내용을 전달하기 위해 시나리오 형식을 활용했다.

"J의 사무실에 들렀다. 분위기가 조금 이상했다.

"뭐해? 무슨 일 있어?"

"김과장이 아침에 출근을 안 했어."

"김과장 답지않게 웬일이래? 늦잠 잤다고 하서?"

"아니…… 어머님이 전화했어. 어제 밤에 과장이 집에서 자살을 했대."

"뭐? 왜? 아들은 어떻게 하고?"

김과장은 그다지 사교적인 사람은 아니었지만 일과 가족에 대해서만큼은 열정이 있었다. 특히 아들 얘기만 나오면 행복해 했다.

"믿을 수가 없다." 나는 J에게 말했다.

J는 별말을 하지 않았다. 그래서 무슨 생각을 하는지 감이 안 왔다. 여전히 정장차림에 목에는 깁스를 하고 있었다. 이상하게도 김과장의 비극적인 소식보다 J의 목 깁스가 내게는 더 마음이 아팠다. 김과장의 공석은 마치 아무 일도 없었다는 듯 즉각 다른 사람으로 채워졌다." (Han, 2012, p.291)

이 글을 처음 학술지에 투고했을 때, 심사위원 한 명이 호의적으로 평가해 주었다. 그 이유는 '쉽게 읽히기 때문에 이 연구가 마음에 든다'는 것이었다. 물론 그 외에도 수정해야 할 피드백이 많았지만, 과거 회상 장면을 시나리오 형태로 구성한 것은 좋은 선택이었다.

상상력을 활용한다.

질적 연구의 결과는 문학적 요소를 접목하는 것을 넘어, 가상의 상황을 설정하여 창의적으로 구성될 수 있다. 강대중 교수(2010)는 판소리 북 연주자인 김명환 선생의 삶을 통해 학습이 단순한 지식과 기술의 습득을 넘어, 개인의 정체성과 삶의 형성 과정에 어떻게 영향을 미치는지 탐구하였다. 이 연구는 김명환 선생의 인터뷰와 그의 제자들이 기록한 구술 자료를 바탕으로 진행되었다. 체계적인 코딩 대신, 분석 노트와 연구 일지, 그리고 연구자가 원자료와 접촉하며 느낀 신체적, 정신적 반응과 감정을 담은 초월적 자료 노트를 활용하여 다양한 방식으로 해석과 글쓰기를 수행했다.

연구 결과는 테마별로 나열하는 일반적 글쓰기 방식 대신, 김명환 선생과 연구자가 가상의 이메일을 주고받는 형식으로 다음과 같이 창의적으로 제시되었다.

"보낸 사람: 강대중 kdj@snu.ac.kr
받는 사람: 명환 mh@creating.learning
날짜: 2009년 6월 10일
제목: 안부를 전하며
김 선생님께,
이메일을 통해 선생님과 대화할 기회를 주셔서 감사합니다. 제가 말씀드린 것처럼, 처음으로 선생님의 이름을 알게 된 것은 몇 년 전 서울대학교에서 지도 교수이셨던 김 교수님과 함께 일할 때였습니다. 교수님께서 도서관에서 선생님에 대한 책을 찾아보라고 하셨습니다. 그 책의 페이지를 넘기다가 선생님의 북 사진에 매료되었습니다. 마치 소리가 당장이라도 터져 나올 것 같았습니다. 그 순간 저는 그 북의 주인에 대해 관심을 갖게 되었습니다.

저는 사람들이 평생 동안 어떻게 학습하는지 알고 싶습니다. 선생님의 이야기는 제 연구에 큰 도움이 될 것입니다. 또한 선생님으로부터 어떻게 살아가야 하는지 배우기를 희망합니다. 먼저, 선생님께서는 어떻게 북을 배우기 시작하셨나요?

보낸 사람: 명환 mh@creating.learning
받는 사람: 강대중 kdj@snu.ac.kr
날짜: 1929년 10월 6일 (음력)
제목: 결혼 잔치가 내 인생을 바꾸다.

안녕하세요, 대중님.

저를 대가라고 불러주셔서 감사합니다. 불편하지 않으시다면 그냥 김 선생이라고 불러주셔도 좋습니다.

대중님의 이메일을 읽으면서 '서울대학교'라는 이름이 약간 슬프게 느껴졌습니다. 제 첫째 아들이 서울대학교 의과대학에 다녔었습니다. 한국전쟁 중에 그가 북한으로 갔다는 소식을 들었습니다. 몇몇 사람들은 그가 납치되었다고도 말했습니다. 하지만 제 아들은 똑똑한 사람이었습니다. 저는 그가 소련으로 유학을 가서 북한에서 성공했을 것이라고 믿습니다.

사실 제가 17살 때 북을 배우기로 결심한 것은 어머니와 제 첫 번째 아내였던 조 씨 덕분이었습니다. (중략)" (Kang, 2010, p.665-666)

사진이나 이미지는 말로 전달하지 못하는 부분을 보완해 준다.

다음의 연구에서 저자(Bleiker, 2019)는 시각적 자문화기술지 방법을 사용하여 국제 안보와 정치적 담론을 재해석한다. 특히, 스위스 군 장교로서 1986-1988년에 DMZ에서 근무하며 직접 촬영한 사진들을 바탕으로 자신의 경험을 성찰하고, DMZ의 군사화된 남성성과 관련된 문제를 조명한다. 이 연구는 연구자의 성찰적 글과 시각적 이미지가 결합되어, 주제에 대한 독자의 이해를 돕는다.

다음 사진에서는 군사정전위원회 회의에 참석한 군 관계자들 사이에서 유일한 여성 군 관계자의 모습이 포착되어 있다. 저자는 이 사진이 군사화된 남성성의 지배적 분위기를 상징적으로 보여준다고 설명한다.

출처: Bleiker, 2019, p. 285

또 다른 창의적인 연구를 살펴보자. 닉 수재니스의 『언프래트닝, 생각의 형태』(Sousanis, 2016)는 콜롬비아 대학에서 만화 형식으로 통과된 최초의 논문이며, 이후 하버드 대학에서 출간된 최초의 만화책이다. 이 작품은 여러 상을 수상하고 비평가들의 호평을 받은 바 있다. 1993년 아이즈너 교수의 주장이 이미 현실이 되었다.

창의적이고 문학적인 글쓰기는 앞서 타당도를 설명하는 장에서 소개한 공명(Resonance)과도 관련된다. 독자에게 의미 있는 반향을 일으키고, 실제 생활에서 존재하는 복잡성을 반영하기 위한 다양한 글쓰기 전략에 대한 관심이 필요하다.

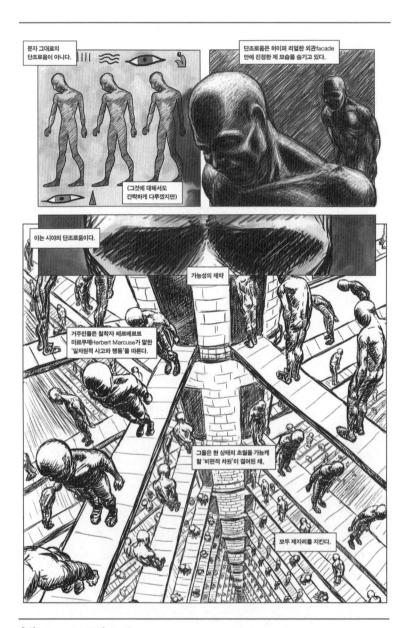

출처: Sousanis, 2016, p.14

20

논문 심사

JUDGEMENT

하늘에서 천사가 심판의 나팔을 불고 있다. 두 팔 벌려 이를 받아들이는 듯한 사람들의 모습이 보인다. 그간 노력해 온 성과가 나온다. 자기 성찰의 시간이기도 하다.

Key Points • 논문 심사 준비하기

논문 심사를 잘 활용한다.

많지는 않지만 그동안 학위 논문의 심사위원으로 참여하면서 몇 가지 느낀 점이 있다.

우선 대학원생들이 논문 심사 시간과 심사위원의 지식을 잘 활용하지 못할 때가 많다. 논문 심사에서 나온 많은 조언이 당장은 불친절하게 느껴질 수 있겠지만, 그 안에는 자신의 연구 역량과 글쓰기 실력을 높일 수 있는 귀중한 조언이 담겨 있다. 심사위원의 의견에 대립각을 세우거나 이를 거부하려는 태도는 전혀 도움이 되지 않는다. 오히려 심사를 마친 뒤, 앞서 언급된 조언에 대해 더 자세히 물어보는 등 노력을 보이는 것이 성공적인 졸업에 도움이 된다. 가능하다면 심사 전에 여러 선배나 교수들의 피드백을 받아보는 것이 좋다.

그리고 바쁘겠지만 논문을 다른 사람에게 읽어보게 하여 문법적 실수나 오타를 최대한 줄이는 것이 중요하다. 적어도 마지막 디펜스에서는 문법적 실수가 교정된 논문이 심사위원에게 전달되어야 한다. 의외로 이 부분에서 많은 지적이 나오곤 한다.

심사 날에는 자신의 연구 결과를 가능한 짧고 핵심적인 내용 위주로 발표하는 것이 중요하다. 연구에서 가장 중요한 발견을 간결하게 요약하는 것이 좋다. 이미 긴 논문의 초고를 읽고 온 심사위원에게 다시 길고 지루한 프레젠테이션을 하는 것은 역효과를 낳을 수 있다. 심사위원들은 연구자가 본인 연구의 핵심을 모르는 듯한 인상을 받게 된다.

단순히 연구 결과를 나열하지 말고, 이번 연구를 통해 이미 알고 있던 것이 확인된 부분, 새롭게 알게 된 부분, 그리고 의외의 결과를 강조하는 것이 중요하다. 자신의 연구가 기존 지식에 어떻게 기여하는지 보여주는 방식이 바람직하다.

　　마지막으로, 심사가 거듭될수록 뭔가 개선된 모습을 보여주는 것이 중요하다. 지난 심사에서 지적받은 부분이 그대로 방치되지 않도록 노력하고, 만약 잘 모르겠다면 해당 피드백을 준 심사위원에게 따로 조언을 구하는 것이 좋다. 심사위원들이 연구자의 발전 가능성을 본다면, 최종 심사로 올라온 논문이 아직 부족하더라도 이후 개선될 거라는 믿음에 조건부라도 통과시킬 가능성이 높다.

출처: https://phdcomics.com/comics/archive.php?comicid=570

21

끝은 또 다른 시작

THE WORLD

다소 무모해 보였던 이 여정의 첫 시작은 어느덧 주인공을 자신만의 세계까지 이끌어 주었다. 이제는 잠시 편하게 쉬어도 좋은 시간이다. 때가 되어 다시 새로운 여행길을 나설 때까지.

Key Points • 휴식하기

필립스와 퓨는 『박사학위 길잡이』에서 이렇게 말한다.

"대학원생들은 자신이 선택한 주제에 대해 아주 탁월한 기여를
하겠다는 굳은 각오를 갖고 입학을 한다. 그러나 졸업을 앞두
고 논문을 쓰기 시작할 때쯤이면 '학위를 따고 나면, 다 잊어버
리자'라는 생각을 갖게 된다. … (중략) 입학할 당시에만 해도
그들은 충분한 자질을 갖춘 지성인으로서 성공적으로 학위를
얻을 수 있다는 확신에 가득 차 있었고, 명확한 정체성을 가지
고 있었다. 하지만 머지않아 자신감을 상실하고, 그들 자신의
이미지에 대해 회의를 갖기 시작한다. … (중략) 교수진, 먼저
연구를 수행하여 앞서 가고 있는 선배들, 저널에 수록된 페이
퍼들, 각종 학회에서 발표된 논문들을 접하면서 초심자들은 기
가 질리게 된다. … (중략) 그와 같이 자기 결여와 의문에 가득
찬 기간을 거치고 나서야 비로소 성공적인 대학원생들은 유능
한 전문가란 곧 신분에 관계없이 누구하고라도 논점에 대해 논
쟁할 수 있고, 그들 자신의 지식에 대해 확신을 갖고 있을 뿐
만 아니라, 그것의 범위를 알고 있는 사람임을 알게 된다. 이
같은 새로운 정체성은 무식하다고 할까 봐 두려워서 아는 척하
는 대신, 필요하면 이해하지 못한다는 것을 거리낌없이 표현하
고, 무엇인가에 대해 모른다는 것을 알게 되면 정보를 요구할
수 있게 해준다. 이것이 곧 대학원 연구 학생이 반드시 도달해
야만 하는 경지이다." (Phillips & Pugh, 2005, p.25)

논문을 쓰는 과정, 특히 질적 연구 논문을 쓰는 과정은 결코
쉽지 않다. 연구자로서 자신의 역량을 다시 되돌아보는 기회이기
도 하다. 뿌듯함과 후회가 교차하는 기분을 충분히 느끼고, 푹 쉬
고 나서 힘이 생기면 다시 새로운 목표를 찾아 나서자.

References
참 / 고 / 문 / 헌

강진아 (2022). 가르치는 몸: 초등교사의 아비투스에 대한 자문화기술지. 한국교원연구, 40(3), 231-260.

권경만, 박유민, 변기용 (2022). 수도권 소규모 기독교대학 재학생의 중도탈락 원인에 관한 질적 사례연구. 한국교육학연구, 28(1), 1~28.

권문배 (2007). 노인여가활동 경험에 관한 사진유도연구. 한국체육학회지, 46(1), 603-616.

김동환 (2022). 사회과학 에센스. 북코리아.

김동환 (2018). 빅데이터 정책 유행: 한 행정학자의 '간증(testimony)'으로서의 자문화기술지. 한국행정학보, 52(1), 3-25.

김미숙 & 이기형 (2013). 심층인터뷰와 질적인 분석으로 조명한 텔레비전 드라마 작가들의 정체성과 노동의 단면들 : 보람과 희열 그리고 불안감이 엮어내는 동학. 언론과 사회, 21(3), 5-63.

김영민 (2020). 공부란 무엇인가. 어크로스.

김영민 (2018년 6월 1일). 이제 깨어나실 시간입니다. 경향신문 오피니언. https://www.khan.co.kr/article/201806012103005#csidxb3108ab966f891d976ac7a8b4902d51.

김용찬 (2020). 논문, 쓰다. 컬쳐룩.

김정운 (2019). 바닷가 작업실에서는 전혀 다른 시간이 흐른다. 21세기북스.

김정운 (2014). 에디톨로지. 21세기북스.

김주락 (2021). 일상 공간을 관광 장소화 하는 주민: 온라인 여행 플랫폼 주민 호스트의 사례. 대한지리학회지, 56(5), 485-501.

김지현, 문한나, 성문주, 손수진, 이정은, 한유리 (2013). 고등교육맥락에서 본 학습자의 전환학습 경험에 대한 자기 성찰적 보고. Andragogy Today, 16(2), 31-57.

김용찬 (2020). 논문, 쓰다. 컬쳐룩.

구나은 (2022). 정신건강에 영향을 미치는 근린 건조환경 요소-서울시 거주자들의 경험에 대한 질적연구. 한국주거학회논문집, 33(6), 71-84.

노성숙, 한영주, & 유성경 (2012). 한국에서 '워킹맘'으로 살아가기: 직장인 엄마의 다중역할 경험에 대한 현상학적 연구. 한국심리학회지: 상담 및 심리치료, 24(2), 365-395.

박민철, & 도지인 (2020). 북한의 '부부관'과 그 변화양상-북한이탈주민 'FGI (Focus Group Interview)'를 중심으로. 통일연구, 24(1), 39-76.

박승배 (2013). 교육평설: 엘리어트 아이즈너의 질적연구방법론. 교육과학사.

박형민, 황정인, 탁종연 (2010). 폭력범죄의 유형과 특성에 관한 연구. 한국형사정책연구원, 연구총서 10-10.

변기용 (2024). Creswell(1998)의 질적연구 유형 분류방식의 유용성과 한계: 교육전기 접근방법을 통한 비판적 성찰기록, 교육학연구62(2), 59-94.

변기용, 김현주, 김수혁 (2024). 교육행정학 질적연구에서 일반화의 의미와 수행 전략: 전이가능성 개념과 맥락의 역할을 중심으로. 교육행정학연구, 42(1), 619-649.

변기용 (2020). 근거이론적 방법의 이론화 논리와 과정: K-DEEP 프로젝트와 후속 연구과제 수행(2013~2019)을 중심으로. 교육행정학연구, 38(3), 1-29.

서울대학교 대학글쓰기1 교재편찬위회 편(2019). 대학글쓰기 1. 서울대학교 출판문화.

손은애 (2019). 유아의 성별에 따른 사회적 유능성 인식에 대한 재고: "여자애 같은" 남아들의 또래 유능성에 대한 비판적 문화기술지 연구. 학습자중심교과교육연구, 19(9), 981-1009.

신재혁 & 이동일 (2022). 발전국가와 약탈국가의 기원: 한국과 필리핀 비교 사례 연구. 한국정치학회보, 56(1), 61-87.

신현정 (2020). 고등학생의 학교시험 체험에 대한 현상학적 연구. 인간발달연구, 27(4), 21-46.

염지숙 & 염지혜 (2015). 한부모 가정 유아를 양육하는 조손가족 조모와 손자녀의 삶을 통해 본 가족의 의미. 유아교육학논집, 19(3), 319-342.

우에노 지즈코 (2020). 논문 쓰기의 기술. 동녘.

유승연 (2024). 자연 친화 실내외놀이를 통한 유아교사의 '자기되기' 그리고 '교사되기': 후기구조주의 들뢰즈(Deleuze)의 철학적 사유를 중심으로. 유아교육-보육복지연구, 28(2), 161-200.

유혜령 (2016). 질적 연구에서 의미해석 과정의 성격과 원리: 하이데거와 가다머 해석학에 기초하여. 교육인류학연구, 19(4), 1-40.

윤견수 (2001). 약자의 설득전략: 어느 하위직 지방공무원의 개혁활동에 대한 현상학적 보고서. 한국행정학보, 35(1), 143-160.

이규빈, 김희연, & 유성상 (2023). 각자도생하는 학교, 고립된 교실, 자책하는 교사: 10년 차 교사 선영의 내러티브 탐구. 교육사회학연구, 33(4), 71-105.

전가일 (2010). 관객 없는 지휘의 자유: 유아의 혼자놀이 체험에 관한 현상학적 연구. 교육인류학연구, 13(2), 115-146.

전의령 (2015). '선량한 이주민, 불량한 이주민' 한국의 주류 이주·다문화 담론과 반다문화 담론. 경제와 사회, 여름호(통권 제106호), 278-309.

정민 (2006). 다산선생 지식경영법. 김영사.

조미성, 김남수, 윤순진 (2020). 제로에너지주택 거주자들의 변혁적 확장학습에 대한 사례 연구. 환경교육, 33(1), 17-39.

조병영, 이형래, 조재윤, 유상희, 이세형, 나태영, 이채윤 (2022). 읽었다는 착각. EBS Books.

주혜진 (2022). 대전은 어떻게 '노잼도시'가 되었나: 텍스트 마이닝과 의미연결망으로 본 '장소성' 소비, 한국사회학, 56(4), 51-102.

주혜진 (2014). 수퍼우먼의 비애: 소수자들의 인지부조화 경험과 상징적 자기-완성. 한국사회학, 48(5), 243-284.

최수묵 (2011). 기막힌 이야기 기막힌 글쓰기. 교보문고.

최윤아 (2017). 뽑히는 글쓰기. 스마트북스.

최재천의 아마존 (2023, Jul 27). '창조적 시선'으로 돌아온 김정운 교수와의 대담, 전공을 없애야 교육의 미래가 생긴다? / 최재천의 아마존, 에디톨로지. YouTube. https://www.youtube.com/watch?v=gZaRmQyA

DX4&t=593s.

탁석산 (2005). 글쓰기에도 매뉴얼이 있다. 김영사.

탁석산 (2006). 보고서는 권력관계다. 탁석산의 글쓰기 4. 김영사.

허민숙 (2017). "너 같은 피해자를 본 적이 없다": 성폭력 피해자 무고죄 기소를 통해 본 수사과정의 비합리성과 피해자다움의 신화. 한국여성학, 33(3), 1-31.

American Psychological Associaion. (2022). APA 논문작성법(7판). 학지사 (원전은 2020에 출판).

Anfara, V. A., & Mertz, N. T. (Eds). (2014). Theoretical frameworks in qualitative research (2nd ed.) Sage.

Asmussen, K. J., Creswell, J. W. (1995). Campus response to a student gunman. The Journal of Higher Education, 65(5), 575-591.

Barbour, R. (2018). Doing focus groups (2nd ed.) Thousand Oaks, CA: Sage.

Barbour, R. S. (2013). Introducing qualitative research: A student's guide. Thousand Oaks, CA: Sage.

Bazeley, P. (2020). Qualitative data analysis: Practical strategies (2nd ed.). Thousand Oaks, CA: Sage.

Bazeley, P. (2009). Analysing qualitative data: More than 'identifying themes'. Malays. J. Qual. Res, 2, 6-22.

Becker, H. S. (2018). 학자의 글쓰기. 학지사. (원전은 1986에 출판)

Becker, H. S. (2005). 학계의 술책: 연구자의 기초 생각 다지기. 함께읽는 책. (원전은 1998에 출판)

Becker, H. S. (1970). Sociological work: Method and substance. New Brunswick, NJ: Transaction.

Berger, R. (2015). Now I see it, now I don't: researcher's position and reflexivity in qualitative research. Qualitative Research, 15(2), 219-234.

Bengtsson, T. T. & Fynbo, L. (2018). Analysing the significance of silence in qualitative interviewing: questioning and shifting power relations. Qualitative Research, 18(1), 19-35.

Bierema, L. L. (1996). How executive women learn corporate culture. Human Resource Development Quarterly, 7(2), 145-164.

Bleiker, R. (2019). Visual autoethnography and international security: Insights from the Korean DMZ. European Journal of International Security, 4(3), 274-299.

Bogdan, R. C., & Biklen, S. K. (2011). Qualitative research for education: An introduction to theories and methods (5th ed.). Boston: Pearson.

Bourke, B. (2014). Positionality: Reflecting on the research process. The Qualitative Report, 19, 1-9.

Braun, V., & Clarke, V. (2022). Thematic analysis: A practical guide. Thousand Oaks, Sage.

Braun, V., Clarke, V., & Gray, D. (2017) Collecting qualitative data: A practical guide to textual media and virtual techniques. Cambridge, UK: Cambridge University Press.

Brinkmann, S., & Kvale, S. (2018). Doing interviews (2nd ed.). Sage.

Browne, A. (1989). When battered women kill. Free Press.

Bunniss, S. & Kelly, D. R. (2010). Research paradigms in medical education research. Medical Education, 44, 358-366.

Butler-Kisber, L., & Toldma, T. (2010). The power of visual approaches in qualitative inquiry: The use of collage making and concept mapping in experiential research. Journal of Research Practice, 6(2), 1-16.

Caelli, K., Ray, L., & Mill, J. (2003). 'Clear as mud': toward greater clarity in generic qualitative research. International journal of qualitative methods, 2(2), 1-13.

Carlson, J. A. (2010). Avoiding traps in member checking. The Qualitative Report, 15(5), 1102-1113.

Caulley, D. N. (2008). Making qualitative research reports less boring: The techniques of writing creative nonfiction. Qualitative Inquiry, 14(3), 424-449.

Charmaz, K. (2013). 근거이론의 구성: 질적분석의 실천 지침. 서울:학지사. (원전은 2006에 출판)

Courtenay, B. C., Merriam, S., Reeves, P., & Baumgartner, L. (2000). Perspective transformation over time: A 2-year follow-up study of HIV-positive adults. Adult Education Quarterly, 50(2), 102-119.

Crabtree, A., Mercer, G., Horan, R., Grant, S., Tan, T., & Buxton, J. A. (2013). A qualitative study of the perceived effects of blue lights in washrooms on people who use injection drugs. Harm Reduction Jorunal, 10:22.

Creswell, J. W., & Creswell B. (2024). 질적연구의 30가지 노하우(제2판). 피와이메이트. (원전은 2017에 출판)

Creswell, J. W. (1998). Qualitative inquiry and research design: choosing among five traditions. Thousand Oaks, CA: Sage.

Cron, L. (2015). 끌리는 이야기는 어떻게 쓰는가. 웅진 지식하우스. (원전은 2012에 출판)

Czarniawska, B. (2014). Social science research: From field to desk, Thousand Oaks, CA: Sage.

Dahlberg, K., Dahlberg, H., & Nyström, M. (2001, 2008). Reflective lifeworld research. Lund, Sweden: Studentlitteratur.

Danner, H. (2006). *Methoden geisteswissenschaftlicher Pädagogik: Einführung in Hermeneutik, Phänomenologie und Dialektik.* utb GmbH.

de Laine, M. (2000). Fieldwork, participation and practice: Ethics and dilemmas in qualitative research. Thousand Oaks, CA: Sage.

Deterding, N. M., & Waters, M. C. (2021). Flexible coding of in-depth interviews: A twenty-first-century approach. Sociological methods & research, 50(2), 708-739.

Dewey, J. (2011). 하우 위 싱크: 과학적 사고의 방법과 교육. 학이시습. (원전은 1910에 출판)

diRende, S. & Y. Kim (2011). 미국대학공부법. 마이북스.

Dreyfus, H., & Dreyfus, S. (with Athanasiou, T.). (1986). Mind over machine: The power of human intuition and expertise in the era of the computer. New York: Free Press.

Drucker, F. Peter. (2002). 피터 드러커 자기경영노트. 한국경제신문. (원전은 2002에 출판)

Efron, S. E., & Ravid, R. (2020). 문헌리뷰 작성가이드. 피와이메이트.

Eisenhart, M. A., & Howe, K. R. (1992). Validity in educational research. In M. D. LeCompte, W. L. Millroy, & J. Preissle (Eds.), The handbook of qualitative research in education (pp. 644–680). San Diego, CA: Academic Press.

Ellingson, L. L. (2011). Analysis and representation across the continuum. In N. K. Denzin & Y. S. Lincoln (Eds.), Handbook of qualitative research (4th ed., pp. 595-610). Thousand Oaks, CA: SAGE.

Elliott, R., & Timulak, L. (2021). Essentials of descriptive-interpretive qualitative research: A generic approach. American Psychological Association.

Ellis, J. L. & Hart, D. L. (2023). Strengthening the choice for a generic qualitative research design. The Qualitative Report, 28(6), 1759-1768.

Estrada, E., & Hondagneu-Sotelo, P. (2011). Intersectional dignities: Latino immigrant street vendor youth in Los Angeles. Journal of Contemporary Ethnography, 40(1), 102-131.

Eva, G., Paley, J., Miller, M., & Wee, B. (2009). Patients' constructions of disability in metastatic spinal cord compression. Palliative Medicine, 23(2).

Finlay, L. (2021). Thematic analysis: The 'good', the 'bad' and the 'ugly.' European Journal for Qualitative Research in Psychotherapy,

11, 103-116.

Finlay, L. (2008). A dance between the reduction and reflexivity: Explicating the "phenomenological psychological attitude". Journal of phenomenological psychology, 39(1), 1-32.

Flanagan, J.C. (1954). The critical incident technique. Psychological Bulletin, 51(4), July.

Flick, U. (2014). Mapping the field. In U. Flick (Ed.), The SAGE Handbook of Qualitative Data Analysis (pp. 3-18). Thousand Oaks, CA: Sage.

Flick, U., Garms-Homolová, V., & Röhnsch, G. (2010). 'When They Sleep, They Sleep' Daytime Activities and Sleep Disorders in Nursing Homes. Journal of health psychology, 15(5), 755-764.

Flyvbjerg, B. (2011). Case study In, N. K. Denzin, Y. S. Lincoln (Eds.), The Sage Handbook of Qualitative Research (4th ed.) (pp. 301-316). Thousand Oaks, CA: Sage.

Flyvbjerg, B. (2006). Five misunderstandings about case-study research. Qualitative inquiry, 12(2), 219-245.

Freeman, M. (2011). Validity in dialogic encounters with hermeneutic truths. Qualitative Inquiry, 17(6), 543-551.

Freeman, M., deMarrais, K., Preissle, J., Roulston, K., & St., Pierre, E. A. (2007). Standards of evidence in qualitative research: An incitement to discourse. *Educational Researcher, 36*(1), 25-32.

Frith, H., & Gleeson, K. (2004). Clothing and embodiment: Men managing body image and appearance. Psychology of Men & Masculinity, 5(1), 40-48.

Hagaman, A. K., & Wutich, A. (2017). How many interviews are enough to identify metathemes in multisited and cross-cultural research? Another perspective on Guest, Bunce, and Johnson's (2006) landmark study. Field methods, 29(1), 23-41.

Han, Y. (2012). Novice executive coaches' perceiced self-efficacy [Unpublished doctoral dissertation]. The University of Georcia.

Harris. S. R. (2022). How to critique journal articles in the social sciences (2nd ed.). Long Grove, IL: Waverland Press, Inc.

Hanson, Norwood R. (1965) Patterns of discovery: An inquiry into the conceptual foundations of science. Cambridge: Cambridge University Press.

Haynie, J. M., & Shepherd, D. (2011). Toward a theory of discontinuous career transition: Investigating career transitions necessitated by traumatic life events. *Journal of Applied Psychology, 96*(3), 501-524.

Hennink, H., Hutter, I., & Bailey, A. (2020). Qualitative research methods (2nd ed.). Thousand Oaks, CA: Sage.

Hennink, M. M., Kaiser, B. N., & Marconi, V. C. (2017). Code saturation versus meaning saturation: how many interviews are enough?. Qualitative health research, 27(4), 591-608.

Herman, A. E. (2017). 우아한 관찰주의자: 눈으로 차이를 만든다. 청림출판.

Hertenstein, M. (2014). 스냅: 상대의 미래를 간파하는 힘. 비즈니스북스.

Gadamer, H. G. (2012). 진리와 방법 2: 철학적 해석학의 기본 특징들. 문학동네. (원전은 1975에 출판)

Galman, S. C. (2013). The good, the bad, and the data: Shane the lone ethnographer's basic guide to qualitative data analysis. Walnut Creek, CA: Left Coast Press.

Geertz, C. (2009). 문화의 해석. 까치. (원전은 1973에 출판)

Gergen, K. J. (2020). 사회구성주의로의 초대. 피와이메이트. (원전은 2015에 출판)

Gibbs, G.R. (2022). 질적 연구의 자료 분석. 피와이메이트. (원전은 2007에 출판)

Gilgun, J. F., & Anderson, G. (2016). Mothers' experiences with pastoral care in cases of child sexual abuse. Journal of Religion and Health, 55, 680-694.

Giorgi, A. (1985). Sketch of a psychological phenomenological method.

In A. Giorgi (Ed.), Phenomenology and psychological research (pp. 8-22). Pittsburgh, PA: Duquesne University Press.

Glaser, B. G. (1978). Theoretical sensitivity: advances in the methodology of grounded theory. Mill Valley, CA: Sociology Press.

Glaser, B. G., & Strauss, A. L. (1967). The discovery of grounded theory. Chicago: Aldine.

Grodin, J. (1994). Introduction to philosophical hermeneutics. New Haven: Yale University Press.

Guest, G., Bunce, A., & Johnson, L. (2006). How many interviews are enough? An experiment with data saturation and variability. Field methods, 18(1), 59-82.

Kahlke, R. M. (2014). Generic qualitative approaches: Pitfalls and benefits of methodological mixology. International Journal of Qualitative Methods, 13(1), 37-52.

Kang, D. J. (2010). Creating learning: A Korean drummer's lifelong quest to be the best. Qualitative Inquiry, 16(8), 663-673.

Kearney, M. H. (2001). Enduring love: A grounded formal theory of women's experience of domestic violence. Research in nursing & health, 24(4), 270-282.

Kelle, U. (2014). Theorization from data. In U. Flick (Ed.), The SAGE Handbook of Qualitative Data Analysis (pp. 554-568). Thousand Oaks, CA: Sage.

Kilbourn, B. (2006). The qualitative doctoral dissertation proposal. Teachers College Record, 108(4), 529-576.

King, N. & Horrocks, C. (2013). 질적연구에서의 인터뷰, 현문사. (원전은 2010에 출판)

Konnikova, M. (2014). 생각의 재구성. 청림출판.

Kostere, S., & Kostere, K. (2022). The generic qualitative approach to a dissertation in the social science. New York, NY: Routledge.

Kuchartz, U. (2014). Qualitative text analysis. A guide to methods, practice and using software. Thousand Oaks, CA: Sage.

Kuhn, T. S. (1999). 과학혁명의 구조. 까치. (원전은 1962에 출판)

Kvale, S. (1996). InterView: An introduction to qualitative research interviewing. Thousand Oakes, CA: Sage.

Hagaman, A. K. & Wutich, A. (2017). How many interviews are enough to identify metathemes in multisited and cross-cultural research? Another perspective on Guest, Bunce, and Johnson's (2006) Landmark study. Field Methods, 29(1), 23-41.

Han, Y. (2012). Grief and work: The experience of losing a close coworker by cancer, Journal of Management Inquiry, 21(3), 288-296.

Hay, J., Shuk, E., Cruz, G., & Ostroff, J. (2005). Thinking through cancer risk: Characterizing smokers' process of risk determination. Qualitative Health Research, 15(8), 1074-1085.

Hennink, H., Hutter, I., & Bailey, A. (2020). Qualitative research methods (2nd ed.). Thousand Oaks, CA: Sage.

Hennink, M. M., Kaiser, B. N., & Marconi, V. C. (2017). Code saturation versus meaning saturation: How many interviews are enough? Qualitative Health Research, 27(4), 591-608.

Lareau, A. (2021). Listening to people: A practical guide to interviewing, participant observation, data analysis and writing it all up. Chicago, IL: The University of Chicago Press.

Lareau, A. (2012). 불평등한 어린시절. 에코리브르. (원저는 2003에 출판.)

LeCompte, M. D. (2000). Analyzing qualitative data. Theory into Practice, 39(3), 146-154.

Lewis, J., & Ritchie, J. (2003). Generalising from qualitative research. In J. Ritchie & J. Lewis (Eds.). Qualitative research practice: A guide for social science students and researchers (pp. 263–286). London: Sage.

Levitt, H.M., Bamberg, M., Creswell, J.W., Frost, D.M., Josselson, R., &

Suárez-Prozco, C. (2018). Journal article reporting standards for qualitative primary, qualitative meta-analytic, and mixed methods research in psychology: The APA Publications and Communications Board task force report. American Psychologist, 73(1), 26-46.

Levitt, H. M. & Ware, K. (2006). "Anything with two heads is a monster": Religious leaders' perspectives on marital equality and domestic violence. Violence Against Women, 12(12), 1169-1190.

Lincoln, Y. S. & Guba, E. G. (1985). Naturalistic inquiry. Newbury Park, CA: Sage Publications.

Lindgren, C., & Nelson, K. Z. (2014). Here and now–there and then: Narrative time and space in intercountry adoptees' stories about background, origin and roots. Qualitative Social Work, 13(4), 539-554.

Marvasti, A. B. (2014). Analysing observations. In U. Flick (Ed.), The SAGE Handbook of Qualitative Data Analysis (pp. 354-366). Thousand Oaks, CA: Sage.

Mason, J. (2018). Qualitative researching (3rd ed.). Thousand Oaks, CA: Sage.

Maxwell, J. A., & Chmiel, M. (2014a). Generalization in and from qualitative analysis. In U. Flick (Ed.), The SAGE Handbook of Qualitative Data Analysis (pp. 540-553). Thousand Oaks, CA: Sage.

Maxwell, J. A., & Chmiel, M. (2014b). Notes toward a theory of qualitative data analysis. In U. Flick (Ed.), The SAGE Handbook of Qualitative Data Analysis (pp. 21-34). Thousand Oaks, CA: Sage.

Merriam, S. B., & Tisdell, E. J. (2016). Qualitative Research: A Guide to Design and Implementation (4th ed.). San Francisco, CA: Jossey Bass.

Miles, M. B., Huberman, A. M., & Saldaña, J. (2014). Qualitative data analysis. A methods sourcebook, 3rd ed. Thousand Oaks, CA: Sage.

Minto, B. (2019). 논리의 기술. 더난출판사. (원전은 1987에 출판)

Morgan, D. L. (2016). Essentials of dyadic interviewing. New York, NY: Routledge.

Nathan, R. (2006). 미국의 대학생은 지금. 다산미디어.

Noblit, G. W., & Hare, R. D. (1988). Meta-ethnography. SAGE.

Patchen, T. (2006). Engendering participation, deliberating dependence: Inner-city adolescents' perceptions of classroom practice. Teachers College Record, 108(1), 2053-2079.

Patton, M. Q. (2015). Qualitative research & evaluation methods, 4th ed. Thousand Oaks, CA: Sage.

Phillips, E. M. & Pugh, D. S. (2005). 박사학위 길잡이. 안그라픽스.

Prasad, P. (2017). 질적 연구의 이해: 포스트실증주의 전통의 관점에서. 한국문화사. (원전은 2005에 출판)

Pratt, M. G. (2009). From the editors: For the lack of boilerplate: Tips on writing up(and reviewing) qualitative research. Academy of Management Journal, 52(5), 856-832.

Preissle, J. & Han, Y. (2012). Feminist research ethics. In S. N. Hesse-Biber (Ed.), *Handbook of feminist research: Theory and praxis* (2nd ed., pp. 583-605). Thousand Oaks, CA: SAGE.

Preissle, J. (2008). Analytic induction. In L. M. Given (Ed.), The SAGE encyclopedia of qualitative resesarch methods (vol. 2, pp. 15-16). Thousand Oaks, CA: Sage.

Ravitch, S. M., & Riggan, M. (2017). Reason & Rigor (2nd ed.). Thousand Oaks, CA:Sage.

Research & Doctoral Services (2015, Jan 24). Literature Reviews: Common Errors Made When Conducting a Literature Review. YouTube. https://www.youtube.com/watch?v=NiDHOr3NHRA.

Rivery, L. A. (2020). 그들만의 채용 리그: 고소득 엘리트는 어떻게 재생산되는가. 지식의 날개. (원전은 2015에 출판)

Rosenblatt, P. C. (1995). Ethics of qualitative interviewing with grieving families. Death Studies, 19, 139-155.

Rothwell, E., & Lamarque, J. (2011). The use of focus groups to compare tobacco attitudes and behaviors between youth in urban and rural settings. Health Promotion Practice, 12(4), 551-560.

Roulston, K. (2022). Interviewing: A guide to theory and practice. Thousand Oaks, CA: Sage.

Roulston, K. (2014). Analysing interviews. In U. Flick (Ed.), The SAGE Handbook of Qualitative Data Analysis (pp. 297-353). Thousand Oaks, CA: Sage.

Saldaña, J. (2013). The coding manual for qualitative researchers (2nd ed.). Thousand Oaks, CA: Sage.

Sandelowki, M. (2000). Whatever happened to qualitative description? Research in Nursing & Health, 23, 334-340.

Schwandt, T. A. (2015). The SAGE dictionary of qualitative inquiry (4th ed.). Thousand Oaks, CA: Sage.

Seidman, I. (2009). 질적 연구 방법으로서의 면담. 학지사. (원전은 2005에 출판)

Small, M. L., & Calarco, J. M. (2023). 더 단단한 질적 연구를 위한 안내서. 컬처룩. (원전은 2022)

Sousanis, N. (2016). 언플래트닝, 생각의 형태. 책세상. (원전은 2015)

Speraw, S. (2009). "Talk to me-I'm human": The story of a girl, her personhood, and the failures of health care. Qualitative Health Research, 19(6), 732-743.

Suddaby, R. (2006). From the editors: What grounded theory is not. Academy of management journal, 49(4), 633-642.

Taylor, F. (2003). Content analysis and gender stereotypes in children's books. Teaching sociology, 300-311.

Thorne, S. (2016). Interpretive description: Qualitative resesarch for applied practice (2nd ed.). New York: Routledge.

Timmermans, S., & Tavory, I. (2022). Data analysis in qualitative research: Theorizing with abductive analysis. Chicago, IL: The University of Chicago Press.

Toronto, C. E., & Remington, R. (2020). A step-by-step guide to conducting an integrative review. Switzerland, Springer.

Tracy, S. J. (2020). Qualitative research methods: Collecting evidence, crafting analysis, communicating impact (2nd Ed.). Hoboken, HJ: Wiley Blackwell.

Tracy, S. J. (2010). Qualitative quality: Eight "big-tent" criteria for excellent qualitative research. Qualitative inquiry, 16(10), 837-851.

Tracy, S. J., & Tracy, K. (1998). Emotion labor at 911: A case study and theoretical critique. Journal of Applied Communication Research, 26, 390-411.

Valentine, T., & Preissle, J. (2009, February). Qualitative and quantitative research: Important similarities & significant differences. Seminar conducted at the meeting of Adult Education and HROD, The University of Georgia, Athens, GA.

Waalkes, P. L., DeCino, D. A., Somerville, T., Phelps‐Pineda, M. M., Flynn, S. V., & LeBlanc, J. (2024). A pragmatic guide to generic qualitative research in counselor education. Counselor Education and Supervision.

Watts, S. (2014). User skills for qualitative analysis: perspective, interpretation and delivery of impact. Qualitative Research in Psychology, 11, 1-14.

Way, D. & Tracy, S. J. (2012). Conceptualizing compassion as recognizing, relating, and (re)acting: A qualitative study of compassionate communication at hospice. Communication Monographs, 79(3), 292-315.

Wertz, F. J. (2015). Phenomenology: Methods, historical development, and applications in psychology. The Wiley handbook of theoretical and philosophical psychology: Methods, approaches, and new directions for social sciences, 85-101.

Wertz, F. J., Charmaz, K., McMullen, L. M., Josselson, R., Anderson, R., & McSpadden, E. (2011). *Five ways of doing qualitative analysis*. New York, NY: The Guilford Press.

Williams, J. M., & Colomb, G. G. (2021). 논증의 탄생. 크레센도. (원전은 2007에 출판)

Yin, R. K. (2013). 질적 연구: 시작부터 완성까지, 학지사. (원전은 2010에 출판)

한유리 박사

조지아 대학교(University of Georgia, Athens)에서 평생교육 및 HRD 전공으로 박사 학위를 받았다. 박사 과정 중 질적 연구 방법에 흥미를 느껴, 현재는 연구 입문자들이 질적 연구를 보다 쉽게 이해하고 적용할 수 있도록 돕는 데 관심을 두고 있다.

저서로는 『질적 연구 입문』, 『초보 연구자를 위한 질적 자료 분석 가이드』, 『차근차근 자문화기술지』, 『소프트웨어로 해보는 문헌고찰: MAXQDA 활용하기』가 있으며, 『질적 연구의 30가지 노하우』, 『문헌리뷰 작성 가이드』, 『사회구성주의로의 초대』를 번역하였다.

질적 연구 이해 논문 초보자를 위한 가이드

초판발행　　　2025년 2월 25일

지은이　　　　한유리
펴낸이　　　　노　현

편 집　　　　소다인
표지디자인　　BEN STORY
제 작　　　　고철민·김원표

펴낸곳　　　　㈜ 피와이메이트
　　　　　　　서울특별시 금천구 가산디지털2로 53, 210호(가산동, 한라시그마밸리)
　　　　　　　등록 2014. 2. 12. 제2018-000080호
전 화　　　　02)733-6771
f a x　　　　02)736-4818
e-mail　　　pys@pybook.co.kr
homepage　　www.pybook.co.kr
ISBN　　　　979-11-7279-084-4　93370

정 가　　　　17,000원